全国法院系统优秀案例分析

一等奖专辑（二〇二三）

最高人民法院中国应用法学研究所　编

人民法院出版社

图书在版编目（CIP）数据

全国法院系统优秀案例分析一等奖专辑. 二〇二三 / 最高人民法院中国应用法学研究所编. -- 北京 : 人民法院出版社, 2024.3
ISBN 978-7-5109-4117-7

Ⅰ. ①全… Ⅱ. ①最… Ⅲ. ①案例－汇编－中国 Ⅳ. ①D920.5

中国国家版本馆CIP数据核字(2024)第062766号

全国法院系统优秀案例分析一等奖专辑（二〇二三）
最高人民法院中国应用法学研究所　编

策划编辑　兰丽专
责任编辑　杨晓燕　杨　洁　赵杰琼　丁塞峨
出版发行　人民法院出版社
地　　址　北京市东城区东交民巷 27 号（100745）
电　　话　（010）67550562（责任编辑）　67550558（发行部查询）
　　　　　　65223677（读者服务部）
客服 QQ　2092078039
网　　址　http：//www. courtbook. com. cn
E - mail　courtpress@ sohu. com
印　　刷　天津嘉恒印务有限公司
经　　销　新华书店

开　　本　787 毫米×1092 毫米　1/16
字　　数　278 千字
印　　张　19. 25
版　　次　2024 年 3 月第 1 版　2024 年 7 月第 3 次印刷
书　　号　ISBN 978-7-5109-4117-7
定　　价　78. 00 元

前　言

习近平总书记关于“一个案例胜过一打文件”的生动论述，深刻指出了司法案例的重要功能，通俗而又意义深远，是习近平法治思想的重要内容。案例是推进全面依法治国的基本素材，优秀司法案例是贯彻落实习近平法治思想、使社会公平正义得以实现的最直接体现。推动产生、深化研究、广泛宣传优秀司法案例，是“努力让人民群众在每一个司法案件中感受到公平正义”的具体举措，是构建中国特色案例指导制度，加快推进人民法院审判工作现代化，更好支撑和服务中国式现代化的重要抓手。

由最高人民法院主办，中国应用法学研究所承办的全国法院系统年度优秀案例分析评选活动已成功举办八届，评选出了一批又一批优秀案例，对于激励和促进广大法官聚焦审判执行主业，加强审判工作经验交流，深化应用法学理论研究，展示司法智慧和审判成果发挥了重要作用，同时也为人民法院案例库建设储备了大量生动鲜活的案例素材。自评选活动开展以来，各级人民法院精心组织，广大法官踊跃参加，参选稿件数量和质量不断提升，成为最高人民法院举办的优秀业务成果评选活动中的一个响亮品牌，产生了良好而广泛的影响。

2023年度的评选活动共评选出优秀案例585篇，将其中代表我国当前司法裁判和应用法学理论研究较高水平的一等奖稿件编辑出版，是进一步落实评选活动宗旨、促进评选活动实现良性循环的一个有效方式，《全国法院系统优秀案例分析一等奖专辑（二〇二一）》《全国法院系统优秀案例分析一等奖专辑（二〇二二）》的出版都得到了广大法官和社会的一致好评。我们希望《全国法院系统优秀案例分析一等奖专辑（二〇二三）》的出版，能够在贯彻落实习近平法治思想，推动完善中国特色案例指导制度，促进审判实务和应用法学理论的有机融合上更上一层楼，在新的一年里对人民法院工作稳中求进、提质增效发挥更加积极作用。

编辑委员会

2024 年 2 月 2 日

目　录

何某某、赵某诉上海市某妇婴保健院医疗服务合同纠纷案

——个人关于冷冻胚胎权利的界定与限制

◇编写人：上海市静安区人民法院　宋东来　狄茹馨

【获奖评语】

《民法典》实施前后，人民法院审理了多起个人要求医疗机构返还冷冻胚胎的纠纷。无锡“冷冻胚胎第一案”虽以司法案例方式肯定了个人对于冷冻胚胎享有监管和处置权利，但个人享有的这一民事权利，是否就等同于个人可以直接占有和保存冷冻胚胎，不无争议。现行民事法律对人类胚胎的法律属性以及胚胎权利人的权利内容并未作出明确规定，但《民法典》第一千零九条对开展与人类基因、胚胎等相关的医学和科研活动作出行为限制，要求此类活动在法律、行政法规和国家有关规定的框架内进行，不得危害人体健康、违背伦理道德或损害社会公共利益。本案作为《民法典》实施后受理的个人要求医疗机构返还冷冻胚胎的案件，在借鉴类案先例的基础上，依法认定接受人工辅助生殖的夫妻双方对冷冻胚胎享有民事权利，但又认为个人对冷冻胚胎的权利应当在现行法律框架内受到必要限制，不支持个人享有直接占有支配冷冻胚胎的权利，其审理结果充分尊重了冷冻胚胎的

生物属性和伦理属性，兼顾了私权保障与社会公共利益的平衡，实现了“三个效果”的统一，也体现了司法实践对化解类案纠纷的思考总结与规则完善，颇具指导价值。

【关键词】

民事　人工辅助生殖　冷冻胚胎　直接占有　公共利益　权利限制

【裁判要旨】

基于冷冻胚胎的生物属性，夫妻双方对于冷冻胚胎当然地享有民事私法上的正当权利。但由于冷冻胚胎的利用涉及生命伦理，具有明显的社会公共利益和公共秩序属性，因此，个人关于冷冻胚胎的权利应当受到限制。在现行法律规范和社会价值取向下，对于冷冻胚胎的保存，应当予以严格监管。个人作为民事主体，有权对冷冻胚胎的利用进行监管和处置，但不应享有直接占有和支配冷冻胚胎的权利。

【相关法条】

《最高人民法院关于适用〈中华人民共和国民法典〉时间效力的若干规定》（2020 年 12 月 29 日公布）

第一条第二款　民法典施行前的法律事实引起的民事纠纷案件，适用当时的法律、司法解释的规定，但是法律、司法解释另有规定的除外。

《民法典》（2020 年 5 月 28 日公布，本案适用的是 2017 年 3 月 15 日公布的《民法总则》第一百一十四条、第一百一十五条、第一百一十六条）

第一百一十四条　民事主体依法享有物权。

物权是权利人依法对特定的物享有直接支配和排他的权利，包括所有权、用益物权和担保物权。

第一百一十五条　物包括不动产和动产。法律规定权利作为物权客体的，依照其规定。

第一百二十六条　民事主体享有法律规定的其他民事权利和利益。

【案件索引】

一审：上海市静安区人民法院（2020）沪0106民初53568号民事判决（2022年6月27日）

二审：上海市第二中级人民法院（2022）沪02民终9678号民事判决（2023年2月15日）

【基本案情】

原告（上诉人）何某某和赵某诉称：何某某和赵某为夫妻关系，因未能自然生育后代，于2018年1月前往被告上海市某妇婴保健院（以下简称某妇婴保健院）寻求辅助生殖技术治疗。2018年3月，某妇婴保健院先后为赵某实施了取卵手术和胚胎移植手术，并冷冻保存了剩余的3个胚胎。2018年10月，在赵某接受胚胎移植约34周后，胎儿死于母体腹中，某妇婴保健院实施的胚胎移植手术失败。何某某和赵某认为，冷冻胚胎包含两人的遗传基因，法律性质为物，所有权属于何某某和赵某。冷冻胚胎与两人之间有特殊的情感联系，何某某和赵某对冷冻胚胎应当有监管和处置权。同时在双方的医疗服务合同关系中，何某某、赵某与某妇婴保健院之间就冷冻胚胎存在保管关系，对于保存在某妇婴保健院的冷冻胚胎，何某某和赵某有权要求作为保管方的某妇婴保健院立即返还。现何某某和赵某不再信任某妇婴保健院提供的医疗服务，不愿意继续在某妇婴保健院进行胚胎移植。故请求法院判令：（1）解除双方之间的医疗服务合同；（2）某妇婴保健院返还剩余的3个冷冻胚胎。

被告（被上诉人）某妇婴保健院辩称：对于何某某和赵某前往某妇婴保健院接受辅助生殖技术治疗，现剩余3个冷冻胚胎保存在某妇婴保健院处的事实无异议，但不同意何某某和赵某的全部诉请。理由如下：（1）何某某、赵某与某妇婴保健院之间构成医疗服务合同关系，双方的权利义务均有明确的法律规定和合同约定。何某某、赵某主张的合同解除理由不符合法律规定的合同解除条件。双方对冷冻胚胎的保存期限有明确约定，何某某、赵某选择在期满后将冷冻胚胎丢弃。若何某某、赵某选择即时丢弃冷冻胚胎，某妇婴保健院可以提前终止保存。（2）某妇婴保健院保存的3个冷冻胚胎，系通过辅助生殖技术培育形成，目的是帮助何某某、赵某进行辅助生育。即使冷冻胚胎属于物，也是特殊的物，何某某、赵某要求返还没有法律依据，同时也无相应的法律法规或者诊疗规范规定医疗机构可以返还。（3）何某某、赵某要求返还冷冻胚胎，在技术上存在障碍，个人无法保存胚胎。即使何某某和赵某获得冷冻胚胎，也无法进行利用，故客观上无法返还。综上所述，请求驳回何某某和赵某的诉请。若何某某和赵某有正当的理由，且有符合条件的医疗机构愿意接受冷冻胚胎，某妇婴保健院愿意配合与该医疗机构进行交接。

法院经审理查明：何某某和赵某为夫妻关系。2018年1月，两人前往被告处，约定由被告某妇婴保健院提供辅助生殖技术治疗。2018年3月，某妇婴保健院先后为赵某实施了取卵和胚胎移植手术，共移植胚胎2个，剩余2个卵裂期胚胎进行冷冻，3个胚胎行囊胚培养。2018年3月15日，行囊胚培养的3个胚胎中又有1个胚胎达到冷冻标准。至此，某妇婴保健院共保存了3个冷冻胚胎。在治疗过程中，何某某、赵某与某妇婴保健院签署的一系列文件中载明以下内容：某妇婴保健院实施的体外受精—胚胎移植手术的治疗过程、所需费用；何某某、赵某已经知晓对实施人类辅助生殖技术过程中获得的配子、胚胎拥有选择处理方式的权利，对于达到冷冻标准的胚胎，何某某、赵某选择冷冻；胚胎冷冻保存的目的是在以后的治疗周期中不再诱发排卵，仅通过移植复苏胚胎而获得妊娠；根据有关管理要求，冷冻胚胎临床使用时间一般控制在5年之内，如果超过保存期，何某某、赵某同意将胚胎丢弃（另一可选择项为去标识后作为教学科研用）。2018 年 10 月，在赵某接受胚胎移植约 34 周后，胎儿死于母体腹中，某妇婴保健院实施的胚胎移植手术失败。

【裁判结果】

上海市静安区人民法院于 2022 年 6 月 27 日作出（2020）沪 0106 民初 53568 号民事判决：驳回何某某、赵某的全部诉讼请求。一审宣判后，何某某、赵某向上海市第二中级人民法院提出上诉。上海市第二中级人民法院于 2023 年 2 月 15 日作出（2022）沪 02 民终 9678 号民事判决：驳回上诉，维持原判。

【裁判理由】

法院生效裁判认为：(1) 关于涉案医疗服务合同可否解除的问题。某妇婴保健院对剩余胚胎的冷冻保存，系因某妇婴保健院需要为何某某、赵某提供医疗服务而产生，该行为并非医疗行为，故保存冷冻胚胎不属于某妇婴保健院提供的医疗服务，并非涉案医疗服务合同的内容。何某某、赵某主张某妇婴保健院对冷冻胚胎的保存系履行医疗服务合同义务，法院不予确认。某妇婴保健院已经为何某某、赵某实施了取卵、胚胎培养和胚胎移植等治疗，但本次胚胎移植已经以失败而告终，故关于涉案医疗服务合同，某妇婴保健院已经将相应的合同义务履行完毕，该合同已经没有解除的基础，故何某某、赵某要求解除涉案医疗服务合同，缺乏事实依据，法院不予支持。(2) 关于何某某、赵某能否要求某妇婴保健院返还剩余冷冻胚胎的问题。基于冷冻肧胎的生物属性，何某某、赵某对于冷冻胚胎当然地享有民事私法上的正当权利，何某某、赵某主张对涉案冷冻胚胎享有监管和处置的权利，法院予以确认。何某某、赵某有权在符合现行法律规定的范围内按照自己的意愿处置冷冻胚胎，有权对冷冻胚胎的实际用途进行监管。但是何某某、赵某对冷冻胚胎享有的监管和处置权不等同于对冷冻胚胎直接占有支配的权利。在现行法律规定下，何某某、赵某无权要求某妇婴保健院返还冷冻胚胎，理由如下：首先，冷冻胚胎的利用及相关医疗技术的实施，涉及生命伦理，具有明显的社会公共利益和公共秩序属性。因此，涉及个体关于冷冻胚胎的权利时，应当进行必要地适当限制。对冷冻胚胎的保存予以必要的严格限制，是符合现行相关法律法规立法目的和价值取向的当然之义。而由符合资质具有保存条件的医疗机构保存冷冻胚胎，排除个体对冷冻胚胎的直接占有，能够从源头上加强对涉冷冻胚胎及相关医疗技术的监管，符合维护社会公共秩序和社会公共利益的要求。故对何某某、赵某直接占有支配冷冻胚胎的权利进行限制，具有合理性和正当性，符合我国现行相关法律法规的立法目的。其次，对于何某某、赵某来说，涉案冷冻胚胎的价值在于情感寄托和辅助生殖技术治疗，通过胚胎移植实现生育目的。就冷冻胚胎这一特殊形态的物来说，直接占有保存与实现情感上的寄托并无直接的关联。而从实现生育目的的角度来看，在我国现行法律规定下，何某某、赵某只能在符合资质的正规医疗机构中接受辅助生殖技术治疗。何某某、赵某不愿意继续在某妇婴保健院治疗，某妇婴保健院亦表示愿意配合将冷冻胚胎移交至有资质的医疗机构，故某妇婴保健院保存冷冻胚胎未影响何某某和赵某合法正当地利用涉案冷冻胚胎实现生育目的。因此，无论是情感上，还是实际用途上，由某妇婴保健院保存冷冻胚胎未损害何某某、赵某的正当权益。最后，何某某、赵某要求返还冷冻胚胎也缺乏合同上的依据。关于冷冻胚胎的保存并非涉案医疗服务合同的内容，故即使涉案医疗服务合同可以解除，何某某、赵某也不能据此要求某妇婴保健院返还冷冻胚胎，况且涉案医疗服务合同并无解除的基础。冷冻胚胎系某妇婴保健院通过辅助生殖技术培育形成，由作为医疗机构的某妇婴保健院保存冷冻胚胎系基于为何某某、赵某提供辅助生殖技术治疗之需，且具有强制性要求。故何某某、赵某与某妇婴保健院之间就冷冻胚胎的保存并不构成合同法上的保管合同关系。何某某、赵某不能作为寄存人要求返还冷冻胚胎。根据何某某、赵某与某妇婴保健院签订的相应文件约定，涉案冷冻胚胎的临床使用时间控制在5年之内，超过保存期后，何某某、赵某选择将冷冻胚胎丢弃。双方并无5年保存期内如何处理冷冻胚胎的约定，故何某某、赵某要求某妇婴保健院返还剩余3个冷冻胚胎缺乏相应的合同依据。即使何某某、赵某不再要求某妇婴保健院继续保存冷冻胚胎，但涉及剩余冷冻胚胎的处理时，参照双方关于保存期满后冷冻胚胎可选择丢弃或去标识后作为教学科研用的约定，何某某、赵某亦无权要求返还剩余的冷冻胚胎。综上所述，何某某、赵某要求解除医疗服务合同，并要求某妇婴保健院返还剩余3个冷冻胚胎的诉请，依据不足，不予支持。

【案例注解】

本案是上海法院受理的首例个人要求医疗机构返还冷冻胚胎的纠纷。关于胚胎的法律属性及个人关于冷冻胚胎的权利，目前尚无法律法规作出明确界定。2021年1月1日开始施行的《民法典》虽然在条文中提及人体胚胎，但也仅有原则性的表述，并未对其法律属性、权利内容等作出具体的规定和指引。例如，第一千零九条对开展关于人类基因、胚胎等相关的医学和科研活动作出行为限制，要求此类活动在法律、行政法规和国家有关规定的框架内进行，不得危害人体健康、违背伦理道德或损害社会公共利益。虽然该类型案件在全国范围内已有多起处理先例，但由于法律无明文规定，该类案件的法律适用仍存在较大争议，相应的处理结果亦可能引发社会伦理道德风险。以下结合本案案情，针对个人关于冷冻胚胎权利的相关问题进行分析。

一、当前司法实践中对于个人要求返还冷冻胚胎纠纷的处理方式

在当前司法实践中，对于个人要求医疗机构返还冷冻胚胎的纠纷，法院普遍如何处理？为此，笔者以“冷冻胚胎、返还”作为关键词，将案件类型限定为民事案件，法院层级限定为基层法院，在中国裁判文书上进行

检索，共检索到相关裁判文书 48 篇，[①] 其中绝大多裁判文书对于个人要求返还冷冻胚胎的诉请予以支持。法院判决的理由主要是从冷冻胚胎的生物属性考量，认为个人对冷冻胚胎享有监管处置权，进而认为个人要求医疗机构返还并无不当。同时为了避免后续可能引发“代孕”等伦理风险，部分判决书在“本院认为”部分特别强调了个人对于冷冻胚胎的利用应当符合法律规定。[②] 笔者在检索中发现有 1 篇判决书驳回了原告的诉请，判决理由是胚胎属于人类遗传物质，遗传物质需要具有符合国家人类遗传资源保藏技术规范和要求的场所等，原告不具有保管胚胎的权利，故不予返还。[③] 纵观当前司法实践，支持返还的源头是被称为“冷冻胚胎纠纷第一案”的江苏省无锡市中级人民法院于 2014 年 9 月 17 日判决的沈某某等与刘某某等胚胎继承纠纷上诉案。[④] 该案判决从理论上肯定了个人对于冷冻胚胎享有监管和处置的权利，为之后全国其他地区法院处理类似纠纷提供了说理上的借鉴和指引。然而，个人对于冷冻胚胎的监管和处置权，是否就等同于个人可以直接占有和保存冷冻胚胎，这不无值得讨论之处。以下将进行具体分析和探讨。

二、个人关于冷冻胚胎权利的界定与限制

（一）夫妻双方对于冷冻胚胎当然地享有民事私法上的权利

1. 冷冻胚胎的法律属性

讨论个人关于冷冻胚胎的权利，避免不了对冷冻胚胎的法律属性进行

① 最后检索时间为 2023 年 8 月 2 日。

② 参见四川省成都市武侯区人民法院（2018）川 0107 民初 10614 号民事判决书、广东省深圳市罗湖区人民法院（2020）粤 0303 民初 3737 号民事判决书、广东省广州市越秀区人民法院（2021）粤 0104 民初 525 号民事判决书等。

③ 参见浙江省杭州市上城区人民法院（2019）浙 0102 民初 2774 号民事判决书。

④ 参见江苏省无锡市中级人民法院（2014）锡民终字第 01235 号民事判决书。该案中，法院认为医疗机构不得基于部门规章的行政管理规定对抗当事人基于私法所享有的正当权利，结合胚胎处置权利的特殊性以及伦理、情感、特殊利益保护等情理交融因素，在不违背禁止性规定的前提下，认定了人体冷冻胚胎监管权、处置权的归属问题，进而判决保存在被告医疗机构处的 4 个冷冻胚胎由上诉人沈某某等和被上诉人刘某某等共同监管和处置。

分析。冷冻胚胎系通过辅助生殖技术培育而形成，具有孕育生命的潜能，有一定的生物属性，但胚胎不具备独立的意志，显然不能作为民事法律关系的主体，只能作为民事法律关系的客体对待。冷冻胚胎类似于脱离人体的器官和组织。关于冷冻胚胎的法律属性，可以参照人体分离物的属性进行分析。人体分离物如精子、卵子、眼角膜等物质在脱离人体后以独立的形态存在，能够为人所支配与控制，可以满足某种需要，并且均为可感知的有体物，符合物的一般特性，可以被视为物。但冷冻胚胎相较于一般物而言，还存在特殊之处。第一，存在孕育为生命的可能性。冷冻胚胎有生命活性，在现代医学技术条件下，可以运用科学方法进行存储、备用，待适宜的时机进行移植孕育。这种生命活性决定了它的可利用性和使用价值，也表明其具有高于一般物的价值位阶。[①] 第二，存在受限制的独立性。与人体分离物相同，胚胎只有在脱离人体的一段时间是独立的，在尚未结合之前的卵子、精子时期与移植人体之后都属于人体的一部分。[②] 第三，存在不可替代性与特定的人身专属性。一般物存在可替换性，而冷冻胚胎蕴含了夫妻独特的基因物质，存在特定的人身专属特征，胚胎一旦被损坏后将无法再生。通常夫妻对于胚胎都寄予了实现生育的愿望，一旦胚胎受损，夫妻的感情会遭受巨大的伤害，因此，权利人对于胚胎的情感价值高于一般物。冷冻胚胎在自然性质上属于“物”，但仅将其视为“物”显然忽视了它最重要的生命潜力价值，故不能完全将其等同于一般意义上的“物”。从冷冻胚胎的生命潜力价值及其蕴含的人格利益价值考虑，适宜将冷冻胚胎界定为一种特殊的伦理物。

2. 冷冻胚胎的权利主体

胚胎是由精子和卵子结合而成，而精子和卵子分别是从丈夫和妻子身体中分离，在发育成胚胎的过程中，精子和卵子同等重要，均贡献了遗传物质，缺一不可。因此，从胚胎的生物属性来看，胚胎是夫妻双方人格的共同延续，夫妻双方应当认定为冷冻胚胎的共同权利人。在夫妻双方均死

---

① 参见孙良国：《夫妻间冷冻胚胎处理难题的法律解决》，载《国家检察官学院学报》2015 年第 1 期。

② 参见杨立新、曹艳春：《脱离人体的器官或组织的法律属性及其支配规则》，载《中国法学》2006 年第 1 期。

亡的情形下，由于夫妻本身是各自父母血缘的延续，故夫妻双方的父母应当作为冷冻胚胎的共同权利人。

涉案冷冻胚胎系由何某某的精子和赵某的卵子结合而形成，含有两人的遗传信息，在生命伦理上与两人具有最密切的联系；在情感上对于两人具有重要的精神寄托意义。因此，应当认定接受人工辅助生殖的夫妻双方对冷冻胚胎当然地享有民事私法上的正当权利。但是，冷冻胚胎作为一种特殊的伦理物，其权利主体享有的权利不能等同于一般物的权利主体所具有的权利。

（二）个人关于冷冻胚胎的权利应当受到合理的限制

在法律法规对权利内容未作明确界定的情形下，认定权利主体的权利内容时，应当结合现行法律法规的价值取向，以及对权利作出限制是否会造成权利人重大损害等因素来综合考量。笔者认为，在现行法律框架内，关于个人对冷冻胚胎的权利，应当予以必要的限制。法律应当肯定个人对于冷冻胚胎的监管和处置权，但不应认定个人享有直接占有支配冷冻胚胎的权利。主要理由在于以下两点。

1. 限制个人直接占有的权利符合立法目的与社会主义核心价值观

对个人直接占有冷冻胚胎权利的限制，符合我国现行相关法律法规的立法目的，符合社会主义核心价值观的导向，且不违背“法无禁止皆可为”的私法精神。社会主义核心价值观所倡导的自由并非个人意志绝对不受限制的自由，所倡导的和谐是建立在维护公序良俗基础上的社会和谐有序。民事私法领域的“法无禁止皆可为”也并非绝对。个人的民事权利同样存在边界，并非毫无限制。涉及社会公共利益和公共秩序时，对于民事私权进行一定的限制，具有合理性和正当性，亦与社会主义核心价值观的要求相符合。冷冻胚胎的利用及相关医疗技术的实施，涉及生命伦理，具有明显的社会公共利益和公共秩序属性。因此，涉及个人关于冷冻胚胎的权利时，应当进行必要的适当限制。我国现行法律法规对冷冻胚胎等具有孕育生命潜能物质的利用及相关医疗技术的实施秉持了严格监管的立场。

《民法典》明确规定，从事与人体胚胎有关的医学和科研活动，应当遵守相关法律法规，不得危害人体健康，不得违背伦理道德，不得损害公共利益。涉及相关医疗技术的实施时，相应行政规章明确规定只有在符合资质的医疗机构中方能实施。例如，《人类辅助生殖技术管理办法》规定，人类辅助生殖技术必须在经过批准并进行登记的医疗机构中实施；未经卫生行政部门批准，任何单位和个人不得实施人类辅助生殖技术。关于冷冻胚胎的保存，相应的行政法规规章亦从人员、场所、设备、技术条件等方面有严格的要求。因此，由符合资质具有保存条件的医疗机构保存冷冻胚胎，排除个人对冷冻胚胎的直接占有，能够从源头上加强对冷冻胚胎及相关医疗技术的监管，符合维护社会公共秩序和社会公共利益的要求。故对个人直接占有支配冷冻胚胎的权利进行限制，具有合理性和正当性。

2. 排除个人直接占有的权利难言损害了个人的正当权益

对于接受人工辅助生殖的夫妻而言，冷冻胚胎的价值通常体现在两个方面：一是情感价值的寄托；二是进行辅助生殖技术治疗，通过胚胎移植实现生育的目的。权利人对于冷冻胚胎的情感，源自冷冻胚胎包含了权利人的遗传信息，延续了“血脉”。这种情感是一种精神慰藉和寄托，更多是一种观念上的存在，该种情感不因直接占有冷冻胚胎与否而发生变化。从实现生育目的的角度来看，在我国现行法律规定下，个人只有在符合资质的正规医疗机构中接受辅助生殖技术治疗，才能实现生育。倘若权利人不愿在原有医疗机构进行治疗，原医疗机构亦表示愿意将胚胎移转至其他有资质的医疗机构，那么，胚胎由原有医疗机构保存并不会影响个人合法、正当利用胚胎的权利。

通过以上论述，笔者尝试对现行法律框架内个人关于冷冻胚胎的权利进行简单的概括。冷冻胚胎的生物属性决定了夫妻双方为当然的共同权利人，但一方不能单独或违背另一方的意愿对冷冻胚胎进行处置。冷冻胚胎作为一种特殊的伦理物，个人的权利应当受到限制。个人可以对冷冻胚胎的利用进行监管和处置，但不能要求直接占有和支配。同时冷冻胚胎不能如同一般的“物”作为继承、买卖、赠与等处分行为的标的，但是，由于其具有的人身属性和情感价值，冷冻胚胎受损时，权利人有权要求赔偿。

三、司法裁判应当避免引发社会伦理道德风险

笔者认为，司法裁判应当具有社会引导功能，在不违背法律基本精神的前提下，裁判结果应当避免引发社会伦理道德风险。在涉及个人要求直接占有保存冷冻胚胎的问题时，法院仅在判决书“本院认为”部分“温和”地提醒，并不具备约束力。否定个人直接占有支配的权利，才能从源头上有效地加强对冷冻胚胎的监管，从根本上避免引发“代孕”等社会伦理道德风险。涉及个人主张关于冷冻胚胎的权利时，司法裁判应当更多地从公共利益、公共秩序的角度考量，发挥司法裁判的社会引导功能，实现法律效果和社会效果统一，进而对于弘扬社会主义核心价值观起到引领作用。

广东省深圳市万某发展有限公司诉金某公司、第三人邱某某合同纠纷案

——《企业破产法》第十八条的适用和破产管理人合同解除权利的限制

◇编写人：广东省深圳市中级人民法院　王　芳

【获奖评语】

《企业破产法》第十八条规定的“待履行合同选择权”是一项颇具《企业破产法》特色的制度。该制度赋予了破产管理人对于双方均未履行完毕的合同享有解除权，以尽快结束因为企业破产而导致的合同履行僵局，推进破产程序，同时解除相关主体的束缚。由于法律并未给出“履行完毕”的具体标准，加上此项制度所蕴含的“增加破产企业财产”“平衡相关主体利益”双重价值取向，故在适用上存在困惑和分歧。本案所涉破产管理人能否解除房地产开发合同的争议，较为充分地体现了上述两种价值取向的紧张。作者结合案涉系列合同的主要目的，对争议发生过程及项目完成情况、双方主体剩余义务的性质及对合同目的的影响、相关主体的投入及利益平衡等问题，进行了系统的梳理与分析，得出了让人较为信服的结论：只要一方主给付义务已经完成，所剩给付义务的违反不会导致合同目的落空的，就不属于《企业

破产法》第十八条规定的“未履行完毕的合同”，破产管理人就无权解除合同。

本案较为准确地解读了《企业破产法》第十八条“履行完毕”的标准，较好平衡了各方当事人权益，实现了政治效果、法律效果和社会效果的统一。本案判决能够缓解当前普遍存在的管理人任意行使解除权现象，有助于“待履行合同选择权”制度的完善和破产审判事业的健康发展。

【关键词】

民事　合同　未履行完毕合同　主给付义务　破产管理人　合同解除权限制

【裁判要旨】

《企业破产法》第十八条是针对企业破产申请受理前成立而债务人及对方均未履行完毕的合同如何处理的规定，该条款赋予了破产管理人解除双方均未履行完毕的合同的选择权，即管理人可以选择继续履行合同，或者解除合同。在适用《企业破产法》第十八条规定时，管理人应当以债务人财产价值最大化为原则，但同时应兼顾合同相对方利益，减少债务人对社会交易行为的影响。

对于《企业破产法》第十八条中“未履行完毕的合同”的认定，应当考量债务人和合同相对方是否均未履行完毕合同的主要义务或者关键性义务，主给付义务已经履行完毕，仅是从给付义务或附随义务未履行完毕的，只要从给付义务的违反不直接影响主给付义务的履行效果，导致对方合同目的无法实现，或附随义务的违反不会导致对方合同目的落空，则从给付义务或附随义务的未履行或未适当履行不构成此处待履行合同。

破产管理人行使“合同解除权”应受合理限制，对于一方当事人已履行完毕主要义务或关键性义务的合同，管理人无权行使解除权。

【相关法条】

《企业破产法》（2006 年 8 月 27 日公布）

第十八条　人民法院受理破产申请后，管理人对破产申请受理前成立而债务人和对方当事人均未履行完毕的合同有权决定解除或者继续履行，并通知对方当事人。管理人自破产申请受理之日起二个月内未通知对方当事人，或者自收到对方当事人催告之日起三十日内未答复的，视为解除合同。

管理人决定继续履行合同的，对方当事人应当履行；但是，对方当事人有权要求管理人提供担保。管理人不提供担保的，视为解除合同。

【案件索引】

一审：广东省深圳市中级人民法院（2020）粤 03 民初 5847 号民事判决（2022 年 3 月 1 日）

【基本案情】

原告深圳市万某发展有限公司（以下简称万某公司）诉称：第一，本案涉及深圳市金某企业（集团）有限公司（以下简称金某公司）、邱某某与万某公司合作的渔某村及南某某村两个旧改项目。2010 年，邱某某、金某公司与万某公司即签订了《南某某村项目和渔某村项目合作开发协议》（以下简称《合作开发协议》），当时渔某村刚取得旧改资格，南某某村即将纳入深圳第一批城市更新计划，两个项目均未启动拆迁，各方约定万某公司出钱并负责开发建设，邱某某及金某公司负责两个项目的拆迁和南某某村的专项规划报批、报建，即由金某公司和邱某某完成前期工作，万某公司出价购买两个直接可开发的项目，邱某某及金某公司按最终可售面积乘以 1.4 万元/平方米的价格取得合作价款及相关物业。

2011 年底，由于金某公司、邱某某严重违约，导致两个项目拆迁工作严重滞后，各方协商签订《〈南某某村项目和渔某村项目合作开发协议〉补充协议》（以下简称《补充协议》），约定渔某村项目由金某公司、邱某某独立开发经营，南某某村项目由万某公司独立开发经营。《补充协议》签订后，金某公司、邱某某仍无力推进渔某村项目拆迁，更无力承担渔某村项目开发资金，在金某公司、邱某某的要求下，各方又于 2012 年签订《〈南某某村项目和渔某村项目合作开发协议〉补充协议二》（以下简称《补充协议二》），将渔某村项目重新交由万某公司经营管理。2013 年 6 月，金某公司及邱某某欠付银行到期贷款，为解决合作方资金压力，万某公司同意与金某公司、邱某某签订《〈南某某村项目和渔某村项目合作开发协议〉补充协议三》（以下简称《补充协议三》），约定增加 2.86 亿预结算款，海某广场 97 套商业物业的权益由万某公司享有。

2010 年至 2013 年，通过三次股权转让，深圳市万某某苑房地产开发有限公司（原名称：深圳市金某房地产开发有限公司，以下简称项目公司）名下股权已经全部转移至万某公司名下，两个项目逐步全部移交给万某公司经营管理。纵观三份补充协议的签订过程，不难发现，各方持续签订新合同，无不是因为每次不能完成合同约定的义务时，金某公司、邱某某都向万某公司提出新的有利于自己的补充条件，譬如延期拆迁、增加合作款等，实质上每一份补充协议都减少了金某公司、邱某某的责任，增加了其收益。截至 2013 年底，渔某村项目、南某某村项目仍处于拆迁阶段，金某公司、邱某某就早已取得 9.1 亿元合作价款，而万某公司被迫承担了项目推进的全部工作，除合作价款外，至今已持续投入开发本息近百亿元。2016 年底，渔某村项目开发进入尾声，南某某村项目拆迁工作有序推进。

为不当攫取更多利益并从万某公司手中无偿取得项目成果，金某公司、邱某某起诉要求解除合作开发协议及补充协议，广东省高级人民法院一审、最高人民法院二审、再审均认为万某公司不存在违约行为，驳回了金某公司及邱某某的全部诉讼请求。在本案二审判决作出后不到一个月的时间，金某公司被申请破产，管理人随即在2020年8月发函解除了案涉所有的协议，遂引发本案争议。请求法院判令：（1）继续履行《合作协议》《补充协议》《补充协议二》《补充协议三》；（2）金某公司管理人向万某公司寄送《解除合同通知书》的行为不产生解除金某公司与万某公司《股权转让协议书》的效力。

被告金某公司辩称：（1）合作协议及三份补充协议属于《企业破产法》第十八条规定的双方均未履行完毕的合同。管理人在破产申请受理之日起两个月内已通知对方当事人解除上述合同，符合法律规定，合法有效。法定解除权为形成权，自上述通知送达当事人之日起产生解除合同的效力。万某公司确认自2020年8月17日收到上述通知，则合作协议及三份补充协议自2020年8月17日起解除。

（2）股权转让协议因合作协议及三份补充协议被解除而一并解除。理由有以下两点：第一，项目公司的股权转让是双方的合作模式，因此，股权转让协议不是独立于合作协议及三份补充协议的，而是为了执行合作协议及三份补充协议的履行行为。双方合作开发的项目为南某某村项目和渔某村项目，两个项目的改造开发主体资格均在项目公司名下，双方以转让项目公司股权的方式实现两个项目的合作开发。第二，万某公司在最高人民法院（2019）最高法民终1748号案中自认，股权转让协议是依附于合作协议及三份补充协议的附属合同，在合作协议及三份补充协议合法有效的前提下，解除股权转让协议无法律依据；股权转让协议是合作协议的从合同，依据法律规定，在主合同无效或解除的情况下，发生从合同的无效或解除。因此，当合作协议及三份补充协议被解除的情况下，股权转让协议亦应解除。

（3）合作协议及三份补充协议的继续履行不利于破产财产价值最大化，不利于恢复偿债能力，将导致破产财产价值的绝对减少。具体包括：第一，地价款由金某公司负担，因为项目开发周期远超预期，地价款暴涨。

第二，合作协议及三份补充协议约定金某公司需承担违约责任，因开发周期长，导致累加计算的违约金金额巨大；第三，属于金某公司的物业将被过户给案外人深圳市金某某景投资有限公司；第四，金某公司未履行完毕的大部分义务在清算程序中无法继续履行。同时，合同相对方的权益在破产程序中可以依法得到保护。一方面，万某公司可以就解除合同所产生的损害赔偿请求权向管理人申报债权；另一方面，相关协议的解除，不排除万某公司与债权人协商一致继续合作开发南甘某村项目。

（4）金某公司认为万某公司以不能恢复原状的法律后果反推认为不能解除合作协议，没有依据。判断股权转让协议是否应解除的前提应是是否符合法定解除权行使条件，前已论述，此处不赘述，而是否能够恢复原状则是股权转让协议被解除的法律后果的考量。本案中，管理人发出解除通知时未要求返还股权，是基于对股权及本项目合作特殊性的考量。关于解除合同后是否应返还股权，因没有直接相关的诉讼请求，故不属于本案应探讨范围。综上所述，请求法院依法驳回原告的全部诉讼请求。

法院经审理查明：为开发深圳市南某某村及渔某村旧改项目，原告万某公司与被告金某公司及第三人邱某某签订了《合作开发协议》及三份补充协议，上述三方为履行上述协议而承接该两项旧改项目的项目公司股权陆续转让给了万某公司和万某城公司。有关合同签署的情况如下。

关于合作开发协议的签订及变更情况。2010 年 4 月 8 日，原告万某公司与被告金某公司及第三人邱某某签订《合作开发协议》，约定共同合作开发南某某村及渔某村旧改项目，合作开发主体为项目公司。双方合作方式为金某公司和邱某某（作为合同甲方）两次转让项目公司 100%股权给万某公司，并将项目公司移交给万某公司管理，由万某公司投入该两个项目后续资金（包括但不限于全部拆迁补偿、补缴政府地价、开发建设资金）；万某公司通过现金、代垫款项（包括但不限于拆迁补偿款、补缴政府地价、回迁建造成本投入等）、酒店返还、物业返还等方式支付全部甲方合作价款。其中还约定，南某某村项目中酒店部分由万某公司代金某公司和邱某某投资建设，建成后按毛坯房交楼标准返还给金某公司和邱某某，金某公司和邱某某在获取全部甲方合作价款后将其在项目公司剩余的20%股份以人民币1元转让给万某公司。双方还约定，由邱某某和金某公司负责完成南某某村和渔某村项目拆迁工作、旧改专项规划审批及建设用地规划许可办理工作等。

上述《合作开发协议》签订后，万某公司取得了项目公司80%的股权。但在合作过程中，南某某村项目的旧改专项规划经过深圳市规划国土委员会2011年19次技术会议审议后，尚未获得最终批复前，本案各方当事人发现审议的指标与《合作开发协议》确定的指标存在较大差异，为此，原告万某公司与被告金某公司和第三人邱某某于2011年12月19日签订了《补充协议》，约定由金某公司和邱某某独立负责渔某村项目的拆迁和经营，由万某公司独立负责南某某村项目的拆迁和经营，但金某公司和邱某某应负责完成南某某村项目旧改专项规划审批工作。双方另约定了项目公司与南某某村项目以外的其他资产和债务的剥离事项。

2012年5月17日，原告万某公司与被告金某公司和第三人邱某某又签订了《补充协议二》，约定重新分配渔某村项目的权益等。此后，万某公司取得了项目公司100%的股权。2013年6月6日，原告万某公司与被告金某公司和邱某某签订了《补充协议三》。就双方在《合作开发协议》《补充协议》《补充协议二》项下的双方权益重新进行约定，核心内容为金某公司和邱某某应负责清结贷款本息并解除项目公司所承担的担保责任、解除名下物业的租赁合同等义务。

双方当事人对上述协议的履行情况争议较大，经审查，深圳市中级人民法院对上述协议的履行情况认定如下：《合作开发协议》及三份补充协议所涉项目包括渔某村项目及南某某村项目。对于渔某村项目，2017年12月14日渔某村项目（万某某公馆）商铺和商务公寓部分取得预售许可证深房许字（2017）南山009号；2018年6月8日住宅部分取得预售许可证深房许字（2018）南山004号。2019年2月28日，渔某村项目（万某某公馆）完成竣工验收备案。目前原被告双方尚未就该项目完成结算工作。

对于南某某村项目，项目公司已向政府有关部门提交南某某村项目的专项规划申报文件，但截至本案最后一次开庭之日，政府有关部门尚未作出正式的专项规划批复文件。南某某村项目的建设用地规划许可证及房地产证尚未办理。项目公司现已就南某某村项目与南某某村项目多数被拆迁主体签署拆迁补偿协议，南某某村项目并未开展建设工作，关于南某某村项目建成后的返迁工作尚未完成。金某公司对合同尚未履行的部分所承担的义务主要为配合项目公司获取专项规划批复文件、协助拆迁、进行结算等义务。

2010年4月29日，被告根据金某公司与万某公司签订的《股权转让协议书》之约定，将项目公司80%股权过户至原告名下，变更后项目公司投资人情况为：原告持有项目公司80%股权、被告持有项目公司10%股权、第三人持有项目公司10%股权。2010年4月30日，原告通过银行转账的方式向被告支付了人民币2400万元的款项。

2013年6月30日，项目公司作为甲方，利某达公司及金某德公司作为乙方，原告及深圳万某城房地产开发有限公司作为丙方，签署《项目公司分立协议》，其中主要内容：（1）丙方拟采用派生分立方式对甲方进行公司分立，派生设立乙方，甲方的主体资格仍然保留。（2）分立后，原甲方名下南某某村项目及渔某村项目的城市更新开发业务及今后的房地产开发、销售业务由甲方经营。（3）除南某某村项目、渔某村项目外，其他项目均由乙方承继。根据各方当事人当庭陈述，目前项目公司名下尚有部分需剥离的房产仍登记在项目公司名下，未移交给金某公司。

广东省深圳市中级人民法院于2020年6月30日受理了对被告金某公司的破产清算申请，并指定广东星某律师事务所担任管理人。管理人于2020年8月17日向原告万某公司寄送《解除合同通知书》，通知原告万某公司解除《合作开发协议》《补充协议》《补充协议二》《补充协议三》及金某公司与万某公司签订的《股权转让协议书》。万某公司不服管理人解除合同的行为，故提起本案诉讼。

【裁判结果】

广东省深圳市中级人民法院于 2022 年 3 月 1 日作出（2020）粤 03 民初 5847 号民事判决：（1）原告万某公司、被告金某公司、第三人邱某某应继续履行《合作开发协议》《补充协议》《补充协议二》《补充协议三》；（2）确认金某公司管理人解除被告金某公司与原告万某公司签订的《股权转让协议书》的行为无效。

【裁判理由】

法院生效裁判认为：（1）《企业破产法》第十八条第一款规定："人民法院受理破产申请后，管理人对破产申请受理前成立而债务人和对方当事人均未履行完毕的合同有权决定解除或者继续履行，并通知对方当事人……"对于上述"未履行完毕的合同"这一概念在实践中存在"未履行合同全部义务"和"未履行合同主要义务"两种不同理解方式。人民法院受理对债务人的破产申请后，几乎必然会涉及债务人正在进行的交易关系是否继续履行的问题。上述法律之所以赋予管理人解除或者继续履行合同的权力，一方面是为了尽快明确债务人所涉及的市场交易活动是否继续进行，从而将因债务人破产带来的交易不稳定状态尽快结束，减少破产对正常市场行为的影响；另一方面也是赋予管理人选择的权力增进债务人财产，从而实现债权人利益最大化的目的。因此，在适用《企业破产法》第十八条规定时，管理人应当以债务人财产价值最大化为原则，但同时应兼顾合同相对方利益，减少债务人对社会交易行为的影响。因此，在判断某一交易行为涉及的合同是否属于"未履行完毕的合同"时，应当考量该债务人和合同相对方是否均未履行完毕合同主要义务或者关键性义务，而不应简单适用"全面履行"原则。如果任意一方当事人已履行完毕合同的主要义务、关键性义务，只是合同的附随义务、非关键性义务未完全履行，如通知、协助、告知等义务，那么该合同不应视为《企业破产法》制度下的“债务人和对方当事人均未履行完毕的合同”，对该类合同，管理人无权行使解除权。

本案中，金某公司及第三人邱某某与万某公司为完成南某某村和渔某村旧改项目的目的，签订了《合作开发协议》《补充协议》《补充协议二》《补充协议三》一系列合同，上述合同系各方当事人真实意思表示，其内容不违反法律法规的强制性规定，对各方当事人均具有法律约束力。截至本案受理前，渔某村旧改项目已经开发完成，而南某某村旧改项目尚处于政府审批阶段，并未实际进行开发工作，因此，万某公司作为履行拆迁、开发等义务的一方，其合同主要义务显然并未履行完毕。金某公司及第三人邱某某作为上述系列合同的共同甲方，其已经履行完毕将项目公司（包括涉及两个旧改项目的资料）移交万某公司的义务，仅剩余配合项目结算、配合进行拆迁、协助南某某村项目专项规划向政府报批等义务，剩余义务应属于合同的非关键性义务，不履行剩余义务，不会影响合同主要目的的实现。涉案的《合作开发协议》《补充协议》《补充协议二》《补充协议三》系为完成同一合同目的而签订的一系列协议，其内容不可分割，金某公司已经履行完毕主要合同义务，属于单方未履行完毕合同的情形，不应属于债务人和合同相对方均未履行完毕的合同。金某公司管理人错误理解了《企业破产法》第十八条的规定，对不属于“债务人和对方当事人均未履行完毕”的合同行使了解除权，该行为应予以纠正。上述协议的履行涉及南某某村的旧城改造进展，涉及千余户业主的实体利益，万某公司应当继续履行合同项下的开发和经营等义务，维护社会交易行为的稳定和可预期，避免因债务人破产而引发过多社会矛盾。

（2）金某公司和万某公司签订的针对项目公司的《股权转让协议书》，是双方为履行《合作开发协议》而签署的过程性合同，该协议虽然与《合作开发协议》密切相关，但两者不具备《合同法》上的主从合同关系，具有相对的独立性。该合同所约定的标的和价款均已交付完毕，依法属于已经履行完毕的合同。金某公司管理人以《企业破产法》第十八条规定为依据解除该《股权转让协议书》的行为，属于错误适用法律，该行为应属于无效。

综上所述，《合作开发协议》《补充协议》《补充协议二》《补充协议三》系债务人一方已经履行完毕主要义务的合同，金某公司管理人依据《企业破产法》第十八条之规定解除上述合同，错误理解了法律的规定，应予以纠正。鉴于上述合同的履行涉及社会公共利益，本案原告、被告和第三人作为合同当事人，均应继续履行合同义务。至于各方当事人在履行上述协议过程中产生的其他争议，可以另循法律途径解决。金某公司管理人解除金某公司与万某公司签订的《股权转让协议书》的行为，没有法律依据，依法应属于无效。

【案例注解】

《企业破产法》第十八条是针对企业破产申请受理前成立而债务人及对方均未履行完毕的合同如何处理的规定，该条赋予了破产管理人解除双方均为履行完毕的合同的选择权，即管理人可以选择继续履行合同或者解除合同。上述法律之所以赋予管理人解除或者继续履行合同的权力，一方面是为了尽快明确债务人所涉及的市场交易活动的是否继续进行，从而将因债务人破产带来的交易不稳定状态尽快结束，减少破产对正常市场行为的影响；另一方面也是赋予管理人选择的权力增进债务人财产，从而实现债权人利益最大化的目的。因此，在适用《企业破产法》第十八条规定时，管理人应当以债务人财产价值最大化为原则，但同时应兼顾合同相对方利益，减少债务人对社会交易行为的影响。但是，由于上述法律条文并未对破产管理人解除合同选择权行使的边界进行限制，导致实践中破产管理人任意行使该权力，对该条进行扩大性解释，从而引发较多的纠纷，而各地法院对于该类案件的裁判标准不一，亟待统一裁判规则。笔者结合本案案情，以类案分析为方法，对《企业破产法》第十八条管理人行使合同解除权的边界进行法律分析。

一、立法的初衷与不足

当企业进入破产程序时，往往面临大量的双务合同尚未履行完毕，同时合同相对人的对待给付义务也未完全履行。这类合同依《美国破产法》第三百六十五条被称为待履行合同[①]，或依《德国破产法》第一百零三条被称为“未履行或未完全履行完毕的双务合同”，或者以“尚未履行完毕的合同”代之[②]。但是，我国立法中强调了“双方均未履行完毕的合同”中的“双方”，故我国立法下“待履行合同”其外延与美国、德国均有所不同，美国、德国等国家对于“待履行合同”的定义，仅指破产企业一方尚未履行完毕的合同，而合同相对人一方则可能是履行完毕的状态，也可能是尚未履行完毕的状态。由于我国《企业破产法》中多将该类合同称为“待履行合同”，故本文论述中也沿用这一称谓。

破产法上，待履行合同制度是“最令人困惑、最复杂且最易误解的领域之一”[③]。当企业进入破产程序时，因履约能力恶化或不能，待履行的存量合同会陷入“胶着”状[④]，即在继续履行的背景下，债务人会面临因合同相对方行使不安抗辩权导致难以实际履行抑或是有能力履行但履行结果因“个别清偿”导致行为无效的尴尬境地。为解决前述问题，《企业破产法》第十八条规定了对于破产受理前成立而债务人和对方当事人均未履行完毕的合同，管理人有权决定解除或者继续履行。实务中，多将该种权能称之为“解除待履行合同的选择权”或者“破产管理人的合同解除权”。此问题是破产法中的难题，这是因为，一方面，作为民法中法定解除的例外，《企业破产法》赋予管理人合同解除权，其目的在于实现债务人可供分配财产的最大化，尽可能地保障债务人的偿债基础，以实现公平清偿之可能。然而，另一方面，立法并未对这一法定解除权作出限制，因为管理

① 参见兰晓为:《破产法上的待履行合同研究》，人民法院出版社2012年版，第2~3页。

② 参见庄加园、段磊:《待履行合同解除权之反思》，载《清华法学》2019年第5期。

③ 参见［美］查尔斯·J. 泰步:《美国破产法新论》，韩长印、何欢、王之洲译，中国政法大学出版社2017年版，第865页。

④ 参见［美］查尔斯·J. 泰步:《美国破产法新论》，韩长印、何欢、王之洲译，中国政法大学出版社2017年版，第865页。

人在选择解除还是继续履行时，必然要求考量破产企业是继续负担合同义务换取合同利益，还是因拒绝履行而扩大债务规模，任何一种选择都将同时影响债权人和债务人的利益；对于那些涉及社会公共秩序领域的合同，还有可能影响公共利益。所以，在破产管理人合同解除权的制度上，立法至少还应当对以下问题进行规定或指引：（1）准确定义待履行合同；（2）破产管理人行使选择权应当考虑的因素或面临的限制；（3）破产管理人作出选择后的法律后果，即合同解除后是恢复原状还是嗣后不履行。我国现行立法上仅有原则性指引，对上述问题均未作出回应，导致实践中出现做法不一的状态。

二、裁判标准不一的实务困境

（一）对“双方均未履行完毕的合同”认定标准问题

管理人的合同解除权是形成权，是管理人的单方行使的权力，不需要另一方作出共同行为，单方意思表示到达对方后生效。而判断破产管理人是否享有该权力，首先应判定案涉协议是否属于“双方均未履行完毕合同”。如合同被认定为双方均未履行完毕，则管理人有权行使合同解除权，该解除权系法定的形成权，一旦行使即发生法律效力；反之，如合同仅有一方未能履行完毕，则管理人无权行使合同解除权，其所作出的解除合同的行为应属于无效行为。

对于“合同履行完毕”的标准问题，实务中存在两种观点：一种观点认为，合同履行完毕的标准应当是全面、完整的履行完毕，不仅包括合同的主要义务，也应包括合同的次要义务。基于这一观点，即使一方当事人履行完毕主要合同义务，例如，房屋租赁合同中，破产企业作为房屋所有权人一方已经提供了房屋给合同相对人，已经履行完毕交付租赁物的主要义务，但其对于后续维修房屋等附随义务并未实际履行，破产管理人通常会为便于处置破产财产，提高财产处置价值而选择解除与租户的合同。采用第一种观点的法院，多数从提高破产财产处置价值、提高债权人受偿率的角度对合同履行完毕的标准进行解读，认为合同双方不仅应履行完毕交付房屋和支付租金的主要合同义务，还应履行完毕房屋的保管、合理使用以及租期届满或合同解除后的房屋返还义务，[①] 继而支持管理人行使合同解除权。

另一种观点则认为，对破产法上的双方均未履行完毕，不能理解为对合同的所有条款全部履行完毕，只有合同的主要义务或者关键性义务履行完毕，能够实现双方签订合同的实质性目的，才为履行完毕。否则，在房地产开发企业破产时，房屋买卖合同可能因存在房屋保修、税费支付等次要或附随义务尚未履行完毕而被视为待履行合同，从而使管理人可以任意解除合同，损害购房者的正当权益。[②] 最高人民法院也在部分案件裁判中体现了类似观点。[③] 这一观点借鉴了《民法典》第五百六十三条合同法定解除制度的规定，即守约方仅对对方未能履行合同主要义务的情形享有合同解除权。

此外，实践中市场交易行为本身的复杂性增加了对于“履行完毕的合同”认定的难度。对于简单的有名合同，各方义务是否履行完毕比较容易判断，如上述涉房屋租赁合同纠纷的案件等。但是在较大型的破产案件中，破产企业往往为完成一个交易而签署多个合同（以下简称合同集群），这些合同的完成程度代表这一个项目的完成程度，那么在认定“双方均未履行完毕的合同”时，是应当对单一合同的完成情况进行审查，还是对合同集群的完成程度进行审查？这是实务中较难解决的难题。以本案为例，双方当事人签署了《合作开发协议》等多项协议，如果单从协议本身来看，不但有双方均未完成的义务，还包含了一方替代另一方履行义务的情形，在该种情况下，应当如何判断各合同的履行情况？

---

① 参见浙江省绍兴市中级人民法院（2017）浙06民终3688号民事判决书。此外，相类似的案件还有深圳市中级人民法院（2019）粤03民初2444号民事判决书等。

② 参见王欣新、张思明：《房地产开发企业破产中的房屋产权界定与合同履行》，载《人民司法（应用）》2016年第7期。

③ 参见最高人民法院（2021）最高法民申2462号民事裁定书。

(二) 管理人行使合同解除权的边界问题

即使对于合同的履行情况没有争议，即案涉合同确实属于双方均未履行完毕的合同，管理人行使合同解除权是否必然没有限制？或者只要符合破产财产最大化的原则，管理人是否即可罔顾合同相对人的利益，甚或是社会公共利益，而任意行使破产解除权？该问题立法上并无规定。但是从待履行合同被解除的后果可以分析：待履行合同的规定具有两面性，即对于《合同法》既有突破又有承继。一方面，待履行合同虽处于破产的特殊阶段中，其仍属合同，是当事双方在合意的基础上建立的权利义务关系，故应尽可能地维持公平、自愿、诚实信用的合同原则；另一方面，为管理人设定待履行合同中的选择权，就是为了实现破产企业财产利益的价值最大化，或者使企业退出市场时不至于造成较大的波动，以维护社会主义市场经济秩序，又或者使破产企业利用未履行完毕的待履行合同和重整产生的新合同盘活企业资产、恢复企业生机。

实践中，人民法院对于管理人行使合同解除权也未有较为统一的规则。笔者通过检索 2021 年至 2022 年度中国裁判文书网上涉及破产管理人行使解除合同权的案件，发现该类案件存在以下特点：第一，该类案件类型集中在涉租赁合同、商品房买卖和房地产开发等纠纷领域。在笔者提取的 579 宗案件中，有 478 宗案件属于上述类别的纠纷。第二，人民法院在多数案件中支持管理人行使合同解除权。在笔者提取的 579 宗案件中，支持管理人行使解除合同权的案件约占 66%。在少数未支持管理人行使解除权的案件中，以商品房买卖合同为主要案由。第三，人民法院对合同解除后的法律后果裁判不一。对于确认管理人解除合同效力的案件中，部分案件判令恢复原状，但对破产企业返还金钱债务的性质没有作判定，而对于合同相对人来说，其对于企业的金钱返还请求权是属于普通债权还是共益债权，直接影响其受偿顺序，如果裁判文书中没有明确，可能引发新的诉讼。

三、破产待履行合同制度的重构

综上所述，我国的破产管理人待履行合同解除权制度，尚处于“有原则、缺细则”的状态。笔者认为可以通过法律解释和实践指导两个层面完善待履行合同解除权制度。

（一）正确界定“双方均未履行完毕合同”

1. 对“双方均未履行完毕合同”中的履行进行限缩性解释

《企业破产法》上的双方均未履行完毕合同，应理解为合同双方均未能履行完毕主给付义务或关键性义务，[①] 而不能理解为对合同的所有条款全部履行完毕，只要合同的主要义务或者关键性义务履行完毕，能够实现双方签订合同的实质性目的，即为履行完毕。[②]

2. 正确界定主给付义务的判断规则

对于涉及合同集群类的案件，对于主给付义务的理解应当回归双方签订的多份协议的目的本身进行理解，不能将个别合同割裂处理，而应在合同集群所共同确立的双方当事人权利义务关系上，概括判断双方当事人是否完成主给付义务。如果正向判断上对主给付义务是否完成较难判断，可以逆向思维，通过回答“相关义务的不履行是否会导致合同目的落空”的问题进行判断，[③] 而无须过于纠结尚未履行的义务是属于主给付义务还是从义务。换言之，在判断某一特定合同是否属于待履行合同时，应当梳理逻辑层次：对于可以明确区别主从义务的情形，则以主给付义务是否完成作为判断合同履行情况的标准；对于主从义务约定不显著的情况，则应判断以该义务的不履行是否会导致合同目的落空来判断是否属于双方均未履行完毕的情形。

---

① 参见齐树洁主编：《破产法研究（修订版）》，厦门大学出版社 2004 年版，第 271 页。

② 参见王欣新、张思明：《房地产开发企业破产中的房屋产权界定与合同履行》，载《人民司法（应用）》2016 年第 7 期。

③ 参见张玉海：《破产法上待履行合同基础理论的省思与重构》，载《西部法学评论》2020 年第 6 期。

（二）合理确定管理人行使合同解除权的边界

破产制度是在企业不正常状态下为保障全体债权人公平分配财产的利益而创设的特殊制度。因此，破产制度具有对正常状态下商事规则阻断的法律效果，如股东出资加速到期、撤销个别清偿等规则。但破产制度仍然是经济社会稳定行使大框架下的制度，其仍应遵守包括交易稳定、金融安全等基本原则。“一个高效率的破产法应当追求破产程序和整个法体系的一致性，也就说要以尽量维护交易关系和风险的可预测性，减少破产程序对于既有经济、法律秩序的冲击。除非破产程序所要实现的目标经过立法论证被证明比另一目标更为重要，否则其他法律对某类合同的解除或禁止转让的规则在破产法中应当得到尊重与适用。”[①] 因此，即使涉破产企业的合同确实为上述“双方均未履行完毕的合同”，管理人的合同解除权也不是漫无边界、随意行使的，其权力仍应有边界限制。[②] 结合当前各国类似制度的有关司法实践，笔者认为，管理人行使合同解除权，仍应当遵循如下规则。

1. 基本原则的遵循

第一，债务人财产价值最大化原则。债务人财产最大化是管理人在甄别双方均未履行完毕的合同是否需要继续履行或解除时首要考量的原则。在这一点上，管理人应当对继续履行合同时破产企业的合同负担和因此而获得的合同收益进行比对，从而选择对破产企业最有利的处理方案。比如，破产企业在破产前与他人订立买卖合同，以 10 万元/台的价格购入 10 台贴片机，交付期限为 1 个月，付款方式为首付款 10 万元，于签订合同时支付，余款为收到贴片机后支付。该合同签订并支付完毕首期款之后，该合同仍处于待履行状态，破产管理人此时将行使选择权，根据市场价格决定是继续履行合同，即向他人交付余款并获得贴片机，还是决定解除合同，

---

① 王欣新、余艳萍：《论破产程序中待履行合同的处理方式及法律效果》，载《法学杂志》2010 年第 6 期。

② 参见陈本寒、陈超然：《破产管理人合同解除权限制问题研究》，载《烟台大学学报（哲学社会科学版）》2018 年第 3 期。

即由合同相对方申请确认债权。假如市场价提升到一定价款，使得破产管理人扣除时间成本和转售成本后，破产企业可以获得超过90万元支出和清偿合同相对人的比例金额，那么管理人就应当选择继续履行合同，否则应当解除合同。

第二，合同双方利益平衡原则。该原则要求管理人在行使解除权时必须综合双方利益得失加以考虑，[①] 并且尽可能平衡双方的利益得失。如果管理人在行使解除权时没有充分考虑合同相对方的利益，会导致合同相对方因合同被解除而遭受巨大损失，从而违反利益平衡原则。[②] 比如在本案中，万某公司已经对案涉旧改项目投入了巨量资本和十多年的时间成本，而金某公司的投入相对较少，此时解除合同，显失公平，将导致万某公司将遭受巨大损失，故即使本案属于双方均未履行完毕的合同，管理人仍不应随意解除该合同。

2. 特殊类别合同的列举

当前对于《企业破产法》下待履行合同的管理人解除权，学术界多有讨论，在对特定类别的合同行使合同解除权的问题上，学术界基本达成了较为一致的看法，这些特殊类别合同包括所有权保留买卖合同、经预告登记后的商品房买卖合同、居住商品房买卖合同、不动产租赁合同等。[③] 其中，笔者发现美国破产立法和司法实践中，关于待履行合同制度的判例存在对于商业不动产租赁、劳工合同、股东或董事等利益相关人参与的合同中，美国法院采取较高的限制合同解除权的标准，[④] 这些域外司法实践，也可资一鉴。

3. 社会公共利益的综合考量

适用范围如此之广的破产解除制度，在某些情况下会违背社会公共政

---

① 参见本书编写组编著：《中华人民共和国企业破产法释义及实用指南》，中国民主法制出版社2006年版，第72页。

② 参见张玉海：《破产法上待履行合同基础理论的省思与重构》，载《西部法学评论》2020年第6期。

③ 参见丁燕、尹栋：《论破产管理人待履行合同解除权的限制》，载《法律适用》2022年第3期。

④ 参见［美］查尔斯·J. 泰步：《美国破产法新论》，韩长印、何欢、王之洲译，中国政法大学出版社2017年版，第883~884页。

策、损害公共利益或是与其他民事单行法的规定相冲突。[①] 因此，并不是所有类型的双务合同破产管理人均可无条件解除，破产管理人对某些特殊种类的合同解除权应当受到限制。管理人在处理涉及公共利益的双方均未履行完毕的合同时，必须审慎权衡各方利益，并妥善处理双方均未履行完毕的合同，以达到公共利益与破产程序中债务人利益的平衡。由于破产财团利益与全体债权人利益有着正相关关系，《企业破产法》通过待履行合同规则在破产财团利益与合同相对方利益中也选择了前者。然而，若谈及公共利益，那么无论是全体债权人利益还是破产财团利益都不得不理所当然地让位于公共利益，因为公共秩序的稳定是所有社会关系得以有序运转的前提。因此，当合同的存续为保护公共利益所必需时，破产管理人无权解除合同，即涉及公共利益的合同往往应为解除受限的待履行合同。例如，在处理涉及供用水、电、暖、燃气等具有公共利益属性的合同时，管理人应该严格限制解除合同的权力，以保护公共利益和合同相对方的合法权益。

① 参见陈本寒、陈超然：《破产管理人合同解除权限制问题研究》，载《烟台大学学报（哲学社会科学版）》2018 年第 3 期。

中国某重工集团有限公司诉北京某科技发展有限公司买卖合同纠纷案

——涉刑买卖合同纠纷中，合同效力及相对方民事责任的认定

◇编写人：北京市第二中级人民法院　韩耀斌　李超男

【获奖评语】

刑民交叉案件常见多发，由于刑事责任和民事责任在保护法益、证明标准、归责原则、责任形式方面的差异，导致民法学者和刑法学者持有不同的学科理念和价值取向，民事法官和刑事法官对于此类案件的处理思路也存在较大分歧。《全国法院民商事审判工作会议纪要》基于民事案件与刑事案件是否为“同一事实”这一标准，确立了合并审理还是分别审理的规则，为审理此类案件初步指明了方向。本案针对民事合同之外第三人操纵整个交易流程、相关合同当事人并不知情的具体情形，在刑事判决为追究被告刑事责任而认定涉案合同系“以合法形式掩盖非法目的”无效情况下，基于合同当事人签订合同时的真实意思，认为在民事诉讼中应当再次单独评价合同效力及合同责任。同时案例还注意到了刑事退赔和民事责任并存可能导致的当事人双重受偿问题，并提出了解决方案。

本案在坚持刑事案件与民事案件合并审理还是分别审理的“同一事实”标准基础上，对于刑事判决在论证被告责任时附带对合同效力予以评价的情况下，如何处理刑事程序与民事程序的衔接进行了细致分析论证，并得出了符合当事人真实意思的裁判结果。法律适用正确，较好平衡了相关主体的权益，对于完善刑民交叉案件具体类型的审理进行了有益探索，也为司法解释的制定提供了有价值的实践素材。

【关键词】

刑民交叉　刑事判决　合同效力　双重受偿　民事责任

【裁判要旨】

刑事案件被告人并非合同当事人，在刑事判决仅依据刑事被告人的行为对合同效力进行否定，而未对签约双方是否存在导致合同无效的情形进行判断的情况下，应依据相关民事法律规定对合同效力重新进行认定。

合同当事人均非刑事案件被告人，双方在签订合同时具有订立合同的真实意思表示，且不违反法律、行政法规强制性规定的，双方签订的合同应属合法有效，不因刑事判决将其认定为刑事案件被告人实施犯罪行为的手段而当然无效。

【相关法条】

《合同法》[①]（1999 年 3 月 15 日公布）

第八条[②] 依法成立的合同，对当事人具有法律约束力。当事人应当按照约定履行自己的义务，不得擅自变更或者解除合同。

依法成立的合同，受法律保护。

第五十二条[③] 有下列情形之一的，合同无效：

（一）一方以欺诈、胁迫的手段订立合同，损害国家利益；

（二）恶意串通，损害国家、集体或者第三人利益；

（三）以合法形式掩盖非法目的；

（四）损害社会公共利益；

（五）违反法律、行政法规的强制性规定。

【案件索引】

一审：北京市大兴区人民法院（2021）京 0115 民初 8294 号（2021 年 11 月 12 日）

二审：北京市第二中级人民法院（2022）京 02 民终 1909 号（2022 年 6 月 24 日）

---

① 《合同法》已于 2021 年 1 月 1 日废止。

② 《合同法》第八条规定体现在《民法典》第四百六十五条规定中。《民法典》第四百六十五条规定："依法成立的合同，受法律保护。依法成立的合同，仅对当事人具有法律约束力，但是法律另有规定的除外。"

③ 《合同法》第五十二条规定了合同无效的五种情形，《民法典》未在合同编中对合同无效情形进行规定，而是在第一编总则第六章民事法律行为章节中，对民事法律行为无效的情形进行了规定。《民法典》施行后，《合同法》第五十二条第一项不再作为合同无效情形，而是合同可撤销情形；第二项情形，体现在《民法典》第一百五十四条规定中，该条规定："行为人与相对人恶意串通，损害他人合法权益的民事法律行为无效"；第三项情形，《民法典》施行后其不再作为合同无效情形；第四项、第五项情形，体现在《民法典》第一百五十三条规定中，该条规定："违反法律、行政法规的强制性规定的民事法律行为无效。但是，该强制性规定不导致该民事法律行为无效的除外。违背公序良俗的民事法律行为无效。"除此之外，《民法典》关于民事法律行为无效的规定，还体现在第一百四十四条及第一百四十六条第一款规定中，《民法典》第一百四十四条规定："无民事行为能力人实施的民事法律行为无效。"第一百四十六条第一款规定："行为人与相对人以虚假的意思表示实施的民事法律行为无效。"

【基本案情】

原告（上诉人）中国某重工集团有限公司（以下简称某重工集团公司）诉称：某重工集团公司与北京某科技发展有限公司（以下简称某科技公司）于 2017 年 12 月 5 日签订了七份《购销合同》，合同总金额为 41240300 元，某重工集团公司预付合同总金额 70%货款，某科技公司应在 4 周内交货到某重工集团公司指定客户地点。合同签署生效后，某重工集团公司支付 28868210 元，后某科技公司因无法交货，返还了 5226203. 52 元，剩余货款某科技公司至今未还。请求法院判令：（1）被告某科技公司向原告某重工集团公司退还货款 23052273. 19 元；（2）被告某科技公司向原告某重工集团公司支付资金利息损失：以 28868210 元为基础，按照全国银行间同业拆借中心公布的 2021 年 3 月 22 日贷款市场报价利率（LPR）1 年期 LPR 为 3. 85%计算，自 2018 年 1 月 3 日至 2018 年 4 月 23 日，计 110 天，利息为 334950. 33 元；以 23642006. 5 元为基数，按照 3. 85%计算，2018 年 4 月 24 日至 2021 年 3 月 26 日，计 1067 天，利息 2660826. 87 元；2021 年 3 月 26 日至实际给付日止的利息按照年息 3. 85%，以 23052273. 19 元为基础另行计算；（3）本案诉讼费、保全费、诉讼财产保全担保费用等由被告某科技公司承担。

被告（被上诉人）某科技公司辩称：（1）某重工集团公司提起本案诉讼所依据的是其与某科技公司签订的七份购销合同，但经已生效的刑事裁判文书认定，这七份购销合同的签订系案外人曹某实施合同诈骗行为的手段。（2）某重工集团公司曾以相同事由起诉，法院已经裁定驳回起诉。本案所涉事实与刑事案件认定事实系同一事实，某重工集团公司起诉某科技公司没有依据，且在某重工集团公司已通过刑事判决获得救济的情况下，其不应再对某科技公司提起民事诉讼。

法院经审理查明：2017 年 12 月 5 日，买方某重工集团公司与卖方某科技公司签订七份《购销合同》，合同金额共计 41240300 元，约定交货地点为北京市的多家高校。2017 年 12 月 8 日至 13 日，某重工集团公司向某科技公司共支付货款 28868210 元。2017 年 12 月 8 日至 2018 年 1 月 2 日期间，某科技公司先后向某生物技术公司支付采购款 22683711.97 元，并因此产生汇款手续费、贴息 368863.53 元。

2018 年 1 月 18 日，某重工集团公司向某科技公司发送关于合同取消的通知函，载明：某重工集团公司与贵司在 2017 年 12 月签订了七份设备《购销合同》，合同签署的同时，某重工集团公司也给贵司支付了全部合同预付款，因这批合同的实际运作人曹某无法保证最终用户履约，并已经与某重工集团公司于 2018 年 1 月 15 日达成相关协议，故某重工集团公司决定取消与贵司的采购合同，对于某重工集团公司已经支付给贵司的全部预付款退还事宜，请求如下：（1）贵司于 2018 年 1 月 30 日前退回某重工集团公司 950 万元预付款；（2）贵司于 2018 年 2 月 28 日前退回某重工集团公司 14042595 元预付款；（3）贵司于 2018 年 3 月 15 日前退回某重工集团公司 5325615 元预付款。上述资金占用成本由曹某另行支付某重工集团公司。2018 年 2 月 11 日，某科技公司向某重工集团公司发送关于同意某重工集团公司关于取消合同执行并退款的函，载明：贵司于 2017 年 12 月与我司签订七份《购销合同》，我司于 2017 年 12 月收到部分合同款项，随即支付给某生物技术公司用于购货，实际运作人曹某表示无法保证最终用户履约，并已与某重工集团公司达成相关协议。经协商，我司同意取消上述合同，如需退还已经收到的合同款，需我司在收到某生物技术公司退款后，方可执行。2018 年 2 月 13 日，某重工集团公司向某科技公司发送关于要求立即办理退款的函；2018 年 4 月 9 日，某重工集团公司再次向某科技公司发送催款函。

2019 年 6 月 28 日一审法院出具（2018）京 0115 民初 9548 号民事裁定书裁定驳回某重工集团公司对某科技公司的起诉。北京市第二中级人民法院出具（2019）京 02 民终 10884 号民事裁定书驳回上诉，维持原裁定。北京市高级人民法院出具（2020）京民申 1873 号民事裁定书驳回某重工集团公司的再审申请。

北京市第一中级人民法院（2019）京01刑初39号刑事判决认定，被告人曹某虚构多个高校采购仪器的事实，以上述单位名义与某重工集团公司签订购货合同，再借用某科技公司名义作为供货单位，与某重工集团公司签订供货合同，经曹某安排，再借用某生物技术公司名义作为最终的供货单位，由某科技公司与某生物技术公司签订供货合同，骗取某重工集团公司向某科技公司支付货款共计28868210元，除5226203.52元被某重工集团公司追回外，其余大部分钱款被扣除承兑汇票贴现利息后，经某科技公司账户转至某生物技术公司账户，由某生物技术公司将2268万余元转至曹某指定的账户，用于归还曹某的欠款及购买彩票。法院最终认定曹某向有资金实力的被害单位编造采购设备需要垫资的事实，通过签署合同的方式，让被害单位给其联系的所谓供货公司转款，这些买卖合同中的货物内容、交易价格以及采购供货双方的上下业务关系均由曹某控制、确定，不是合同双方按照市场行情经真实意思表示确定的内容、价格，不属于有效经济合同，系被告人骗取他人财物的手段。曹某在没有偿还能力的情况下，以合法形式掩盖非法目的，将骗取的钱款用于偿还其此前所欠大额债务或购买彩票，具有非法占有故意，曹某对此应承担刑事责任。法院最终判决责令被告人曹某退赔违法所得，其中27324573.19元发还被害单位某重工集团公司。2020年10月29日，北京市高级人民法院针对曹某的上诉作出（2020）京刑终47号刑事裁定书，裁定驳回曹某的上诉，维持原判。

二审法院另查明，某重工集团公司的工作人员与某科技公司工作人员在某重工集团公司办公室签订了涉案七份《购销合同》。2017年12月5日，买方某科技公司与某生物技术公司签订七份《购销合同》。2020年10月29日作出的（2020）京刑终47号刑事裁定书载明：本案诈骗流程为，先由曹某冒用上家单位的名义与被害单位签订合同，向被害单位购买货物；再由曹某控制的下家公司与被害单位签订合同，向被害单位出售货物。上家、下家对曹某的行为和目的并不知情，且并不实际购买和出售货物。下家公司收取被害单位的货款后按照曹某的指示将货款转给曹某或曹某指定的他人。事实上，合同不会被实际履行，货物购销不会发生，合同只是曹某为了让被害单位相信有真实的货物购销从而骗取被害人单位的手段。

【裁判结果】

北京市大兴区人民法院于2021年11月12日作出（2021）京0115民初8294号民事判决：驳回某重工集团公司的全部诉讼请求。

某重工集团公司向北京市第二中级人民法院提出上诉。北京市第二中级人民法院于2022年6月24日作出（2022）京02民终1909号民事判决：（1）撤销北京市大兴区人民法院（2021）京0115民初8294号民事判决。（2）某科技公司于本判决生效后10日内向某重工集团公司返还预付款23052273.19元及支付利息损失（以23052273.19元为基数，自2021年4月12日起至实际支付之日止，按照同期全国银行间同业拆借中心公布的贷款市场报价利率计算）。（3）驳回某重工集团公司其他诉讼请求。

【裁判理由】

法院生效裁判认为：本案刑事判决中的“以合法形式掩盖非法目的”是指曹某，而并非指某重工集团公司与某科技公司，曹某亦不是本案《购销合同》的签约主体，曹某虚构了其他方的采购意图，具有犯罪的故意，曹某掩盖其非法目的行为与某重工集团公司和某科技公司无关。因此，刑事判决中表述的“以合法形式掩盖非法目的”不能成为认定本案《购销合同》无效的法律依据。尽管双方签署涉案《购销合同》确实受到曹某虚构事实的影响，但双方签订合同时对曹某诈骗钱财的目的并不知情，并派遣工作人员签署《购销合同》，亦加盖真实公章，据此履行合同。对双方而言，签订合同时进行买卖交易的意思表示真实，不存在以合法形式掩盖非法目的，故双方之间的《购销合同》合法有效。某重工集团公司于2018年1月18日向某科技公司发送关于取消涉案《购销合同》的通知函，某科技公司于2018年2月11日回函同意取消涉案《购销合同》，故涉案七份

《购销合同》已解除，某科技公司应将预付款返还给某重工集团公司。

【案例注解】

刑民交叉案件是指刑事犯罪与民事不法存在竞合的案件。[①]《全国法院民商事审判工作会议纪要》第十二部分规定了民刑交叉案件的程序处理，明确了受害人请求涉嫌刑事犯罪的嫌疑人之外的其他主体承担民事责任的，民商事案件与刑事案件应当分别审理。但是对于涉刑事案件的民商事合同纠纷，在刑事判决已经对部分法律事实及合同效力进行认定及评价的情况下，如何在审理中做好刑事判决既判力与民商事审判的衔接、正确对合同效力及当事人责任作出认定，仍然是案件审理的焦点和难点。本案作为刑事案件受害人请求刑事案件被告人之外的其他主体，依据所签合同承担民事责任的典型案例，对所涉合同法律效力在刑事案件及民商事案件中的不同认定进行了充分论证及阐释，保障了当事人在刑事法律程序之外的合法民事权利，为涉刑合同纠纷案件中合同效力及当事人责任的认定提供了审判参考。

一、涉及刑事判决的买卖合同纠纷审判实务分析

（一）与刑事判决相牵连的买卖合同纠纷案件概况

从本案涉及的民刑交叉情况出发，以“买卖合同纠纷”为案由，以“合同效力”“刑事判决”为关键词[②]在中国裁判文书网进行全文检索，共检索到2014年以来的民事法律文书175篇。通过调研分析，笔者发现该类案件存在以下特点。

第一，2019年之后，涉及刑事判决的买卖合同纠纷案件数量显著增

① 参见陈兴良：《刑民交叉案件的刑法适用》，载《法律科学（西北政法大学学报）》2019年第2期。

② 检索时间为2023年7月4日，在中国裁判文书网中，限定案由为“买卖合同纠纷”，全文检索关键词为“合同效力”及“刑事判决”，其中判决书152篇，裁定书23篇。

长。在检索到的175篇法律文书中，2014年及2015年均只有2篇，2016年至2018年期间每年均未超过20篇，其中2016年14篇，2017年11篇，2018年20篇，但2019年及2020年均为46篇，2021年也超过了20篇，为27篇。笔者认为，2019年以来，该类案件数量的增长，与《全国法院民商事审判工作会议纪要》的发布存在密切关系，因为此前审理涉刑事案件的民商事案件，更多倾向于对刑事判决所涉内容不再进行民事审理，这一审判理念在全国法院民商事审判工作会议之后得到有效纠正，对当事人在刑事判决之外，通过民事诉讼主张合法权利的维权方式予以支持和保护。

第二，中、高级人民法院案件数量占比较大。在检索到的175篇法律文书中，只有48篇为基层人民法院文书，中级人民法院文书为100篇，高级人民法院及最高人民法院文书为27篇；民事一审裁判文书为51篇，二审裁判文书为91篇，审判监督程序文书为33篇。这也体现出当事人对案件争议大，案件历经诉讼程序较长。

第三，所涉刑事犯罪行为多为财产型犯罪。在检索到的案件中，与买卖合同相牵连的刑事犯罪主要集中在受贿罪、职务侵占罪、诈骗罪、合同诈骗罪、挪用公款罪等财产型犯罪，占比超过七成。另外部分案件涉及伪造公司印章罪，串通投标罪，生产、销售伪劣产品罪等。不同的刑事犯罪行为对于合同缔约主体、意思表示、标的内容等方面的合法性认定均会产生不同影响。

（二）买卖合同纠纷与刑事判决的牵连类型

买卖合同纠纷案件与刑事判决的牵连通常表现为以下三种类型。

第一，合同一方为公司，其法定代表人在合同签订过程中构成刑事犯罪。此类案件在民商事审判中的审理焦点在于法定代表人的身份具有特殊性，在民商事审判中对合同效力进行判断时，需要着重审查公司签订合同的行为是否可以与法定代表人的犯罪行为相分离，根据双方签订合同时是否存在恶意串通等情形，对合同效力进行判断。

第二，合同一方的工作人员在合同签订或履行过程中构成刑事犯罪。

此类案件较为典型的情形有两种：一种情形是合同一方当事人向另一方当事人的工作人员提供不正当利益，从而在合同签订过程中获得优势地位或在履行过程中不正当增加合同金额等；另一种情形是一方的工作人员伪造公司印章签订合同，此时审查焦点在于签约人于盖章之时有无代表权或代理权，从而根据代理的相关规则来确定合同的效力。

第三，非买卖合同双方的第三人构成刑事犯罪。此类案件，特别是涉及第三人合同诈骗的案件，审判实践中分歧较大。

二、刑事判决拘束力与民事审判独立性的厘清

通过上文分析可以发现，因非合同当事人的第三方的刑事犯罪行为引发的买卖合同纠纷案件中，对于民事案件是否应单独审理在审判实践中仍存在不同认定。

（一）对刑事判决与民商事案件是否为同一事实应从严限缩

《全国法院民商事审判工作会议纪要》第一百二十八条中列举的民商事案件与刑事案件分别审理的五种情形，实质上都是同一当事人因不同事实分别涉及民商事纠纷及刑事犯罪的情形。因此，民刑案件是否应分别审理的判断基础即为民商事诉讼所涉及的事实与刑事犯罪是否为“同一事实”。民商事纠纷与刑事犯罪构成同一事实，应当同时满足以下要件：从行为主体来看，民商事纠纷所涉法律事实与刑事犯罪所涉法律事实的行为实施主体应当相同，即所涉焦点事实的行为人相同；从法律关系来看，刑事案件与民商事案件针对的应当是同一法律关系；从要件事实的角度看，只有民事案件争议的事实，同时也是构成刑事犯罪的要件事实的情况下，才属于同一事实。[①] 对于是否为“同一事实”的认定，应该进行严格限缩，从而充分尊重当事人的意思自治，保障民商事合同的稳定性及可预期性。在本案中，虽然刑事判决与民事诉讼的焦点事实都是基于案涉各方签订的

① 参见于同志：《重构刑民交叉案件的办理机制》，载《法律适用》2021 年第 16 期。

买卖合同产生，但是本案被告某科技公司并非刑事案件中犯罪行为的实施主体，因此，本案就不属于当事人就与刑事判决相同的“同一事实”提起的民事诉讼，作为被害人的某重工集团公司在刑事判决对曹某的犯罪行为作出认定后，仍然有权基于其与某科技公司的买卖合同关系主张民事权利。

（二）刑事判决既判力不宜过度扩张，应对合同效力进行独立判断

有学者认为，刑事有罪判决具有对世免证效力，① 但是对于判决具体构成内容未进行明确区分。笔者认为，刑事案件与民事案件在诉讼主体上构成不同，生效刑事判决的既判力范围应仅限于判决主文，对于判决理由中关于案件事实的认定部分无法对后诉产生必然的拘束力。这主要是因为民事法律与刑事法律之间对于法律概念及法律事实存在不同的理解，特别是对于合同的效力这一核心问题，刑事案件主要是从刑事被告人的犯罪行为构成方面出发，将合同作为刑事被告人的犯罪手段进行认定，其关注焦点在于刑事被告人在合同签订中是否具有真实履约的意思表示，在涉及连环购销的情形下，其更侧重于将多份合同与刑事被告人的犯罪行为相关联，而对于每份单独的合同中，当事人是否存在真实意思表示并不过多进行判断。另外，在刑事案件与民商事案件中，对于受害人过错也存在不同认定。刑事诉讼中受害人过错并不是减轻刑事案件被告人刑事责任的法定事由，只是一种量刑的裁量因素。② 而在民商事诉讼中，受害人是否存在过错，将对合同效力及双方当事人合同责任的认定产生重要影响。因此，即便刑事判决将民商事诉讼所涉合同进行了认定及评价，也仅应对刑事案件的主体产生效力，其中涉及的民事法律关系仍然应该在民商事审判中进行独立判断。

---

① 参见纪格非：《“争点”法律效力的西方样本与中国路径》，载《中国法学》2013 年第 3 期。

② 参见徐磊、余友斌：《民事审判中刑事裁判的效力——以广东省广州市荔湾区人民法院人身权案件审理为视角》，载《法治论坛》2021 年第 4 期。

三、对合同效力的认定应与生效刑事判决内容进行准确区分

即便刑事判决已经对买卖合同效力进行了判断，由于刑事责任和民事责任在保护法益、证明标准、归责原则、责任形式等方面均存在不同，因此在民事诉讼中仍应根据民商事法律规定对合同效力进行认定。

（一）区分刑事判决无效认定的指向主体

《合同法》第五十二条规定的合同无效的情形之一为“以合法形式掩盖非法目的”，该规定实质上是对当事人是否具有真实缔约意思表示的否定。《民法典》虽然删除了该条内容，但是其第一百四十六条也规定了“行为人与相对人以虚假的意思表示实施的民事法律行为无效”。需要注意的是，在民商事审判中，对于“非法目的”及“虚假意思表示”的判断，应当是针对同一法律关系的行为人和相对人，而不应跨越不同的法律关系进行判断。

刑事案件在合同效力认定过程中，主要是围绕刑事被告人的行为进行判断，被告人的行为可能涉及多个不同行为人之间的法律关系，如本案中，曹某的合同诈骗行为即通过高校与某重工集团公司之间、某重工集团公司与某科技公司之间、某科技公司与某生物技术公司之间的多个买卖合同关系实现。在刑事判决认定中，将这些不同当事人之间的合同均作为一个整体，即曹某实施犯罪行为的手段进行认定，其认定“以合法形式掩盖非法目的”的主体指向的是曹某，而非针对合同双方当事人，即刑事判决中并未对缔约双方在签订合同过程中是否存在导致合同无效的情形进行认定。此时，应当认为刑事判决并未对民事诉讼中原告、被告之间合同的法律效力进行判断，不应在民事审理中直接采用刑事案件的认定结果。

（二）区分刑事被告人与合同当事人的意思表示

首先，应当区分刑事被告人与合同当事人的意思表示。刑事被告人对于合同的订立必然不存在真实交易的意思表示，但合同具有相对性，无论刑事被告人意思表示为何，其并非合同当事人。缔约双方在签订合同时，

对于其中涉及的刑事犯罪行为并不知情，系以真实交易的合同目的签订合同，并且具备实际履行合同的真实意愿，则对合同效力的认定就应当与刑事犯罪行为进行区分，单独进行法律效力认定。其次，应当区分合同当事人的缔约动机与缔约意思表示。当事人的缔约动机与缔约意思表示并非同一概念，当事人的缔约动机可能是基于刑事被告人虚构的事实产生，但是这并不影响行为人具有与相对方订立合同的真实意思。另外，对于合同签订双方的意思表示的认定，应当以合同订立当时为准，合同后续履行过程中，一方是否知悉了刑事犯罪行为，不应影响对其订立合同当时意思表示的认定。

当事人的意思表示具有抽象性，可以通过当事人对标的物、价款、交付时间等一系列核心条款的约定，推定当事人订立合同时是否具有真实履约的意思表示。同时，还应当重点审查当事人合同签订的过程，经第三方撮合的交易并不能当然否认双方具有缔约的真实意思表示。在本案中，合同系双方当事人的工作人员在某重工集团公司的办公室签订，符合正常交易模式，双方也具有真实履约的意思表示和能力，不能因其交易系由曹某促成而否定合同效力。

（三）区分刑事犯罪行本身为对合同合法性的影响

虽然民商事合同的效力应当独立认定，不能因牵连刑事犯罪而当然被认定无效，但是即便在具有真实缔约意思表示的情形下，刑事犯罪事实也可能触发前述合同无效的情形，进而导致合同无效。具体来说，主要涉及两类情形：一是刑事犯罪行为导致合同违反法律、行政法规的强制性规定。例如，根据《招标投标法》第五十三条规定，投标人相互串通投标或者与招标人串通投标的，投标人以向招标人或者评标委员会成员行贿的手段谋取中标的，中标无效。在通过招投标签订的买卖合同中，如果缔约双方在招投标过程中存在行贿、受贿等犯罪行为，则因此而签订的买卖合同，虽然双方存在真实的意思表示，但仍然应被认定为无效。二是犯罪行为构成恶意串通，损害他人合法权益的情形。如部分构成受贿罪的案件，合同缔约及履行过程中，一方主体的管理人员等接受相对方的贿赂，双方恶意串通下，导致合同的订立或履行损害了该主体的合法权益，从而触发合同无效情形。

四、民事案件与刑事案件双重受偿问题的处理

对于刑事案件被害人以涉嫌刑事犯罪的行为人之外的主体提起的民事诉讼，在对原告诉讼请求予以支持的情况下，刑事诉讼中的追赃退赔与民事诉讼中确立的返还、赔偿等民事责任叠加后，理论上可能出现民事权利人（刑事被害人）在民事案件和刑事案件中双重受偿的问题。对此，在民事案件审理过程中，应当根据刑事案件的不同情况，在判决书中对避免双重受偿问题进行明确。

一是刑事案件已经审结，且已进入强制执行程序。此时虽然刑事判决对刑事被告人的退赔金额已经明确，但在案件执行过程中，判决金额与实际退赔情况可能存在差异。由于刑事被告人的实际退赔情况将直接影响到民事诉讼中被告返还或赔偿金额的认定，因此在案件审理中，应当对刑事案件的实际退赔情况进行审查确认，对于刑事被告人已经向被害人退赔的款项在民事案件中予以扣除。

二是刑事案件已经审结，但尚未进入强制执行程序。在此情况下，刑事被告人的实际退赔情况尚无法确定，可以在民事案件中先根据原告主张金额及审理查明的事实，认定被告在民事法律关系中应当承担的返还或赔偿责任，在扣除刑事被告人在刑事判决前已经退赔的金额后，对被告的责任作出判决，并在判决中明确如被告已经向原告即刑事案件被害人全部履行相应责任，则刑事案件项下的退赔款应当返还被告。

三是刑事案件尚未审结。在此情况下，尽管刑事被告人的法律责任尚未最终确定，但刑事案件审理周期本来就相对较长，若民事案件也对刑事被告人之外的其他主体的责任不作认定，必将导致民事案件的原告即刑事案件被害人的合法权利长期处于无法得到保护的不确定状态。因此，在符合刑事案件与民商事案件分别审理的条件时，还是可以在民事诉讼中对被告应承担的全部责任进行判决。至于可能存在刑事被告人退赔原告损失，原告可能双重受偿问题，在判决中予以说明即可。

沈某某诉高某某、李某某、北京某科技有限公司赠与合同纠纷案

——基于婚外情对网络主播进行大额打赏行为的性质及效力认定

◇编写人：浙江省高级人民法院　杨　治
浙江省绍兴市上虞区人民法院　王丽娟

【获奖评语】

近年来，我国平台经济迅速发展，网络直播新业态迅速兴起，在推动行业发展、丰富文化供给等方面发挥了重要作用。与此同时，平台主体责任缺失、主播良莠不齐、打赏行为失范等问题多发、频发，带来了新的社会治理问题。本案即属于网络直播领域的典型纠纷情形，类似案例屡见不鲜，司法实践中对于打赏网络主播的行为也存在不同观点：一种意见认为打赏主播属于购买服务的消费行为；另一种意见认为属于赠与行为，至今未有定论。本案中，审理法院没有按照单一法律关系作出“一刀切”式的认定，而是在具体分析、深刻理解网络打赏商业模式的基础上，区分网络用户与平台、网络用户与主播之间的法律关系作出认定：首先，将网络用户与平台之间的关系认定为网络服务合同关系；其次，对于网络用户与主播之间的关系，提出要综合考虑双方是否

存在受拘束意思表示、双方是否约定负担义务对价以及打赏行为的法律后果规制，将二者之间打赏关系认定为赠与行为，进而引入公序良俗原则作为判定该赠与行为效力的标准。该判决拨开了看似纷繁复杂的平台经济商业模式的神秘面纱，作出了法律关系的准确认定，同时实现了经济效果与社会效果相统一：将网络用户与平台之间的关系认定为网络服务合同关系避免对平台经济发展产生不利影响；将网络用户与主播之间的关系认定为赠与合同，引入公序良俗原则作为法律行为效力的评价基准，有利于维护社会主义核心价值观，实现司法的社会治理功能，引导网络直播行业规范有序发展。本案不仅在裁判观点和法律适用层面为此后类似案件审理提供了参照，同时其秉持的司法政策立场也值得赞同，即面对新类型案件时，人民法院裁判应坚持能动司法理念，不仅应在个案中定分止争，还应通过司法裁判明晰行为界限，引领社会价值导向。

【关键词】

网络消费　婚外情感　网络主播　直播打赏　赠与合同　公序良俗

【裁判要旨】

网络用户基于消费娱乐的目的对网络主播进行打赏，该打赏行为可认定为赠与，网络用户与网络主播之间成立赠与合同法律关系。

夫妻一方与网络主播存在不正当交往关系，通过网络直播平台向主播进行打赏的赠与行为有悖公序良俗，赠与行为应认定为无效；网络主播在知晓夫妻一方已婚的情况下仍与其保持婚外情交往，其接受的相应赠与款项，也应予以返还。

【相关法条】

《民法典》（2020 年 5 月 28 日公布）

第一百五十三条　违反法律、行政法规的强制性规定的民事法律行为无效。但是，该强制性规定不导致该民事法律行为无效的除外。

违背公序良俗的民事法律行为无效。

第一百五十七条　民事法律行为无效、被撤销或者确定不发生效力后，行为人因该行为取得的财产，应当予以返还；不能返还或者没有必要返还的，应当折价补偿。有过错的一方应当赔偿对方由此所受到的损失；各方都有过错的，应当各自承担相应的责任。法律另有规定的，依照其规定。

第一千零六十二条　夫妻在婚姻关系存续期间所得的下列财产，为夫妻的共同财产，归夫妻共同所有：

（一）工资、奖金、劳务报酬；

（二）生产、经营、投资的收益；

（三）知识产权的收益；

（四）继承或者受赠的财产，但是本法第一千零六十三条第三项规定的除外；

（五）其他应当归共同所有的财产。

夫妻对共同财产，有平等的处理权。

【案件索引】

一审：浙江省绍兴市上虞区人民法院（2021）浙 0604 民初 7890 号民事判决（2022 年 9 月 2 日）

二审：浙江省绍兴市中级人民法院（2022）浙 06 民终 3746 号民事判决（2023 年 7 月 10 日）

【基本案情】

沈某某诉称：沈某某与高某某系夫妻。李某某系北京某科技有限公司（以下简称北京某公司）主播。近期沈某某发现丈夫与李某某存在不正当男女关系。两人曾多次前往三亚、云南、兰州等地开房约会，高某某更是通过快手平台持续不断地巨额打赏给李某某。在2019年7月31日至2021年6月30日期间，共计充值、打赏5138852.2元，另通过抖音等其他平台打赏106990元。高某某打赏赠与目的是基于与李某某保持不正当男女关系的积极追求，违反道德和善良风俗，其擅自处分夫妻共同财产的行为侵犯了沈某某的财产权益。现请求法院判令：（1）确认高某某于2019年7月31日至2021年6月30日，在北京某公司开设的快手直播平台上为李某某充值、打赏的赠与行为无效；（2）判令李某某和北京某公司共同返还沈某某人民币5138852.2元；（3）本案诉讼费由高某某、李某某、北京某公司负担。

高某某辩称：（1）承认与李某某的情人关系。2019年8月，在快手平台网上认识了平台主播李某某。2019年8月至2021年6月之间双方存在情人关系。（2）2019年8月至2021年6月，李某某在抖音平台参赛需要业绩，高某某通过抖音平台购买礼物给李某某，共计人民币13万元。（3）李某某欺骗了高某某的感情，其同意沈某某的诉讼请求。

李某某辩称：李某某与高某某之间不存在赠与合同关系，无义务返还沈某某任何财产。

北京某公司辩称：沈某某诉称的事实和理由没有事实依据，应当驳回沈某某的全部诉讼请求：（1）充值和打赏是两个行为。就本案而言，北京某公司接受被告高某某的充值，是网络服务合同关系，高某某和李某某在直播间的打赏消费构成合同法律关系。在打赏后，北京某公司和主播之间进行结算的行为是依据北京某公司和主播之间的合同条款，北京某公司不是本案适格的被告。（2）高某某作为完全民事行为能力人，在夫妻生活中有权对夫妻共同财产进行处分。综上所述，北京某公司在本案中不承担法律责任。相反，北京某公司在主播的消费中分别向用户和主播提供了网络服务，北京某公司为此使用了大量的人力、物力和资金的投入，对于收取相应的费用是正常的取得。

法院一审查明：沈某某与高某某系夫妻，二人于 1995 年 1 月 4 日登记结婚。北京某公司系快手网络平台的运营商。根据快手平台规则，网络用户注册时，需要勾选“我已阅读并同意用户协议和隐私政策”。《用户服务协议》中载明：快币是快手平台的专用虚拟货币，用于购买快手平台内的付费服务，基于虚拟货币的特殊性和法律规定，快币不得用于快手平台外之用途，亦不得以任何方式交易快币或将快币转让他人，通过快手接入的支付手段（包括但不限于银行卡充值、第三方支付渠道等）充值兑换快币。《主播注册条款》第二条直播收益中载明：当您打开直播间，用户可进入您的直播间并赠送您虚拟道具（即“礼物”），您获取的收益为直播中获得的礼物折现收益的 50%，北京某公司向您支付收益时，将按照法律规定使用您提供的真实身份信息为您代办申请开具发票及缴纳相关税收，用于取得费用入账的合法凭据，就您使用快手直播服务的行为，您与快手不构成任何劳动法律层面的雇佣、劳动、劳务关系。

李某某是在快手平台注册的一名主播，其名下注册的用户 ID 有：787453×××、800632×××。高某某与北京某公司签订了《用户服务协议》，高某某在北京某公司的用户 ID 为：954854×××、1048905×××、2017026×××。

高某某在快手平台通过充值购买快币。高某某于 2019 年 7 月 31 日至 2021 年 6 月 30 日在快手平台充值人民币 5138852. 2 元。根据北京某公司统计，高某某名下快手账号向李某某名下快手账号打赏数据如表 1 所示。

表 1　高某某名下快手账号向李某某名下快手账号打赏数据

高某某名下 ID	李某某名下 ID	打赏金额（元）	打赏日期	打赏次数（次）
954854×××	787453×××	63234. 28	2019 年 8 月 23 日—2020 年 9 月 25 日	6734
	800632×××	3279595	2019 年 7 月 31 日—2021 年 6 月 29 日	95468
1048905×××	787453×××	3958. 5	2019 年 9 月 28 日—2020 年 9 月 1 日	335
	800632×××	1125069. 66	2019 年 9 月 7 日—2021 年 6 月 29 日	16426
2017026×××	787453×××	10	2020 年 8 月 21 日—2020 年 8 月 22 日	10
	800632×××	133339. 3	2020 年 7 月 18 日—2021 年 6 月 10 日	3889
合计		4605206. 74	2019 年 7 月 31 日—2021 年 6 月 29 日	122862

上述李某某快手 ID 内价值人民币 4605206. 74 元的礼物后由李某某与北京某公司按照双方之间的协议折现收益后各得 50%。

二审对一审查明的事实予以确认。另查明，李某某与高某某于 2020 年 5 月 18 日至 2020 年 5 月 19 日同一时间入住三亚某酒店。2021 年 8 月 19 日，李某某（甲方）与高某某（乙方）签订和解协议书一份，明确对自交往以来需要解决的事宜协商达成如下解决方案：（1）甲乙双方经平等、友好协商对私下的经济往来包括但不限于微信等账目，双方确认已结清。（2）乙方在官方平台上的消费包括但不限于快手、抖音等平台，属于个人行为与甲方无关。（3）经双方商定，甲方额外再支付乙方 50 万元人民币后，双方之间所有往来的事宜全部结清，再无其他任何纠纷。（4）本协议签订后在两个月内，甲方将全部款项（50 万元人民币）汇至乙方指定账号。（5）乙方若不能按约定的时间收到款项，为甲方违约，乙方有权要求甲方给予额外补偿。（6）甲方于 2021 年 8 月 19 日向乙方付 12 万元，于 2021 年 8 月 20 日向乙方付 8 万元，于 2021 年 10 月 20 日向乙方付 15 万元，于 2021 年 12 月 20 日之前向乙方付 15 万元。（7）至本协议签字生效后，为双方所有的任何往来结束，乙方不得再以任何理由向甲方提出额外要求。(8) 协议生效后，乙方不得对甲方（包括但不限于甲方的家人和甲方本人及其工作地）进行骚扰、威胁、恐吓等。如乙方违反上述协议之规定，甲方有权采取法律方式解决。(9) 本协议一式两份，自甲、乙双方签字画押后生效。两份协议具同等效力。和解协议书由李某某与高某某签字。协议签订后，自 2021 年 8 月 19 日起至 2021 年 10 月 20 日止，李某某通过微信向高某某转账 50 万元。

另高某某向二审法院提交：(1) 2021 年 8 月高某某与李某某签订的和解协议书一份，证明高某某和李某某存在两年的不正当男女关系，在分手时根据钱款往来签订分手协议的事实。(2) 高某某和李某某录音一组，证明二人存在不正当男女关系。

【裁判结果】

浙江省绍兴市上虞区人民法院于 2022 年 9 月 2 日作出（2021）浙 0604 民初 7890 号民事判决：驳回沈某某的全部诉讼请求。宣判后，沈某某提出上诉。浙江省绍兴市中级人民法院于 2023 年 7 月 10 日作出（2022）浙 06 民终 3746 号民事判决：（1）撤销浙江省绍兴市上虞区人民法院（2021）浙 0604 民初 7890 号民事判决；(2) 确认高某某于 2019 年 7 月 31 日至 2021 年 6 月 30 日期间在北京某公司开设的快手直播平台上以打赏方式向李某某赠与的行为无效；(3) 李某某返还沈某某人民币 110 万元，款项限于本判决送达之日起 30 日内还清；(4) 驳回沈某某的其他诉讼请求。

【裁判理由】

法院生效裁判认为：围绕沈某某的上诉请求，本案的争议焦点为：(1) 高某某与李某某是否存在不正当男女关系；(2) 各方之间是成立网络服务合同法律关系还是赠与合同法律关系。

关于争议焦点一，高某某与李某某是否存在不正当男女关系。本案中，高某某在2019年8月左右在快手平台上认识主播李某某，两人互加微信并保持长期联系。自2019年8月至2021年7月两年期间内，高某某长期给李某某在快手平台上打赏，金额达数百万元，并曾共同前往三亚线下会面入住同一酒店。2021年8月，两人就交往期间的经济问题达成和解协议。结合高某某对两人交往情况及有关细节的陈述、微信聊天内容以及线下交往情况，且李某某对高某某的陈述情况及共同入住酒店等亦未作出合理解释，可认定高某某在已婚的状态下与李某某两人存在不正当男女关系。

关于争议焦点二，各方之间是成立网络服务合同法律关系还是赠与合同法律关系。第一，高某某与北京某公司之间的法律关系。根据北京某公司的企业性质及《用户服务协议》，北京某公司是快手网络平台的运营商，向注册用户提供观看视频直播等网络技术服务。用户打赏主播，需要先在快手平台充值购买快币，快币充值到用户个人名下后，用户再使用快币购买虚拟道具向主播进行打赏。快手平台通过对用户给主播打赏的提成等方式获取收益。由此可见，高某某与北京某公司之间各享权利、各负义务，双方之间应成立网络服务合同法律关系。高某某使用快手平台进行充值与打赏，应遵循平台的规则，沈某某主张北京某公司应共同返还相应款项无事实与法律依据。第二，高某某与李某某之间的法律关系。本案中，高某某持续给快手平台主播李某某打赏主要是建立在其与李某某的不正当男女关系之上，二人之间的互动、打赏等明显超出正常主播与粉丝关系的范畴，超出了网络服务合同法律关系的范畴。该种方式虽有别于线下财物的直接赠与，但在本案中高某某与李某某亦应成立赠与合同法律关系。若因通过线上快手平台而将基于不正当男女关系的赠与转化为符合法律规范的行为，亦存有道德风险。李某某主张其仅与北京某公司成立网络服务合同法律关系，与高某某之间仅是观众与演员的关系的抗辩理由与事实不符。高某某在已婚的状态下与李某某存在不正当男女关系，通过在快手平台打赏的方式向李某某进行的赠与行为有悖公序良俗，应认定为无效；李某某在知晓高某某已婚的情况下仍与其保持不正当男女关系，其接受的相应赠与款，应予返还。第三，关于李某某返还的金额。根据《快手平台直播协议》及北京某公司提交的高某某打赏记录，李某某获得折现收益2302603.37元(4605206.74×50%)，结合各方当事人陈述、李某某在快手平台的主播情况、李某某与高某某微信相互转账情况以及两人签署和解协议履行情况，法院酌情确定李某某应返还沈某某110万元。

【案例注解】

近年来，随着移动互联网技术的飞速发展，网络直播行业发展驶入了快车道，为传统行业注入了新活力，给人们带来了更加丰富多样的文化产品与服务。网络直播打赏作为一种新兴的网络消费模式，是指观众在观看网络直播时，通过使用平台虚拟货币兑换的虚拟礼物，向主播赠送礼物或线下赠送现金等方式进行的付费行为。现实生活中，网络打赏行为一定程度上促进了网络直播行业的繁荣发展，但同时也出现了一些行业乱象，低龄打赏、巨额打赏、私自处分夫妻共同财产打赏、违反公序良俗打赏等现象频发，既对司法带来全新的挑战，也严重影响社会和家庭的和谐稳定。

一、行为属性：网络直播打赏的法律关系性质分析

网络用户向主播进行直播打赏通常分为两种方式：第一种是线上方式，该种方式较为常见普遍，即通过平台向主播赠送其提前购买的虚拟礼物；另一种是线下方式，即观众通过主播私人微信、支付宝、银行卡等账号进行赠送。[①] 在线下方式的模式下，法律关系一般仅存在于打赏行为人与主播之间；而在线上方式的模式下，打赏行为人进行打赏需要完成两种行为：一是将真实货币兑换成虚拟货币的行为，即充值；二是向主播发送虚拟道具的行为，即打赏。第一种行为发生在打赏人与平台之间，第二种行为发生在打赏人与主播之间。关于线上打赏的法律关系属性，司法实践中存在

① 参见程啸、樊竟合：《网络直播中未成年人充值打赏行为的法律分析》，载《经贸法律评论》2019年第3期。

网络服务合同法律关系与赠与合同法律关系两种观点。

网络服务合同法律关系说。根据主播是否依附于平台，又可分为两种：一是主播依附于平台，两者共同构成合同的一方主体，用户与主播之间不存在合同关系。例如，在甘某与斗鱼、沈某赠与合同纠纷案中，上海市杨浦区人民法院认为：“主播与平台虽非劳动关系，但主播仍依附于平台，系为了斗鱼平台向用户提供服务而作为平台的直播服务提供方存在的。作为用户而言，直播服务属于斗鱼平台的一项子栏目，系斗鱼平台提供的服务内容之一。”① 在高某与李某等网络服务纠纷案中，北京互联网法院认为：“用户兑换虚拟礼物对主播进行打赏，其每次打赏行为均是与平台之间的网络服务合同范畴内的消费行为。”② 二是承认主播独立法律地位，认为主播通过提供服务对价以换取用户的打赏，从而与用户形成服务合同关系。③ 例如，在王某与隋某赠与合同纠纷案中，浙江省杭州市中级人民法院认为，主播在抖音直播平台为用户提供直播等服务，用户在接受主播的服务后，获得精神上的愉悦，将“抖音币”打赏给主播，亦是一种消费行为，双方之间实际上存在对价给付，即成立网络服务合同关系。④

赠与合同法律关系说。该说认为，打赏并未为主播设定相应义务，用户与主播之间的合同属于单务合同、无偿合同。例如，四川省成都市新都区人民法院认为，因为没有证据证明主播在接受用户打赏前后必须履行某种特定、具体、明确的合同义务即没有明确的打赏对价，所以应当认定用户对主播的全部打赏行为均属于自愿、无偿的行为，应当认定用户与主播之间因打赏形成的法律关系性质为赠与合同关系。⑤

我们认为，单纯以一种法律关系来界定网络直播打赏的法律关系属性，失之偏颇。法律关系属性所决定的请求权基础是司法裁判无法绕开的思维路径，因此，有必要根据网络直播打赏行为步骤，分别界定用户与平台之

① 参见上海市杨浦区人民法院（2019）沪 0110 民初 13220 号民事判决书。
② 北京互联网法院（2021）京 0491 民初 23901 号民事判决书。
③ 参见刘海安：《论网络直播用户与主播之间的法律关系属性》，载《政治与法律》2023 年第 1 期。
④ 参见浙江省杭州市中级人民法院（2020）浙 01 民终 3982 号民事判决书。
⑤ 参见四川省成都市新都区人民法院（2020）川 0114 民初 1049 号民事判决书。

间、用户与主播之间的法律关系属性。

（一）打赏人与平台之间的法律关系属性分析

网络服务合同是网络服务提供者或运营者与网络用户或消费者之间的网络协议，用于通过网络购买商品或接受服务。① 我们耳熟能详的虎牙直播、抖音、快手，都属于直播平台，平台则对应着相应的运营商，如本案中北京某公司即为快手平台的运营商。平台向注册用户提供观看视频直播等网络技术服务。行为人在平台上完成注册的过程中，需要与平台对应的运营商签订《用户服务协议》。用户打赏主播，需要先在平台充值购买虚拟货币，虚拟货币充值到用户个人名下后，用户再使用虚拟货币购买虚拟道具向主播进行打赏。平台通过对用户给主播打赏予以提成等获取收益。由此可见，打赏人与平台（运营商）之间各享权利、各负义务，双方之间应成立网络服务合同法律关系。司法实践中，对于打赏人与网络平台之间的法律关系认定为网络服务合同法律关系已达成共识，在此不再详细论述。

（二）打赏人与主播之间的法律关系属性分析

在承认主播具有独立法律地位的基础上，就打赏人与主播之间的法律关系，司法实践中的主要观点亦存在网络服务合同说与赠与合同说两种观点。笔者认为，网络直播打赏作为一种新型行为方式，不妨将其放入现有法律规定框架内，与传统法律行为对比，探讨两者是否相似，从而分析行为法律关系属性。综合以下因素，就打赏人与主播之间的法律关系，应界定为赠与合同法律关系：一是考量双方是否存在受拘束的意思表示。服务合同是服务人提供技术、文化、生活服务，服务受领人接受服务并给付服务费的合同。在服务合同中，双方当事人均存在受拘束意思表示。而在打赏过程中，主播随时可以停止直播，随时可以下线，其直播内容、时间、地点等不受观众拘束，如何互动、与谁互动等也不受观众意思拘束。用户

① 参见苏芮：《网络服务合同的法律问题研究》，载《法制博览》2021 年第 18 期。

观看直播也不是承诺要约的意思表示，与主播对直播内容、时长、方式等具有绝对自主决定权一样，用户是否打赏、打赏多少、什么时候打赏均不受主播任何意思拘束。任何人都可以不付费不受拘束进入网络直播室观看直播，不受限制随时离开，此种进入、离开也并不违反主播意思或某种约定义务。因此，主播和用户在网络直播打赏中，均没有受服务合同约束的意思表示。二是查看双方是否约定负担义务对价。服务合同的一方转移财产，一方提供劳务，双方互负对待给付义务，意义在于创造经济价值。若将网络直播打赏认定为服务合同，则无法解释面对同样的直播表演服务，为何有些人可以打赏，有些人可以不打赏，打赏的金额也不相同并且没有明确的对价。任何人都可以观看网络直播，不需要支付对价，对于那些打赏的用户，也并未获得相应对价的权利。因此，从双方负担义务对价上看，直播打赏与有偿对等的服务合同相去甚远，与无偿单务的赠与合同实质相同。[①] 三是考量打赏行为的法律后果规制。司法实践中，不乏存在低龄打赏、巨额打赏、私自处分夫妻共同财产打赏、违反公序良俗打赏等法律问题。根据赠与合同的相关法律规定处理直播打赏行为，则可以通过对行为予以撤销、确认无效，对上述问题预留法律矫正的适用空间。因此，网络直播打赏更符合赠与合同的法律特征和双方当事人的心理预期。

二、行为评价：夫妻一方基于婚外情感交往擅自打赏主播的效力认定

（一）夫妻一方擅自处分共同财产打赏并非当然无效

《最高人民法院关于适用〈中华人民共和国民法典〉婚姻家庭编的解释（一）》第二十八条规定："一方未经另一方同意出售夫妻共同所有的房屋，第三人善意购买、支付合理对价并已办理不动产登记，另一方主张追回该房屋的，人民法院不予支持。夫妻一方擅自处分共同所有的房屋造成另一方损

① 参见最高人民法院中国应用法学研究所编：《人民法院案例选》2021年第3辑，人民法院出版社2021年版，第59页。

失，离婚时另一方请求赔偿损失的，人民法院应予支持。”从该条规定可知，夫妻一方擅自处分夫妻共同财产的效力内外有别。在直播打赏中，主播一般没有理由认为打赏属于夫妻双方共同意思表示，但此时，夫妻另一方的“对抗”不应简单理解为打赏赠与合同无效，而只是确定夫妻另一方有权通过其他法律途径救济权利。据此，擅自处分大额财产打赏主播系因非日常生活需要，属于无权处分，但在无处分权人与第三人之间合同关系不具备法定无效情形时，则夫妻另一方即便能以不同意或者不知晓为由对抗善意第三人，却也不能主张该合同无效。根据上述法条含义，夫妻另一方需要从内部寻求权利救济途径，如离婚时另一方可请求损失赔偿。由此，夫妻一方擅自处分共同财产对主播进行打赏，并不当然导致行为无效。

（二）公序良俗作为法定效力条款对直播打赏的规制

公序良俗原则是我国《民法典》规定的一项基本原则，其也是一项认定民事法律行为效力的裁判规则。在当前网络直播打赏中，不乏出现表面上看符合当事人基于意思自治而达成一致的意思表示，但内在本质却违反“私法自治”的边界——公序良俗的行为。[①]《民法总则》将公序良俗放在第八条予以规定，是为原则性规定，此时，公序良俗系发挥指导功能的基本原则条款；《民法典》将公序良俗放在法律行为效力章节予以规定，此时，公序良俗系作为界定法律行为效力的司法裁判规则条款。也就是说，无论是从民事行为应遵循的原则还是从民事行为效力判断规则的角度出发，直播打赏作为民事法律行为违反“私法自治”的边界时，均可以从公序良俗角度否定行为效力。

本案中，一审时沈某某就高某某与李某某之间存在违反公序良俗的婚外情感交往未能举证。在二审中则通过向法院申请调查令，调取高某某与李某某的共同入住酒店记录，二审法院结合高某某在二审中的举证，高某某对两人交往情况及有关细节的陈述、微信聊天内容以及线下交往情况，

---

① 参见杨德群：《论公序良俗对婚外性行为的法律规制》，载《时代法学》2019 年第 3 期。

而且在李某某对高某某的陈述情况及共同入住酒店等亦未作出合理解释的情形下，对二人之间存在婚外情感交往的事实予以了确认。因此，对于高某某擅自使用夫妻共同财产无偿打赏赠与婚外第三者的行为，因违背社会公序良俗，依法应当确认无效。

三、行为后果：夫妻一方直播打赏被确认无效后的法律效果

（一）夫妻另一方能否向平台主张财产返还

如前文所述，行为人在平台上完成注册的过程中，需要与平台对应的运营商签订《用户服务协议》。用户打赏主播，需要先在平台充值购买虚拟货币，虚拟货币充值到用户个人名下后，用户再使用虚拟货币购买虚拟道具向主播进行打赏。平台运营商则通过对用户给主播打赏予以提成等行为获取收益。打赏人与平台之间成立网络服务合同法律关系。在网络服务合同法律关系中，行为人基于与平台运营商之间的《用户服务协议》，通过平台接入的支付手段，充值购买平台提供的虚拟货币；平台则向行为人提供与真实钱财价值对应的虚拟货币，使得行为人可在平台上使用虚拟货币而进行消费。行为人与平台均需要负担义务的对价，且此种行为类型并不违反现有法律、行政法规的禁止性规定。基于《主播注册条款》，平台通过与主播协议约定的虚拟货币折现后的提成方式、比例获取收益。暂不论平台与主播之间形成劳动关系或是劳务关系，平台与主播之间协议获取收益方式，亦不违反现有法律、行政法规的禁止性规定。换言之，行为人与平台之间基于《用户服务协议》充值购买虚拟货币的行为与平台基于与主播的协议获取收益的行为互相独立，在两种行为之间不存在无效的情形下，平台获取收益的行为与打赏效力不应“挂钩”。因此，夫妻一方使用直播平台进行充值、打赏，应遵循平台的规则，夫妻另一方主张直播平台运营商应共同返还相应款项并无事实与法律依据，无权要求平台运营商返还相应款项。本案中，沈某某要求北京某公司返还款项，但其忽略了高某某与北京某公司之间基于《用户服务协议》成立的网络服务合同法律关系

的效力问题，忽略了两者之间各享权利、各负义务的对等性，故对沈某某要求北京某公司返还钱款的诉请，法院生效裁判予以驳回并无不当。

（二）夫妻另一方可向主播主张返还的财产范围

根据《民法典》第一百五十七条规定，民事法律行为被确认无效后，行为人因该行为取得的财产，根据不同情形应当予以返还或折价补偿，有过错的一方还应当赔偿对方由此所受到的损失；各方都有过错的，应当各自承担相应的责任。因此，夫妻一方基于婚外情感交往擅自打赏的行为被认定无效后，理论上主播通过打赏获取的财产收益应当全部返还。这是因为夫妻共同财产构成一个非分割性的有机整体，除重大事由外，丈夫或妻子均无权申请分割夫妻共同财产，即使发生重大事由请求分割夫妻共同财产，在分割前夫妻共同财产属有机整体，不能区分。但在具体案件中，考虑返还数额时，应当对夫妻一方与主播之间包括线下的款项往来予以全面审查，如存在主播通过线上或者线下方式向夫妻一方返还款项，则从衡平双方利益的角度出发，对于该部分款项予以扣除。此外，还需要考量每一次打赏的行为效果，不排除夫妻一方基于正常粉丝互动向主播打赏的情形，此时，不应将主播因该部分打赏获取的收益一并考虑在应返还的财产范围内。本案中，法院生效裁判在认定李某某因高某某打赏获取的钱款数额为2302603.37元后，结合各方当事人陈述、李某某在快手平台的主播情况、李某某与高某某微信相互转账情况以及两人签署和解协议履行情况，酌情确定李某某应返还沈某某110万元。

四、延伸思考：司法实践中处理类似案件还应注意的问题

随着网络技术及直播样态的发展，网络直播打赏带来的新的法律问题还会不断出现。司法实践中，关于网络直播打赏还应注意两个方面的法律问题。

一是网络平台的监管责任问题。当前，随着实践的发展，有关国家部委已经认识到网络直播存在的问题，通过不断强化平台的责任，加强监督和管

理。2020 年国家广播电视总局发布的《关于加强网络秀场直播和电商直播管理的通知》明确要求，直播平台对网络主播和“打赏”用户采取实名认证、差别管理、打赏限额和延期到账等措施。2021 年国家互联网信息办公室等七部门联合出台的《网络直播平台要建立健全直播账号分类分级规范管理制度》进一步要求，网络直播平台建立健全直播账号分类分级规范管理制度、“直播打赏”服务管理规则和直播带货管理制度，并对制度规范的方向予以细化。2022 年 5 月 7 日，中央文明办、文化和旅游部、国家广播电视总局、国家互联网信息办公室发布《关于规范网络直播打赏加强未成年人保护的意见》，针对网络直播打赏的不良倾向、违规乱象，提出禁止未成年人参与直播打赏、严控未成年人从事主播、优化升级“青少年模式”、建立专门服务团队、规范重点功能应用、加强高峰时段管理、加强网络素养教育等工作举措。实践中，网络平台作为公共服务提供者，负有一定的安全保障义务，如果网络平台没有尽到前述监管责任，需要承担相应的法律责任。本案中虽然没有证据证明网络平台没有尽到合适的监管责任，网络平台无须返还财产，但是不能排除在另外的案件中，如果网络平台没有尽到监管责任，法院判决平台承担相应的赔偿责任应属恰当。

二是配偶一方起诉请求主播返还相应财产的问题。关于此类问题司法实践中的案例很多，法院判决的思路也很多，争议较大，既有基于合同无效判决返还的①，也有基于当事人诉请事由依据不足从实体上驳回诉讼请求的。② 相较而言，驳回起诉是一种较为妥当的处理方式，体现了司法的谦抑性和有限性，为法院处理民事纠纷设定了必要界限③。与驳回诉讼请求不同，驳回起诉是驳回当事人对程序意义上诉权的行使，不涉及法院对当事人的实体权利义务的确认。这类纠纷虽然涉及财产权益，但行为人给付金钱的目的不具有正当性，从民法理论上属于“不法原因给付”，不属于合法有效的民事权益，不应受到法律的保护。所谓“不法原因给付”，

① 参见浙江省杭州市萧山区人民法院（2009）杭萧商初字第 1170 号民事判决书。

② 参见浙江省杭州市西湖区人民法院（2020）浙 0106 民初 6459 号民事判决书。

③ 参见浙江省杭州市中级人民法院（2009）浙杭商终字第 1138 号民事判决书、四川省成都高新技术产业开发区人民法院（2021）川 0191 民初 13406 号民事判决书。

是指基于违反法律强制性规定或公序良俗而为的给付。[1] 民法理论通常将“不法原因给付”作为不当得利返还请求权的排除事由之一，我国《民法典》虽然没有明确规定“不法原因给付”制度，但司法实践中并不鲜见。法院受理的许多借贷类纠纷并非简单的借贷法律关系引发，其背后隐藏着方方面面的原因，甚至包括一些有违社会公德的债务。因此，有必要对债务发生的原因进行审查，对一些有违社会公序良俗而产生的债务，应进一步审查其请求权基础的正当合法性。当事人主张的权利不宜列入合法民事权益保护范畴的，应以不属法院受案范畴为由驳回起诉。

综上所述，面对新类型案件时，人民法院裁判应坚持能动司法理念，不仅应在个案中定分止争，还应通过司法裁判明晰行为界限，引领社会价值导向。行为人与他人产生婚外情人关系，为维系不正当情人关系而给付金钱的行为，不仅违反《民法典》规定的夫妻应当互相忠实的法定义务，破坏我国婚姻家庭制度，也违背公序良俗，损害了社会公共利益。对于这类行为，人民法院应当旗帜鲜明给予否定性评价，让当事人为其不法、悖德行为付出经济代价，从而引导社会公众遵守公序良俗，弘扬社会正气。值得注意的是，在网络直播打赏案件中，对于给付一方的配偶以赠与合同或不当得利起诉婚外情人返还财产的情形，人民法院在审理此类纠纷时，还应当清醒地认识到背后所隐藏的深层次社会伦理道德风险，结合具体案情仔细审查当事人请求权基础的正当性，特别是应根据当事人的主观恶意、过错程度准确认定诉争双方的真实意思、合同效力等，并在此基础上合理合法地确定返还与否及比例，不宜简单作“一刀切”或“一面倒”式裁判，最终的判决应当是符合社会主义核心价值观，引导社会树立良好风尚，真正实现司法裁判的政治效果、社会效果、法律效果有机统一。

---

① 不法原因给付的产生源于公平正义，从罗马法到后来的大陆法系和普通法系，都是通过不法原因给付来解决不法行为中双方当事人的利益平衡问题。《德国民法典》第八百一十七条、《瑞士债务法》第六十六条、《日本民法典》第七百零八条都有类似规定。但我国现行法尚不存在不法原因给付之概念及相应制度规定。

鲁某某、王某甲等人与东莞市柯某清洁有限公司、詹某某劳务合同纠纷案

——超龄劳动者工伤保险待遇的认定

◇编写人：广东省东莞市中级人民法院　黄方圆

【获奖评语】

随着人民生活条件不断改善，医疗卫生水平不断提高，人口预期寿命延长，再加上生育意愿变化等因素导致的生育率下降，人口老龄化成为当前与今后很长一段时期我国社会的一个重要特征。中共中央、国务院发布的《中共中央、国务院关于加强新时代老龄工作的意见》，鼓励发挥低龄老人的作用，探索适合老年人灵活就业的模式，鼓励支持老龄人力资源开发。随着达到法定退休年龄的人员再就业现象日益普遍，超龄劳动者用工法律关系如何认定、能否进行工伤认定、工伤可以获得何种救济等问题的明晰，成为释放老龄人力资源、保障超龄劳动者合法权益的重要前提。超龄劳动者权益保护以实现用人单位与超龄劳动者的利益衡平为目标，否则对超龄劳动者权益的过度保护可能引发用人单位不愿招用超龄劳动者进而损害超龄劳动者权益的负效应。本案提出，应当构建"劳务关系—超龄劳动关系—标准劳动关系"的新型劳动保障体系，认定达到法定退休年龄但未依法享受基本

养老保险待遇的劳动者，与其他劳动者享有同等就业和获得社会保障的权利，让“银发打工人”真正做到勤有所获、劳有所保。本案为保障超龄劳动者合法权益提供了一个重要样本和范例，人民法院应当保障实施、积极应对人口老龄化国家战略，为构建诚信、友爱、和谐、稳定的超龄劳动者用工环境提供法治保障。

【关键词】

劳务合同　超龄劳动者　工伤　工伤保险待遇　供养亲属　抚恤金

【裁判要旨】

达到法定退休年龄但未依法享受基本养老保险待遇的劳动者，与其他劳动者享有同等就业和获得社会保障的权利。王某乙受聘到东莞市柯某清洁有限公司工作期间死亡，已经人社部门依法认定为工伤并经法院生效行政判决确认。王某乙的亲属有权要求东莞市柯某清洁有限公司参照《广东省工伤保险条例》的规定赔偿工伤保险待遇损失。

【相关法条】

《因工死亡职工供养亲属范围规定》（2003 年 9 月 23 日公布）

第三条　上条规定的人员，依靠因工死亡职工生前提供主要生活来源，并有下列情形之一的，可按规定申请供养亲属抚恤金：

（一）完全丧失劳动能力的；

（二）工亡职工配偶男年满 60 周岁、女年满 55 周岁的；

（三）工亡职工父母男年满 60 周岁、女年满 55 周岁的；

（四）工亡职工子女未满 18 周岁的；

（五）工亡职工父母均已死亡，其祖父、外祖父年满 60 周岁，祖母、外祖母年满 55 周岁的；

（六）工亡职工子女已经死亡或完全丧失劳动能力，其孙子女、外孙子女未满 18 周岁的；

（七）工亡职工父母均已死亡或完全丧失劳动能力，其兄弟姐妹未满 18 周岁的。

《广东省工伤保险条例》（2019 年 5 月 21 日修正）

第三十五条第一款　职工因工死亡，其近亲属按照下列规定从工伤保险基金领取丧葬补助金、供养亲属抚恤金和一次性工亡补助金：

（一）丧葬补助金为六个月的全省上年度职工月平均工资。

（二）供养亲属抚恤金按照职工本人工资的一定比例发给由因工死亡职工生前提供主要生活来源、无劳动能力的亲属。标准为：配偶每月百分之四十，其他亲属每人每月百分之三十，孤寡老人或者孤儿每人每月在上述标准的基础上增加百分之十。核定的各供养亲属的抚恤金之和不应当高于因工死亡职工生前的工资。供养亲属的具体范围按照国务院社会保险行政部门的规定执行。

（三）一次性工亡补助金标准为上年度全国城镇居民人均可支配收入的二十倍。

第六十三条　劳动者达到法定退休年龄或者已经依法享受基本养老保险待遇的，不适用本条例。

前款规定的劳动者受聘到用人单位工作期间，因工作原因受到人身伤害的，可以要求用人单位参照本条例规定的工伤保险待遇支付有关费用。双方对损害赔偿存在争议的，可以依法通过民事诉讼方式解决。

【案件索引】

一审：广东省东莞市第一人民法院（2021）粤 1971 民初 34519 号

（2021 年 11 月 29 日）

二审：广东省东莞市中级人民法院（2023）粤 19 民终 1600 号（2023 年 3 月 28 日）

【基本案情】

原告（被上诉人）鲁某某、王某甲等人诉称：2021 年 2 月，已年满 60 周岁的王某乙受聘到东莞市柯某清洁有限公司（以下简称柯某清洁公司）从事绿化养护工作，并签订了《劳务合同》。2021 年 5 月，王某乙在上班期间死亡。东莞市人力资源和社会保障局认定王某乙的死亡属于工伤。因此，柯某清洁公司应当依法支付相应的工伤保险待遇。王某乙的亲属鲁某某、王某甲等人请求法院判令：（1）柯某清洁公司向鲁某某、王某甲等人支付一次性工亡补助金、丧葬补助费、供养亲属抚恤金、2021 年 2 月至 2021 年 5 月在岗工资、2021 年 2 月至 2021 年 5 月在岗加班费、精神损失费、差旅费、住宿费、招待费、误工费、财产保全责任保险费、律师费用共计 1380683 元；（2）詹某某对柯某清洁公司的上述支付义务承担连带责任；（3）本案受理费、保全费由柯某清洁公司、詹某某承担。

被告（上诉人）柯某清洁公司、詹某某辩称：（1）本案为劳务合同纠纷，王某乙去世时已是 65 周岁，达到法定退休年龄，依法不适用《广东省工伤保险条例》。即便需要赔偿，也应按照受诉法院所在地上一年度城镇居民人均可支配收入 54854 元的 14.67 倍计算相关项目。（2）本案不适用《广东省工伤保险条例》，不应判决柯某清洁公司承担供养亲属的抚恤金，而且鲁某某不属于王某乙的供养亲属，其自称自己在老家种田维持生活，由此可证明其并非依靠王某乙提供主要生活来源。（3）本案是因王某乙与柯某清洁公司之间的劳务合同纠纷导致，詹某某不应当对柯某清洁公司的债务承担连带责任，且柯某清洁公司目前有两位股东。

法院经审理查明：2021 年 2 月，已年满 60 周岁的王某乙受聘到柯某清洁公司从事绿化养护工作，并签订了《劳务合同》。2021 年 5 月，王某乙在上班期间死亡。东莞市人力资源和社会保障局认定王某乙的死亡属于工伤。柯某清洁公司对该工伤认定决定不服，向东莞市第一人民法院提起行政诉讼，要求撤销《认定工伤决定书》。东莞市第一人民法院作出（2021）粤1971行初2107号行政判决书，认定《认定工伤决定书》的工伤认定属适用法律正确，驳回柯某清洁公司的诉讼请求。柯某清洁公司对（2021）粤1971行初2107号行政判决书不服，提起上诉。东莞市中级人民法院经审理作出（2022）粤19行终484号行政判决书，判决驳回上诉，维持原判。因工伤保险待遇等争议，王某乙的亲属鲁某某、王某甲等人提起诉讼，请求柯某清洁公司支付一次性工亡补助金、丧葬补助费、供养亲属抚恤金等费用。

【裁判结果】

东莞市第一人民法院于2021年11月29日作出（2021）粤1971民初34519号民事判决：（1）柯某清洁公司应自本判决发生法律效力之日起十日内向鲁某某、王某甲等人支付一次性工亡补助金差额854776.8元；（2）柯某清洁公司应自本判决发生法律效力之日起十日内向鲁某某支付2021年6月1日至2022年10月31日期间的供养亲属抚恤金20400元；（3）自2022年11月1日起至鲁某某失去享受供养亲属抚恤金条件之日止（前述第二项目和本项确定的供养亲属抚恤金计算年限合计以16年为限）的供养亲属抚恤金，柯某清洁公司应于每月28日前以每月1200元的标准向鲁某某支付当月供养亲属抚恤金，鲁某某应于每年6月、12月分别向柯某清洁公司提供居住地户籍管理部门出具的生存证明，方可继续领取供养亲属抚恤金；（4）詹某某对柯某清洁公司的前述第一项、第二项、第三项债务承担连带清偿责任；（5）驳回鲁某某、王某甲等人的其他诉讼请求。

柯某清洁公司、詹某某向东莞市中级人民法院提出上诉。东莞市中级人民法院于2023年3月28日作出（2023）粤19民终1600号民事判决：驳回上诉，维持原判。

【裁判理由】

法院生效裁判认为：（1）柯某清洁公司应支付一次性工亡补助金876680元。首先，虽然王某乙发生事故时已达法定退休年龄，但《广东省工伤保险条例》第六十三条规定："劳动者达到法定退休年龄或者已经依法享受基本养老保险待遇的，不适用本条例。前款规定的劳动者受聘到用人单位工作期间，因工作原因受到人身伤害的，可以要求用人单位参照本条例规定的工伤保险待遇支付有关费用。双方对损害赔偿存在争议的，可以依法通过民事诉讼方式解决。"由此可见，达到法定退休年龄但未依法享受基本养老保险待遇的劳动者，仍有与其他劳动者享有同等就业和获得社会保障的权利。其次，王某乙在柯某清洁公司工作期间发生工伤事故，已经（2022）粤19行终484号行政判决确认，鲁某某、王某甲等人有权要求柯某清洁公司参照《广东省工伤保险条例》规定的工伤保险待遇支付有关费用。最后，《广东省工伤保险条例》第三十五条第一款规定，"一次性工亡补助金标准为上年度全国城镇居民人均可支配收入的二十倍。"而2020年度全国城镇居民人均可支配收入水平为43834元/年，一次性工亡补助金应为876680元（43834元/年×20倍）。（2）柯某清洁公司应向鲁某某支付供养亲属抚恤金。首先，鲁某某系王某乙的配偶，其在王某乙死亡时已年满55周岁。鲁某某提交的《证明》由湖北省石首市新厂镇人民政府办公室加盖公章。上述《证明》显示，鲁某某家庭没有经济收入来源，生活困难。根据《因工死亡职工供养亲属范围规定》第三条的规定，鲁某某属王某乙生前提供主要生活来源的亲属。柯某清洁公司以鲁某某可以种田维持生活为由，主张鲁某某并非依靠王某乙生前提供主要生活来源，该理由不成立。其次，一审法院认定柯某清洁公司一次性支付截至2022年10月31日的供养亲属抚恤金20400元，后续供养亲属抚恤金每月按1200元计至鲁某某失去享受供养亲属抚恤金条件之日止，领取总年限以鲁某某主张的16年为限，上述计发标准符合《广东省工伤保险条例》第三十五条第一款第二项的规定。(3)王某乙死亡事故发生时，柯某清洁公司的唯一股东为詹某某，且詹某某未举证证明其公司财产独立于其自己的财产，因此，依据《公司法》第六十三条的规定，詹某某应当对柯某清洁公司的案涉债务承担连带责任。

【案例注解】

随着人口老龄化进程加剧，达到法定退休年龄的人员再就业现象日益普遍。超龄劳动者在劳动过程中发生的争议亦日益增多，超龄劳动者的劳动权益保障成为备受关注的法律问题。本案作为保障超龄劳动者享有工伤保险待遇的典型案例，其中涉及超龄劳动者用工法律关系如何认定、能否进行工伤认定以及可以获得何种救济等问题，为保障超龄劳动者的合法权益提供了一个重要样本。现结合本案案情，对超龄劳动者的劳动保护现状及相关法律问题进行分析。

一、超龄用工关系的性质和相关立法

根据1978年颁行的《全国人民代表大会常务委员会关于批准〈国务院关于工人退休、退职的暂行办法〉的决议》第一条的规定，我国工人的法定退休年龄是男60周岁，女50周岁。超龄劳动者是指超过法定退休年龄继续从事劳动，与用人单位建立用工关系并获得劳动报酬的人员。要保护超龄劳动者的权益，首先要厘清其与用人单位之间的关系。

(一)认定标准的冲突与适用

在现有规范的框架下，超龄劳动者与用人单位之间的用工关系如何定性，是解决超龄劳动者劳动权益保障法律适用的前提和关键。涉及劳动者用工关系认定的规范依据见表1。

表1 常用依据

规范依据	具体内容	效力级别
《劳动合同法》	第七条 用人单位自用工之日起即与劳动者建立劳动关系。用人单位应当建立职工名册备查。 第四十四条 有下列情形之一的，劳动合同终止：（一）劳动合同期满的；（二）劳动者开始依法享受基本养老保险待遇的；（三）劳动者死亡，或者被人民法院宣告死亡或者宣告失踪的；（四）用人单位被依法宣告破产的；（五）用人单位被吊销营业执照、责令关闭、撤销或者用人单位决定提前解散的；（六）法律、行政法规规定的其他情形。	法律
《劳动合同法实施条例》	第二十一条 劳动者达到法定退休年龄的，劳动合同终止。	行政法规
《最高人民法院关于审理劳动争议案件适用法律问题的解释（一）》	第三十二条 用人单位与其招用的已经依法享受养老保险待遇或者领取退休金的人员发生用工争议而提起诉讼的，人民法院应当按劳务关系处理。企业停薪留职人员、未达到法定退休年龄的内退人员、下岗待岗人员以及企业经营性停产放长假人员，因与新的用人单位发生用工争议而提起诉讼的，人民法院应当按劳动关系处理。	司法解释
《劳动和社会保障部关于确立劳动关系有关事项的通知》	第一条 用人单位招用劳动者未订立书面劳动合同，但同时具备下列情形的，劳动关系成立：（一）用人单位和劳动者符合法律、法规规定的主体资格；（二）用人单位依法制定的各项劳动规章制度适用于劳动者，劳动者受用人单位的劳动管理，从事用人单位安排的有报酬的劳动；（三）劳动者提供的劳动是用人单位业务的组成部分。	部门规范性文件

由此可知，目前仅明确“已经依法享受养老保险待遇或领取退休金”的超龄劳动者与用人单位的法律关系定性为“劳务关系”。其他超龄劳动者与用人单位的用工关系如何定性，法律和司法解释均没有明确，而且由于对《劳动合同法》第四十四条第二项和《劳动合同法实施条例》第二十一条这两个条文相互关系的理解不同，导致对用人单位招用已达法定退休年龄但未依法享受基本养老保险待遇或领取退休金人员之间的法律关系认定不同。目前，主要存在劳动关系说及劳务关系说两种做法。劳动关系说认为，《劳动合同法实施条例》相对于《劳动合同法》是下位法，下位法与上位法相冲突时，应优先适用上位法的规定，故劳动者尚未享受基本养老保险待遇应认定为劳动关系。劳务关系说则认为，《劳动合同法》是

2008 年 1 月 1 日开始实施的，而《劳动合同法实施条例》是 2008 年 9 月 18 日颁布实施的，应优先适用最新规定，即达到法定退休年龄则劳动合同终止。

（二）现有框架下的解决思路

笔者认为，劳动者已经达到法定退休年龄而不能依法享受基本养老保险待遇的情况，在现实中较复杂，不宜“一刀切”。首先，要理顺《劳动合同法实施条例》第二十一条与《劳动合同法》第四十四条第二项的关系。《人力资源社会保障部对十三届全国人大二次会议第 6979 号建议的答复》（人社建字〔2019〕37 号）中对《劳动合同法实施条例》第二十一条的必要性作了说明：《劳动合同法》实施后发现，在劳动者达到法定退休年龄后，以劳动者是否享受基本养老保险待遇作为唯一标准来判断劳动合同是否终止，在某些情形下对用人单位有失公平，因此根据《劳动合同法》第四十四条第六项关于有“法律、行政法规规定的其他情形”劳动合同终止的授权，《劳动合同法实施条例》第二十一条明确，劳动者达到法定退休年龄的，劳动合同终止。由此可见，《劳动合同法实施条例》第二十一条是针对《劳动合同法》的立法不足而作出的补充规定，两个规定实际上并不冲突。实务中应根据劳动者的情况不同，择一适用。具体应适用哪一个规定，则应当结合劳动者不能享受基本养老保险待遇的原因、劳动者与用人单位有无具体约定等加以衡量。目前，司法实践中主要有以下几种情形（见图 1）。

第一，劳动者在用人单位工作期间达到法定退休年龄，非因用人单位原因不能享受基本养老保险待遇的，人民法院应适用《劳动合同法实施条例》第二十一条的规定，认定因劳动者达到法定退休年龄劳动关系自然终止，此后形成劳务关系。

第二，劳动者在用人单位工作期间达到法定退休年龄，且因用人单位原因不能享受基本养老保险待遇的，人民法院应适用《劳动合同法》第四十四条第二项的规定，劳动关系不得自然终止，直至劳动者符合享受基本养老保险待遇时止。

第三，劳动者达到法定退休年龄后才与用人单位建立用工关系的，身体机能等方面毕竟与普通劳动者存在区别，一般认定为劳务关系，但应尊重当事人意思自治。如果双方签订了劳动合同，则应按照双方的约定进行确定。

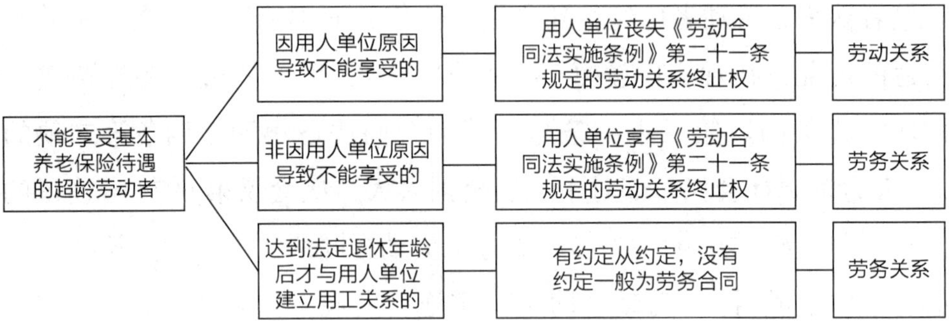

图 1　超龄劳动者用工关系认定的分类

结合本案来看，王某乙达法定退休年龄后才与柯某清洁公司建立用工关系，且双方签订了书面的《劳务合同》，在现有的立法意旨下，应认定为劳务合同纠纷。

二、超龄劳动者的工伤待遇救济

劳务关系与劳动关系属于两种不同的法律关系，二者在薪酬待遇、适用法律、争议处理程序等多方面存在较大区别。将超龄用工关系定性为劳务关系，是否意味着超龄劳动者就无法获得工伤保险待遇，不利于保障超龄劳动者的合法权益？

（一）超龄劳动者的工伤认定

在发生受伤事故的情况下对超龄动者进行救济，首先要解决的问题是超龄劳动者是否可以申请工伤认定。根据《工伤保险条例》第十八条的规定，劳动关系的存在是进行工伤认定的前提。但如前所述，实践中由于超龄劳动者与用人单位之间的关系是否属于劳动关系存在争议，这导致社保部门是否会受理超龄劳动者的工伤申请亦存在争议，即超龄劳动者的工伤申请存在被行政部门驳回的可能性。有些超龄劳动者为了顺利进行工伤认定，不得已要先提出确认劳动关系之诉。这不仅增加了当事人的诉累，而且浪费行政和司法资源，影响行政机关和司法机关的公信力，不利于和谐稳定的劳动经济环境的构建。

根据现有制度规范，本文总结了工伤保险方面对超龄劳动者的工伤认定的规定（见表2）。

表2　认定规定

发布时间	规范依据	具体条文
2016年3月28日	《人力资源社会保障部关于执行〈工伤保险条例〉若干问题的意见（二）》	二、达到或超过法定退休年龄，但未办理退休手续或者未依法享受城镇职工基本养老保险待遇，继续在原用人单位工作期间受到事故伤害或患职业病的，用人单位依法承担工伤保险责任。 用人单位招用已经达到、超过法定退休年龄或已经领取城镇职工基本养老保险待遇的人员，在用工期间因工作原因受到事故伤害或患职业病的，如招用单位已按项目参保等方式为其缴纳工伤保险费的，应适用《工伤保险条例》。
2012年11月25日	《最高人民法院关于超过法定退休年龄的进城务工农民在工作时间内因公伤亡的，能否认定工伤的答复》	用人单位聘用的超过法定退休年龄的务工农民，在工作时间内、因工作原因伤亡的，应当适用《工伤保险条例》的有关规定进行工伤认定。
2010年3月17日	《最高人民法院行政审判庭关于超过法定退休年龄的进城务工农民因工伤亡的，应否适用〈工伤保险条例〉请示的答复》	用人单位聘用的超过法定退休年龄的务工农民，在工作时间内、因工作原因伤亡的，应当适用《工伤保险条例》的有关规定进行工伤认定。
2007年7月5日	《最高人民法院行政审判庭关于离退休人员与现工作单位之间是否构成劳动关系以及工作时间内受伤是否适用〈工伤保险条例〉问题的答复》	根据《工伤保险条例》第二条、第六十一条等有关规定，离退休人员受聘于现工作单位，现工作单位已经为其缴纳了工伤保险费，其在受聘期间因工作受到事故伤害的，应当适用《工伤保险条例》的有关规定处理。

通过梳理，可以看出四类符合情形的超龄劳动者群体在现行规范下可以进行工伤认定：务工农民；招用单位已按项目参保为其缴纳工伤保险费的非务工农民；未办理退休手续或者未依法享受城镇职工基本养老保险待遇，继续在原用人单位工作的非务工农民；已领取城乡居民基本养老保险的非务工农民。从上述规范的变化趋势可知，我国社会保障立法的前进和修改方向是实现劳动关系与工伤保险之间的适当松绑，将更多的超龄劳动者纳入工伤保险的覆盖范围。以本案为例，王某乙虽然已领取城乡居民基本养老保险，但每月提供的养老金数额太少，难以满足正常生活开支需要，其在工作时间内死亡，仍应认定为工伤。因此，笔者认为，超龄劳动者与用人单位之间是否存在劳动关系，并非也不应该作为认定工伤的前提或必需条件。

（二）超龄劳动者的工伤保险待遇范围

就超龄劳动者的工伤权益保障而言，解决了其工伤认定的问题，还需要明确认定工伤后可以获得哪些工伤保险赔偿项目。

在通常情况下，用人单位没有给劳动者缴纳工伤保险费的，依据《工伤保险条例》第六十二条第二款的规定，用人单位应当参照工伤保险待遇项目和标准向工伤劳动者支付费用。但由于超龄劳动用工关系的特殊性，超龄劳动者可以获得哪些工伤赔偿项目，目前法律并无统一规定，各地做法不一。比如，超龄劳动者是否可以主张一次性伤残就业补助金？支持方认为，达到法定退休年龄但未依法享受基本养老保险待遇的劳动者，仍有与其他劳动者享有同等就业的权利，不能单以劳动者已经达到法定退休年龄而否认其参与劳动的权利和价值。反对方则认为，一次性伤残就业补助金的目的是补偿因工伤残的劳动者离职对其再就业造成的不利影响，但对于合同解除时已经达到法定退休年龄的劳动者来说，其再就业的不利影响毕竟与普通劳动者存在较大差别，不加区分地支持一次性伤残就业补助金对企业来说有失公平。如广东省高级人民法院、广东省劳动人事争议仲裁委员会2018年发布的《关于劳动人事争议仲裁与诉讼衔接若干意见》第十六条就规定，超龄劳动者所受伤害如被社会保险行政部门认定为工伤，劳动者要求用工单位参照《广东省工伤保险条例》规定的工伤保险待遇支付有关费用的，应予支持，但不包括一次性就业补助金。同样，本案中的工亡抚恤待遇的支付也存在这方面的争议。笔者认为，工亡抚恤待遇具有补偿工亡员工家庭经济损失的功能，无论劳动者是否超龄，只要其能够通过自己的劳动为其供养人员提供主要的供养费用和供养帮助，则应当依法予以支持。

当然，在考虑超龄劳动者权益保障的同时，也不得忽视企业招用超龄劳动者面临的现实问题。如果社会保险制度原则上不支持用人单位给超龄劳动者缴纳保险，不允许超龄劳动者进行工伤认定，那么要求用人单位参照工伤保险待遇承担赔偿责任实质上是将职业伤害的风险单方面转嫁给用人单位。这无疑增加了用人单位的经济成本，打击了企业招用超龄劳动者的积极性，反过来也不利于超龄劳动者的再就业。因此，让用人单位有机会为超龄劳动者办理工伤保险，明确超龄劳动者可以享受的工伤保险项目，才能从根本上解决超龄劳动者工伤保险待遇救济的困境。

目前，各地也在积极探索超龄劳动者的劳动保护路径。2020 年 12 月 30 日，广东省人力资源和社会保障厅发布了《关于单位从业的超过法定退休年龄劳动者等特定人员参加工伤保险的办法（试行）》，确定自 2021 年 4 月 1 日广东省试行特定人员单项参加工伤保险政策，超龄人员可由所在从业单位自愿选择为其单项参加工伤保险，并按规定享受工伤保险基金支付的各项工伤保险待遇。将超龄劳动者纳入工伤保险的覆盖范围，有助于超龄劳动者在遭受工伤时获得有效的医疗救治和生活保障，而且避免了用人单位直接承担超龄劳动者的工伤赔偿责任，具有重要的社会和经济意义。本案中，王某乙于 2021 年 2 月 1 日入职，于 2021 年 5 月 29 日在工作岗位上死亡。但柯某清洁公司没有为王某乙购买工伤保险，导致王某乙在遭受工伤时，其个人及亲属无法享受工伤保险基金支付的各项工伤保险待遇。因此，王某乙的亲属主张柯某清洁公司参照工伤保险待遇赔偿有关费用，应予以支持。这也提醒相关企业，应当主动、及时为超龄劳动者购买工伤保险，以实现招用超额劳动者的利益最优化。

三、构建新时代超龄用工关系的法治环境

截至2021年年底，全国60岁及以上老年人口达2.67亿人，占总人口的18.9%；65岁及以上老年人口达2亿人以上，占总人口的14.2%。预计“十四五”时期，60岁及以上老年人口总量将突破3亿人，占比将超过20%。2035年，60岁及以上老年人口将增加到4.2亿人左右，占比将超过30%。在老龄化背景下，超龄劳动者群体的日趋扩大，利用好超龄劳动这一特殊的人力资本对社会发展利大于弊。

受年龄和体力的限制，超龄劳动者大多选择辅助性、临时性的工作类型，尤以保洁、保安等这类普遍年纪较大、文化水平较低的工种居多。因此，片面追求超龄劳动者与普通劳动者的社会保障权利完全一致，既不现实也不科学，反而会导致超龄劳动者就业难的新问题。笔者认为，为保障超龄劳动者的合法权益，分散超龄用工的风险，全面构建“劳务关系”—“超龄劳动关系”—“标准劳动关系”的新型劳动保障体系迫在眉睫。一方面，要在立法层面进一步突破劳动关系对工伤保险主体的限制，为难以纳入现行劳动保障法律法规调整的劳动者的基本劳动权益保障提供法律依据，从根本上解决超龄劳动者法律关系认定、参保、工伤认定、救济标准等各方面的难题；另一方面，则要进一步规范超龄人力资源市场，让企业和劳动者积极、及时、规范签订用工协议，根据超龄劳动者的具体情况购买工伤保险，构建诚信、友爱、和谐、稳定的超龄劳动者用工环境。最终让“银发打工人”真正做到勤有所获、劳有所保。

何某某诉浙江某商务服务有限公司、浙江某商务服务有限公司广州分公司确认劳动关系纠纷案

——互联网平台用工劳动关系认定的审查进路

◇编写人：广东省广州市中级人民法院　陈　丹　赵洋洋

【获奖评语】

互联网与经济的深度融合，催生了“互联网+”模式下的新型劳动关系，如专车代驾、外卖配送、网络主播等，传统用工关系中的“企业+员工”劳动关系逐渐被“平台+个人”的劳动方式所取代，用工关系中企业与员工之间的从属性特征被不断弱化。互联网平台也通过各种形式的创新，如要求劳动者注册成立个体工商户，再与其签订承揽合同等，一定程度上模糊了平台与劳动者之间的关系。互联网经济下如何合理认定平台与劳动者之间的关系，成为保障数字经济国家战略有序推进的重要前提。

本案涉及互联网平台用工劳动关系认定问题，更为特殊的是，互联网平台将配送业务发包给其他企业，其形式上未直接与劳动者形成法律关系。因此，本案对于填补法律空白、统一裁判尺度有一定指导意义：第一，尽管从形式上看，互联网平台与何某某注册的个体工商户之间构成加工承揽关系而非劳动关系，但劳动者人格及经济从属性才是认定劳动关

系的最核心标准；第二，在用工中，互联网平台以要求从业者登记为个体工商户后再签订合同、在协议中对关系性质进行事先约定等方式规避建立劳动关系的，人民法院不予支持。本案裁判说理清晰全面且富有逻辑，案件注解从理论到实践，分析深入透彻，案件处理贯彻“从政治上看、从法治上办”意识，实现了“三个效果”有机统一。

【关键词】

互联网平台　用工　劳动关系　承揽合同　从属性　个体工商户

【裁判要旨】

互联网平台用工中，劳动者人格及经济从属性是认定劳动关系最核心的标准。在劳动用工过程中，平台用工企业的指挥、管理与监督权具有决定性作用，从业者并无实质自主决定权，从业者获得的报酬为其主要经济来源且具有持续稳定特点的，应依法认定双方之间存在劳动关系。从业者自备部分生产资料、薪酬由其他主体代发等因素均不足以否认双方之间的劳动关系。

互联网平台用工中，平台用工企业以要求从业者登记为个体工商户后再签订合同、在协议中对身份关系性质进行事先约定等方式规避与从业者建立劳动关系的，人民法院不予支持。

【相关法条】

《劳动和社会保障部关于确立劳动关系有关事项的通知》（2005 年 5 月 25 日公布）

一、用人单位招用劳动者未订立书面劳动合同，但同时具备下列情形的，劳动关系成立。

（一）用人单位和劳动者符合法律、法规规定的主体资格；

（二）用人单位依法制定的各项规章制度适用于劳动者，劳动者受用人单位的劳动管理，从事用人单位安排的有报酬的劳动；

（三）劳动者提供的劳动是用人单位业务的组成部分。

二、用人单位未与劳动者签订劳动合同，认定双方存在劳动关系时可参照下列凭证：

（一）工资支付凭证或记录（职工工资发放花名册）、缴纳各项社会保险费的记录；

（二）用人单位向劳动者发放的“工作证”、“服务证”等能够证明身份的证件；

（三）劳动者填写的用人单位招工招聘“登记表”、“报名表”等招用记录；

（四）考勤记录；

（五）其他劳动者的证言等。

其中，（一）、（三）、（四）项的有关凭证由用人单位负举证责任。

【案件索引】

一审：广东省广州市南沙区人民法院（2021）粤0115民初17045号民事判决（2022年1月27日）

二审：广东省广州市中级人民法院（2022）粤01民终6300号民事判决（2022年8月31日）

【基本案情】

原告（上诉人）何某某诉称：何某某与浙江某商务服务有限公司（以下简称某商务公司）具有建立劳动关系的合意，且已形成以管理与被管理为特征的人身依附关系，具有极强的人格与经济从属性，双方自2020年10月23日至2020年11月26日期间存在劳动关系。请求法院判令：确认何某某与某商务公司、某商务公司广州分公司于2020年10月23日至2020年11月26日期间存在劳动关系。

被告（被上诉人）某商务公司、某商务公司广州分公司辩称：何某某与某商务公司签署的《承揽合作协议》，明确约定某商务公司与何某某注册的个人工作室建立承揽合作关系，双方不具有成立劳动关系的合意。何某某自愿注册个人工作室，之后自己配备用于完成配送业务的交通工具，并承担了完成业务的车辆费用，在承揽业务期间，何某某是否接单由其自由支配，因此双方并不存在劳动关系。

法院经审理查明：某商务公司系外卖配送服务商，承接了“饿了么”平台业务。2020年8月，某商务公司与某网络科技有限公司（以下简称某网络公司）签订《“好活”平台服务协议》，约定某商务公司将业务发包给某网络公司，某网络公司承包业务后发包给具有经营资质的商事主体（即接活方），包括但不限于个体工商户，相关费用当天即可到达接活方自己的账户。

2020年10月23日，何某某注册经营范围包括外卖配送服务的个体工商户，并以该个体工商户（乙方）名义，分别与某网络公司（甲方）签订《项目转包协议》、与某商务公司（甲方）签订《承揽合作协议》。其中，《项目转包协议》约定乙方自主选择承揽甲方相应业务或订单，乙方承揽的所有标的业务营收均归乙方所有；《承揽合作协议》约定甲方负责提供同城配送业务接单平台，乙方业务人员通过甲方建立的个人“饿了么”ID号上线后，“饿了么”系统会自动发布订单信息，乙方业务人员可根据自身情况进行抢单，抢单后负责送至指定客户手中，视为完成每一单的配送业务。乙方服务期间，应接受甲方监督检验。乙方服务费按单量提成，由甲方通过“好活”平台支付。该协议明确双方无劳动关系，只是业务合作关系，甲方不对乙方进行考勤，乙方对其合理的配送时间可自由支配，甲方不作强制性规定。

日常工作中，某商务公司通过钉钉软件、微信群对何某某进行排班、考勤等用工管理，何某某按排班时间在蜂鸟团队 App 上线接单，对外提供配送服务，休假、预支工资需提前申请；若不上线、接单会承担罚款等不利后果，上班期间须穿着统一工作服。何某某的工资薪酬按接单数量计算，并视距离、天气状况等有一定补贴，通过“好活”平台于每月 25 日发放。

【裁判结果】

广东省广州市南沙区人民法院于 2022 年 1 月 27 日作出（2021）粤 0115 民初 17045 号民事判决：驳回何某某的诉讼请求。何某某向广东省广州市中级人民法院提出上诉。广东省广州市中级人民法院于 2022 年 8 月 31 日作出（2022）粤 01 民终 6300 号民事判决：撤销广东省广州市南沙区人民法院（2021）粤 0115 民初 17045 号民事判决；确认何某某与浙江某商务服务有限公司于 2020 年 10 月 23 日至 2020 年 11 月 26 日期间存在劳动关系。

【裁判理由】

法院生效判决认为：劳动者人格及经济从属性是认定劳动关系的最核心标准。互联网平台用工虽然与传统劳动用工在管理方式和生产资料配置方式等方面存在不同，但判断平台用工是否构成劳动关系，仍应以案件具体事实为基础，从双方是否符合劳动关系的本质特征来进行合理判断。

第一，关于人格从属性。首先，何某某在某商务公司担任全职骑手。某商务公司通过钉钉软件、微信群对何某某进行排班、考勤等用工管理。何某某按排班时间在蜂鸟团队 App 上线，接受某商务公司的派单，对外提供配送服务。何某某休假需要提前申请，如果不上线、接单，则某商务公司会作为旷工处理或予以罚款。工作时需统一着装，其配送过程始终处于平台的监控状态下。以上事实反映出，某商务公司对于何某某的工作时间、工作任务、工作数量及休息休假等基本劳动要素具有决定权，何某某不上线、不接单均会承担处罚等不利后果，足以说明何某某在提供服务过程中并无实质的自主决定权。在双方的劳动用工过程中，均体现某商务公司的意志，并通过惩戒机制予以保障。因此，某商务公司实际行使了对何某某劳动全过程的指挥、管理和监督权，而非其抗辩的仅对服务质量后果进行监督管理。其次，蜂鸟平台 App 本身的信息和技术手段系平台从业者进行工作的重要生产资料，系由某商务公司向何某某提供。虽然何某某自备车辆从事配送业务，但是合理利用自有的生产工具是共享经济下优化资源配置的体现，相较于市场信息等核心生产资料而言，何某某自备车辆的事实不足以成为否定劳动关系的独立要素。综上，可认定双方劳动用工关系具有较强的人格从属性。

第二，关于经济从属性。首先，何某某的工资薪酬按接单数量计算，并视距离、天气状况等有一定的补贴，由"好活"平台以"薪资"名义每月定期发放，既非某网络公司与何某某在《项目转包协议》约定的"服务费"，亦非某商务公司和某网络公司在《"好活"平台服务协议》约定的当日结算方式。可见，何某某劳动报酬的发放具有持续稳定的特点。其次，双方关于"未经某商务公司同意，何某某同时与其他单位建立合作等关系，对完成某商务公司项目任务造成严重影响，某商务公司有权终止合作关系"之约定，具有排他性质，限制了何某某为其他平台提供服务从而获得报酬。最后，虽然本案中《"好活"平台服务协议》约定某商务公司将配送业务发包给某网络公司，某网络公司再转包给有关商事主体，《项目转包协议》约定何某某承接某网络公司的配送业务并结算相应的服务费，但某商务公司与何某某工作室签署的《承揽合作协议》又约定何某某工作室承揽某商务公司的配送业务，与前述两份协议的约定内容不一致。从实际配送业务的履行情况来看，某商务公司向何某某派单，由何某某接单对外提供配送服务，结合何某某预支工资需向某商务公司申请的事实，可认定某网络公司并未参与配送业务的承包或转包，而仅系工资薪酬的代付主体。这与在平台用工模式下，部分生产要素被拆分至其他主体的普遍做法一致，不足以否认何某某与某商务公司之间的经济从属性特征。综上，何某某作为某商务公司的全职骑手，对于交易价格和劳动对价均无决定权，且其从某商务公司处领取的工资报酬为其主要生活来源。因此，可认定双方的劳动用工关系具有相当的经济从属性。

此外，关于某商务公司提出双方已约定排除劳动关系的抗辩。某商务公司主张双方签署《承揽合作协议》约定某商务公司与何某某注册的个人工作室建立承揽合作关系，不构成劳动关系，故双方并无建立劳动关系的合意。劳动关系属于身份关系，不仅涉及劳动者劳动权益的保护，也事关劳动用工秩序的维护。对于双方之间真实的法律关系性质，关键应从案件法律事实出发，审查是否符合劳动关系的从属性特征，而不能仅因双方在协议中对身份关系性质存在事先约定而排除劳动法律法规的适用，否则容易导致用人单位利用优势地位规避其应负的法律责任。在本案中，何某某入职时应某商务公司的要求注册个体工商户，该个体工商户亦未实际经营。因此，某商务公司依据上述协议提出的抗辩主张不成立，不予采纳。

综上，何某某和某商务公司均符合法律、法规规定的劳动关系主体资格。何某某从事的外卖配送业务与某商务公司的经营范围相符，其提供的劳动是某商务公司业务组成部分；在双方劳动用工全过程中，某商务公司的指挥、管理与监督权具有决定性作用，何某某并无相应自主权，双方之间劳动用工关系具有较强的人格从属性及经济从属性，故可确认何某某与某商务公司存在劳动关系。

【案例注解】

本案涉及互联网平台用工法律关系性质的认定，现行法律法规对此尚无明确规定。2021 年 7 月，人力资源和社会保障部等八部委联合发布《关于维护新就业形态劳动者劳动保障权益的指导意见》（人社部〔2021〕56 号，以下简称 56 号文），其中首次提出“不完全劳动关系”，引发社会关注，关于互联网平台用工法律关系的性质讨论日益热烈。然而，理论界对此尚未达成一致，三元框架的立法构建亦需较长时间的探索，司法实践中类案不同判、裁判说理不统一的现象屡见不鲜。有鉴于此，避免仓促立法，以司法先行，通过典型案例作为可以参照的范本，明晰此类纠纷裁判理念，统一裁判方法，审慎探索从业者权益保障之路不失为良策。本案即是在此情况下迈出的一小步，以期通过个案司法实践推动互联网平台用工的规范化发展，并为将来修订劳动法律法规提供有益参考。

一、互联网平台用工劳动争议纠纷之表征分析

为全面掌握互联网平台用工劳动争议司法审查现状，笔者以广东省广州市为例，以2018年1月1日至2022年12月31日为区间，检索到广州法院共审结各类劳动争议一审案件89174件，其中，涉互联网平台用工1267件，占比1.42%，案件数量整体呈逐年攀升趋势，案件争议焦点集中在双方法律关系的性质认定上，具体如下。

第一，用工主体认定困难，案件审理难度加大。互联网平台用工模式中，因生产资料拆分、生产要素分解等，往往涉及多方主体，如A负责招聘、B负责考勤、C负责发放薪酬等。从业者无法准确确定其用工主体究竟是哪个，需历经多次诉讼或由法院在诉讼中追加当事人等，方能明确真实用工主体。案件审理难度及压力均较大，普遍存在延期审理情形。本案中，即存在由某商务公司对何某某进行招聘管理，但由“好活”平台发放薪酬的情况。

第二，法律关系性质认定不一，劳动关系认定率低。与传统用工模式相比，互联网平台用工模式灵活度显著提高，加之为规避用工主体责任，平台用工企业倾向于不与从业者签订任何合同或协议，或签订合作协议/承包协议/服务协议/劳务协议，抑或通过发包转包等名义由其他企业与从业者签订合同或协议等，导致法院对双方法律关系性质认定不一，确认双方存在劳动关系的案件较少。值得注意的是，在涉及职业伤害的案件中，法院倾向于认定双方存在劳动关系，而在其他案件中则倾向于认定不存在劳动关系。

第三，劳动关系认定标准模糊，尚未出现不完全劳动关系案件。目前，我国关于事实劳动关系认定的主要依据是《劳动和社会保障部关于确立劳动关系有关事项的通知》（以下简称《通知》）第一条和第二条。但司法实践中，法院对于“从属性”的认定标准并不统一，甚至有些模糊，部分法院机械套用第二条，以不具有明显的标志为由排除双方劳动关系。本案一审、二审法院即对于互联网平台用工中双方“从属性”的有无、强弱存在分歧。

二、互联网平台用工劳动关系认定之困境

（一）立法供给不足

关于互联网平台用工劳动关系的性质，我国尚未有明确的法律规定，仅在56号文和《最高人民法院关于为稳定就业提供司法服务和保障的意见》（法发〔2022〕36号，以下简称36号文）中有所规定。但前述两个文件均非立法文件，只属于政策性或者司法性文件，无法直接作为裁判依据。目前司法实践中主要适用《通知》第一条和第二条。然而该规定存在以下弊端：第一，“同时具备全部情形”的要求有失僵化；第二，“用人单位业务的组成部分”含义不明；第三，“用人单位劳动管理”的重要性未予凸显，失之粗略。[①]

（二）司法应对乏力

一方面，我国尚未有司法解释对互联网平台用工劳动关系进行系统规定，即使2020年12月出台的《最高人民法院关于审理劳动争议案件适用法律问题的解释（一）》亦未涉及相关问题。另一方面，作为一种新生事物，互联网平台用工模式不断迭代升级，大部分法官对互联网平台用工具体模式并不明晰，受案件上诉率、发改率等考核指标的约束，法官为符合

① 参见沈军芳、王天玉：《平台从业人员劳动关系司法审查标准的厘清与构建》，载《人民司法》2023年第10期。

“在专业认知范围内能够予以合理说明”的要求，避免案件被改判或定性为错案，更倾向于延用传统裁判思维。

（三）用工模式多元

我国互联网平台用工涉及生活服务、交通出行、共享住宿等多领域，不同领域涉及的产品、服务、经营模式等均不相同，即使是同一领域也可能存在不同的用工模式，很难进行统一、标准化的归类，具有用工形式灵活多变、从业者自主化程度高、生产资料来源多方、收入分配方式多样、部分生产要素拆分等新特点。灵活多变的用工形式隐秘了人格从属性，薪酬工具的分配方式模糊了经济从属性，新颖独特的就业形式亦淡化了组织从属性。

三、互联网平台用工劳动关系认定之规则

36号文为互联网平台用工劳动关系的认定提供了一定的裁判指引，但仍较笼统。司法实践中，如何具体把握相关要素，有待进一步细化。笔者认为，对此应在“利益衡平”司法理念下，适用“穿透式”审判思维，以“一般+特殊”裁判模式审慎认定双方劳动关系。

（一）利益衡平理念下的包容与审慎并重

在目前法律法规滞后甚至缺位的情况下，司法价值理念对司法裁判具有重要的指导意义。互联网平台用工模式下，资强劳弱的传统局面并未得到扭转，反而因新技术、新算法的加持，平台用工企业与从业者之间的力量悬殊对比越发凸显，平台用工企业对从业者的侵害方式更为隐蔽，从业者的救济成本愈加高昂，双方依然处于一种不平等的状态。切实保障从业者合法权益，既是以法律促成双方地位平等，保障民生、维护社会稳定的重要方式，亦是《劳动法》“保护法”特性的彰显。当然，也不可否认互联网平台用工吸纳就业力量、缓解就业压力的重要意义。保护互联网平台用工，对于优化营商环境、推动社会经济高质量发展具有重要意义。

有鉴于此，在认定互联网平台用工劳动关系时，应秉持利益衡平司法理念，既要根据用工事实，依法认定双方之间的劳动关系，合理保护从业者合法权益；又要审慎对待，避免完全劳动关系泛化，保障平台经济持续健康发展。

（二）“穿透式”思维下的运用与规制平衡

2019年，最高人民法院在《全国法院民商事审判工作会议纪要》中明确提出“通过穿透式审判思维，查明当事人的真实意思，探求真实法律关系”[①]。作为一种新型复杂的用工形式，互联网平台用工劳动关系认定中适用“穿透式”审判思维有其必要性，是人民法院能动司法，以司法裁判维护从业者合法权益，保障新业态经济健康有序发展的重要体现。

意思表示是民事法律行为的核心要素，意思表示一致是民事法律行为成立的前提条件。有学者认为，可以尊重当事人的意思自治，允许当事人通过合意的方式来确定双方之间的法律关系。司法实践中，亦不乏部分法院仅形式审查，依据双方意思自治简单认定法律关系。本案一审法院即认为何某某已明确知晓其与某商务公司签订的《承揽合作协议》约定双方之间不存在劳动关系，仍签署该协议，且已实际履行，足以证实双方并没有订立劳动关系的合意，进而认定双方之间不构成劳动关系。

然而，此种做法并不妥当。当事人意思自治固然重要，但是基于双方在经济地位、谈判能力、信息掌握等方面差距悬殊，互联网平台用工劳动关系认定中不宜完全放任当事人意思自治。在尊重双方合意的同时，需适用“穿透式”审判思维，突破双方意思表示一致的表象，将司法权主动介入私主体的意思自治空间，刺破互联网平台用工的“面纱”，根据实际用工情况据实认定法律关系性质。正如国际劳工组织所指出的，确定一种雇佣关系的存在，应当以事实为依据，而不能根据双方对其赋予的名称或形式来决定。这就是为什么一种雇佣关系是否存在应取决于某些客观条件是

① 最高人民法院民事审判第二庭编著：《〈全国法院民商事审判工作会议纪要〉理解与适用》，人民法院出版社2019年版，第5页。

否得到满足，而不是取决于一方或双方对这种关系进行怎样的描述。

（三）类案一般要素提炼

互联网平台用工虽然有意识地针对传统从属性的判断标准，编织了一套包含隐蔽权力、转变权威、变更外部标志等“面纱”，但并未改变劳动关系从属性的本质。平台用工企业虽然对从业者的工作时间、场所不加限制，但会通过克扣服务费、限制甚至取消从业者接单资格等经济惩罚手段及“算法技术”来保障从业者对秩序的遵循，并通过“经济激励”，设定定价体系及报酬制度，最终实现对从业者的“软控制”。应当灵活地理解劳动关系从属性特征，以合同履行事实为依据综合考虑多种指示性因素综合判断。[①]

第一，强化核心因素——人格从属性的判断。劳动关系的本质在于对劳动者的管理和控制，且此种管理控制主要体现为人格从属性。即使在互联网平台用工中，人格从属性仍系劳动关系的本质特征，是判断劳动关系有无、强弱的核心因素。

人格从属性的核心仍然是用人单位对劳动者的指挥管理和监督控制，应结合平台或用工企业对从业者的控制方法、程度、奖惩措施等外部标志对人格从属性进行认定。具体包括：从业者是否需要按时上线接单，若不按时上线接单是否有惩罚；平台用工企业是否对从业者每天在线时间、完成任务数量有一定要求；从业者的服务是否接受平台用工企业监管，平台用工企业对于从业者提供的服务是否有标准化要求；从业者如不服从命令，是否会受到惩罚或其他不利影响，如减少派单、降低提成比例等；从业者进入或者退出平台是否受到平台用工企业限制等。具体个案分析中，可结合个案实际情况，对上述要素进行全面综合分析，根据平台用工企业对从业者的管理强度判断双方是否具有人格从属性。

本案中，某商务公司对何某某的工作时间、工作任务及休息休假等具

① 参见班小辉：《“零工经济”下任务化用工的劳动法规制》，载《法学评论》2019 年第 3 期。

有指挥、监督与惩戒的权利，何某某并无实质自主决定权。某商务公司通过钉钉软件、微信群对何某某进行排班、考勤等用工管理。何某某休假需要提前申请，如果不上线、接单，某商务公司会作为旷工处理或予以罚款，其配送过程始终处于平台的监控状态下。何某某与某商务公司的用工关系存在较强的人格从属性。

第二，丰富关键因素——经济从属性的内涵。因人格从属性强弱的判断具有主观性、抽象性，而从业者取得收入却是具体、可量化、易举证的，故经济从属性的强弱程度系区分“劳动关系”“不完全劳动关系”的关键因素。具体包括：从业者获取报酬的方式以及发放主体，是否具有持续稳定的特点；相关报酬收入是否为从业者的主要生活来源；平台用工企业是否规定了从业者的报酬标准；核心生产资料是否由平台用工企业提供等。鉴于互联网平台用工的灵活性与多样性，为充分尊重市场规律，保障平台经济健康平稳发展，对互联网平台用工劳动关系的经济从属性应持有包容的态度，充分尊重平台用工企业自由选择报酬支付方式以及双方对生产资料配置的分工。只要报酬的支付具有持续性和规律性，核心生产资料由平台用工企业提供，即可认定双方之间具有经济从属性。

本案中，何某某对于劳动对价和交易价格均无决定权，且对某商务公司的生产资料、薪酬支付具有一定的经济依赖性。某商务公司向何某某提供的蜂鸟平台 App，其本身的信息和技术手段系平台从业者进行工作的重要生产资料。何某某的薪酬发放具有持续稳定特点，且因某商务公司排他性质的服务约定，导致其发放的薪酬为何某某主要收入来源。何某某与某商务公司的用工关系存在一定的经济从属性。

第三，明确辅助因素——组织从属性的界定。认定互联网平台用工法律关系性质，组织从属性不宜作为重要因素，仅可作为一种辅助因素予以考量，可适当放宽对组织从属性的判断。对此可从平台用工企业和从业者两方面进行分析，若平台用工企业通过具体业务规则在消费者面前营造了一种组织属性的外观，或者从业者在提供服务时需按照要求穿着或佩戴可识别为平台用工企业的服装、装饰等（如美团外卖配送员在配送时需统一着美团工作服)，此时的从业者相比于传统劳动者更具有组织从属性。此外，还包括从业者是否单独完成相关劳动，平台用工企业是否以组织从业者从事平台分配的工作任务为主要营业范围等。

本案中，何某某工作时需统一着装，其提供的劳动是某商务公司业务组成部分。何某某与某商务公司的用工关系存在相对的组织从属性。

（四）个案特殊要素考量

个案情况不尽相同，且随着互联网平台用工的持续发展，此类纠纷呈现的特点亦会更加纷繁复杂。囿于篇幅，笔者难以穷尽列举所有个案特殊情况，在此仅对一些易引发争议、亟待引起法官重视的因素予以阐述。

1. 用工主体认定：揭开发包转包等“面纱”

司法实践中，平台用工企业利用发包转包等“面纱”，打着外包的名义，实际上劳动管理全部或者主要由平台用工企业完成，承包方并没有参与实质经营管理，或是仅承担很少的辅助工作，如代发工资等，此时即使承包方与从业者签订了劳动合同，亦应突破合同表征的阻断，认定平台用工企业为用工主体。本案中，直观上，某商务公司与某网络公司之间签订了《“好活”平台服务协议》，某商务公司将配送业务发包给某网络公司，某网络公司再转包给有关商事主体。但实际操作过程中，某商务公司向何某某派单，何某某接单对外提供配送服务，某网络公司并未参与配送业务的承包或转包，仅系薪酬代付主体，“好活”平台的加入不足以否认双方之间的劳动关系。

2. 从业者身份确定：剥落个体工商户等“外衣”

对平台用工企业通过个体工商户等“外衣”将从业者包装成可以自主开展经营活动的主体，进而规避相应责任的行为，应依照前述一般要素判定法律关系。对于符合劳动关系从属性特征的，可认定为劳动关系。从业者应平台用工企业要求注册个体工商户，该个体工商户并未实际经营，不影响劳动关系的认定。本案中，何某某应某商务公司要求注册成立个体工商户，并以该个体工商户名义与某商务公司签订《承揽合作协议》，约定双方不构成任何劳动关系。但是，该个体工商户并未实际经营，仅是某商务公司掩盖双方实质法律关系的一种方式，故不影响双方劳动关系的认定。

四、结语

顺势而为，补齐短板。互联网平台用工目前在我国仍处于高速发展状态，由此带来的纠纷将日益增多。因此，司法实践中应在坚持利益衡平理念的前提下，运用“穿透式”审判思维，审慎认定互联网平台劳动关系。这既是司法护航互联网平台用工健康有序发展的重要体现，亦是司法为民、能动司法的有力彰显。

林某与申某快递有限公司、南宁市超某快递有限公司、翁某某机动车交通事故责任纠纷案

——特许加盟模式下快递交通事故中特许人替代责任及各方当事人的对外侵权责任承担

◇编写人：广西壮族自治区高级人民法院　赵元松

【获奖评语】

互联网时代的发展促进了企业用工多样化的变化。作为新业态用工重要阵地的快递行业，也催生了许多新的经营模式。本案例针对特许加盟模式下快递企业交通事故的法律适用展开理论与实证分析。由于规范特许经营的相关立法和理论储备不足，有关特许加盟模式下快递交通事故的民事责任承担问题，在司法实践中存在较大争议。本文在区分快递直营模式、特许加盟模式和众包模式的基础上，剖析了特许加盟模式下快递公司、区域加盟公司、基层网点、快递员之间的法律关系，并将特许加盟与挂靠、联营、代理进行了区分。在厘清法律关系的基础上，通过实证研究，梳理出快递企业在交通事故中的赔偿责任，司法判决呈现出无责任、按份责任、替代责任、连带责任、补充责任多种结果。通过对特许经营人责任的类型化研究，探索符合实际情况的裁判思路和裁判标准，即特许人与被特许人对各自的过错自负责任，以

实质性控制为标准来确定快递公司（特许人）对快递员的交通事故对外承担特许人替代责任，并明确了特许人（包括次特许人）的资质审查义务和相应的责任。案例分析的创新性、指导性强，是应用法学研究中的一篇佳作。

【关键词】

快递　特许经营　交通事故　特许人替代责任　责任分配

【裁判要旨】

采取特许加盟经营模式的快递行业中，一般存在快递公司（特许人）、区域加盟公司（被特许人）、基层网点（内部承包人）、快递员等多个法律主体及法律关系。当快递员派送快件途中发生交通事故致他人损害时，责任承担分为三种情况：如快递公司（特许人）构成对区域加盟公司（被特许人）的实质性控制，直接对快递员进行日常监督管理、工资薪酬的发放等，特别是对引发交通事故的快递车辆和快递员等实施实质性管理的，则应对外承担特许人替代责任。如果快递公司（特许人）未构成对区域加盟公司（被特许人）的实质性控制，根据用人者责任原则，对外侵权责任应由区域加盟公司（被特许人）承担，快递公司（特许人）、基层网点（内部承包人）、快递员一般不承担对外侵权赔偿责任。如果区域加盟公司（被特许人）未取得快递从业资格，则应由快递公司（特许人）对外承担侵权赔偿责任。

【相关法条】

《民法典》（2020年5月28日公布）

第一千一百九十一条　用人单位的工作人员因执行工作任务造成他人损害的，由用人单位承担侵权责任。用人单位承担侵权责任后，可以向有故意或者重大过失的工作人员追偿。

劳务派遣期间，被派遣的工作人员因执行工作任务造成他人损害的，由接受劳务派遣的用工单位承担侵权责任；劳务派遣单位有过错的，承担相应的责任。

第一千二百零八条　机动车发生交通事故造成损害的，依照道路交通安全法律和本法的有关规定承担赔偿责任。

《道路交通安全法》（2011年4月22日修正）

第七十六条　机动车发生交通事故造成人身伤亡、财产损失的，由保险公司在机动车第三者责任强制保险责任限额范围内予以赔偿；不足的部分，按照下列规定承担赔偿责任：

（一）机动车之间发生交通事故的，由有过错的一方承担赔偿责任；双方都有过错的，按照各自过错的比例分担责任。

（二）机动车与非机动车驾驶人、行人之间发生交通事故，非机动车驾驶人、行人没有过错的，由机动车一方承担赔偿责任；有证据证明非机动车驾驶人、行人有过错的，根据过错程度适当减轻机动车一方的赔偿责任；机动车一方没有过错的，承担不超过百分之十的赔偿责任。

交通事故的损失是由非机动车驾驶人、行人故意碰撞机动车造成的，机动车一方不承担赔偿责任。

《邮政法》（2015年4月24日修正）

第五十一条　经营快递业务，应当依照本法规定取得快递业务经营许可；未经许可，任何单位和个人不得经营快递业务。

外商不得投资经营信件的国内快递业务。

国内快递业务，是指从收寄到投递的全过程均发生在中华人民共和国境内的快递业务。

第五十二条　申请快递业务经营许可，应当具备下列条件：

（一）符合企业法人条件；

（二）在省、自治区、直辖市范围内经营的，注册资本不低于人民币五十万元，跨省、自治区、直辖市经营的，注册资本不低于人民币一百万元，经营国际快递业务的，注册资本不低于人民币二百万元；

（三）有与申请经营的地域范围相适应的服务能力；

（四）有严格的服务质量管理制度和完备的业务操作规范；

（五）有健全的安全保障制度和措施；

（六）法律、行政法规规定的其他条件。

《商业特许经营管理条例》（2007 年 2 月 6 日公布）

第三条　本条例所称商业特许经营（以下简称特许经营），是指拥有注册商标、企业标志、专利、专有技术等经营资源的企业（以下称特许人），以合同形式将其拥有的经营资源许可其他经营者（以下称被特许人）使用，被特许人按照合同约定在统一的经营模式下开展经营，并向特许人支付特许经营费用的经营活动。

企业以外的其他单位和个人不得作为特许人从事特许经营活动。

《最高人民法院关于审理道路交通事故损害赔偿案件适用法律若干问题的解释》（2020 年 12 月 29 日修正，本案适用的是 2012 年 11 月 27 日公布的《最高人民法院关于审理道路交通事故损害赔偿案件适用法律若干问题的解释》第十六条）

第十三条　同时投保机动车第三者责任强制保险（以下简称交强险）和第三者责任商业保险（以下简称商业三者险）的机动车发生交通事故造成损害，当事人同时起诉侵权人和保险公司的，人民法院应当依照民法典第一千二百一十三条的规定，确定赔偿责任。

被侵权人或者其近亲属请求承保交强险的保险公司优先赔偿精神损害的，人民法院应予支持。

【案件索引】

一审：广西壮族自治区南宁市江南区人民法院（2020）桂0105民初6312号（2020年10月30日）；

二审：广西壮族自治区南宁市中级人民法院（2021）桂01民终4590号（2021年8月2日）；

再审：广西壮族自治区高级人民法院（2022）桂民再458号（2022年11月18日）

【基本案情】

原告林某诉请：判令被告翁某某赔偿原告医疗费损失、误工费损失、护理费损失、交通费损失、住宿费损失、住院伙食补助费、必要的营养费等各项损失合计1746644.08元；判令被告申某快递有限公司（以下简称申某快递公司）南宁分公司、被告申某快递公司共同对被告翁某某上述赔偿承担连带责任；超某快递有限公司（以下简称超某快递公司）对原告的损失承担连带赔偿责任；本案案件受理费等诉讼费用由各被告承担。

被告翁某某辩称：对事故发生的事实及交警部门作出的过错认定无异议，对事故造成原告损害表示歉意；原告因事故发生的各项费用由法庭核实；翁某某与申某快递公司南宁分公司是劳动合同关系，并非承揽关系，虽然双方未签订书面的劳动合同，根据《劳动法》及《侵权责任法》的有关规定，应由用人单位承担赔偿责任，翁某某不承担赔偿责任。翁某某在事故发生过程中驾驶的三轮车在超某快递公司成立前已在使用，该车应是申某快递公司提供的，贴有申某快递公司标志，车辆的维修、管理由申某快递公司负责，该车在事故发生时未投保保险。

被告申某快递公司辩称：本案所涉及事故的责任人翁某某与被告申某快递公司不存在任何劳动、劳务或雇佣关系，被告申某快递公司不是本案的适格被告，不应对责任人翁某某造成的事故承担任何连带赔偿责任。本案所涉及事故应由直接责任人翁某某和超某快递公司承担赔偿责任。

被告超某快递公司辩称：被告翁某某与申某快递公司、超某快递公司之间均不是劳动合同关系，理由为：申某快递公司与超某快递公司是加盟商关系，超某快递公司加盟申某快递公司的品牌；被告翁某某与申某快递公司、超某快递公司均没有签订书面劳动合同，也没有购买劳动保险，双方发生的款项往来是承揽费用，并非劳动工资报酬。翁某某与超某快递公司系承揽关系，不是劳动合同关系。合同约定办理业务期间发生的寄件损毁、交通事故等，由其个人承担责任。

法院经审理查明：2019年7月15日10时23分许，翁某某驾驶机件不符合技术标准（经检测该车制动系效能不符合技术标准、照明信号装置不符合技术标准），且与驾驶证载明的准驾车型不符合的无号牌证三轮轻便摩托车沿凤某街由英华大桥底方向往邕江某小区方向行驶，行人林某在翁车行驶方向前方与翁车同方向步行，至南宁市江南区凤某街英某商贸城路段时人车发生碰撞，造成林某受伤及车辆受损的道路交通事故。交警认定翁某某承担本事故全部责任，林某不承担本事故责任。翁某某驾驶的无号牌证三轮轻便摩托车在事故发生时未交纳保险。

翁某某自2019年2月开始即为申某快递南宁分公司从事快递派送工作，每天早上驾驶公司车辆从申某快递南宁分公司将快递运送至片区，再在片区发放快递，该片区由申某快递南宁分公司指定，一直从名为“申某快递846”的微信号接收每月工资，其用于派送的交通工具均由公司负责配备和维修，其车辆及工作服均有申某快递的统一标识，工作由名为“申某石柱岭公司4号仓（3）”的微信群进行分配和管理。申某南宁公司与超某快递公司签订有加盟协议，超某快递公司与翁某某之间签订有承揽协议。翁某某与南宁超某快递公司在快递经营业务中，所收款项均汇入申某快递系统中，再由申某快递与之结算。

【裁判结果】

广西壮族自治区南宁市江南区人民法院于2020年10月30日作出（2020）桂0105民初6312号民事判决：被告申某快递公司南宁分公司赔偿原告林某医疗费1379305.69元；扣除被告翁某某已垫付的10000元后，被告申某快递公司南宁分公司还须向原告林某支付医疗费1369305.69元；被告申某快递公司南宁分公司赔偿原告林某鉴定费2250元、误工费65818.27元、护理费47403.23元、交通费9000元、住院伙食补助费29800元、营养费5000元；被告申某快递公司对被告申某快递公司南宁分公司上述债务承担补充赔偿责任；驳回原告林某的其他诉讼请求。

申某快递公司、申某快递公司南宁分公司不服提起上诉。广西壮族自治区南宁市中级人民法院于2021年8月2日作出（2021）桂01民终4590号民事判决：驳回上诉，维持原判。

申某快递公司、申某快递公司南宁分公司不服二审判决，申请再审。广西壮族自治区高级人民法院决定提审，于2022年11月18日作出（2022）桂民再458号判决：维持广西壮族自治区南宁市中级人民法院（2021）桂01民终4590号民事判决。

【裁判理由】

生效裁判认为：本案再审的争议焦点为：申某快递公司、申某快递公司南宁分公司是否为本案的责任主体。翁某某自2019年2月开始即为申某快递公司南宁分公司从事快递派送工作，一直从名为“申某快递846”的微信号接收每月工资，其用于派送的交通工具均由公司负责配备和维修，其车辆及工作服均有申某快递的统一标识，工作由名为“申某石柱岭公4号仓（3）”的微信群进行分配和管理。以上事实足以证实翁某某称其与申某快递公司南宁分公司之间存在事实上的劳动关系的主张。故其在履行职务过程中，因过错致他人损害的，应由用人单位承担赔偿责任。超某快递公司提交其与翁某某之间签订的承揽协议，从翁某某的工作特点看，翁某某接受公司指派，从事快递派送的工作，其每天工作均受公司的管理、调派，每月视其劳动量发放工资及加班费，符合提供劳务性质，并不符合承揽关系按照定作人的要求以自己的设备、技术和劳力完成工作，交付工作成果，定作人支付报酬的特点。且该协议所约定的工具由翁某某自行配备以及承揽量及费用的支付等规定与实际情况并不相符，超某快递公司在二审庭审中亦称翁某某的工资由申某快递公司通过微信群支付给快递人员，故法院对超某快递公司称翁某某与其系承揽关系不予采信。

原审判决认定翁某某提交的证据能够证明翁某某为申某快递公司南宁分公司的员工，翁某某在事故发生时系履行职务行为，其行为后果应当由申某快递公司南宁分公司承担，申某快递公司对其设立的南宁分公司承担相应的责任，并无不当。况且，本案之特许经营实质是超某快递公司取得申某快递公司的许可而加入申某快递公司的快递经营活动中，超某快递公司与翁某某在涉案经营活动中对外均以申某快递公司的名义进行，其成果也为申某快递公司所承受，所获收入也均进入申某快递公司，由申某快递公司按照约定进行分配，申某快递公司显然在翁某某或者超某快递公司的相关经营活动中获利，系申某快递公司经营活动不可或缺的组成部分，其行为应视为申某快递公司的经营活动，依据《民法总则》第六条①“民事主体从事民事活动，应当遵循公平原则，合理确定各方的权利和义务。”的规定，申某快递公司也应该承担相应的义务。林某的损害是在翁某某进行申某快递公司经营活动中所发生的，依据《民法总则》第一百七十条第一款②“执行法人或者非法人组织工作任务的人员，就其职权范围内的事项，以法人或者非法人组织的名义实施民事法律行为，对法人或者非法人组织发生效力”的规定，申某快递公司应该承担本案的责任，且申某快递公司、申某快递公司南宁分公司均对于翁某某驾驶机件不符合技术标准

① 现为《民法典》第六条。

② 现为《民法典》第一百七十条第一款。

(经检测该车制动系效能不符合技术标准、照明信号装置不符合技术标准)与驾驶证载明的准驾车型不符合的无号牌证三轮轻便摩托车进行经营活动疏于监管，对本案的发生均负有过错责任，林某在本案事故中健康受到严重损害，损失巨大，其依法有权获得相应的赔偿。申某快递公司南宁分公司不具有法人资格，故原审判决申某快递公司承担赔偿责任并无不当，申某快递公司、申某快递公司南宁分公司在再审中提出翁某某与其无劳动关系，其与超某快递公司签订了《特许经营合同》，特许超某快递公司在南宁经营申某快递公司业务，翁某某与超某快递公司存在承揽关系，申某快递公司、申某快递公司南宁分公司不应承担本案赔偿责任的理由不成立，本院不予支持。综上所述，原判认定事实清楚，适用法律正确。

【案例注解】

因快递员在工作中发生交通事故引起的民事损害赔偿案件非常多，但就对外赔偿问题，各地法院的裁判标准并不统一。在此类案件的审理中，如何厘清快递公司（特许人）、区域加盟公司（被特许人）、基层网点（承包人）、快递员之间的法律关系、如何分配各主体对外的赔偿责任，是解决问题的关键。我国快递模式主要有三种：一是以邮政公司、顺丰公司以及外资 FedEx、DHL、UPS、TNT 为代表的总公司—分公司的直营模式。直营模式下的快递分公司与其本公司之间属于公司体制内部的管辖关系，快递分公司作为其本公司的分支机构，在法律地位上依附于本公司。快递员均为快递公司的员工，或者说快递公司是快递员的用工者。如果快递员在快递末端投递过程中，因其不法行为而造成用户或他人合法权益受损，快递公司应对受害人承担相应的合同责任或侵权责任。二是以“四通一达”为代表的特许加盟模式。特许加盟模式是指快递公司（特许经营人）为区域加盟公司（被特许人）在服务网络、组织结构、人员培训以及经营管理等方面提供支持，区域加盟公司则负责快递末端投递等工作。三是众包模式。当快递客户在平台上提出快递服务需求时，可以由快递企业自身来满足，也可由众包接包方来满足。特许加盟模式是我国快递市场的主流模式，各方主体之间内部关系复杂，外在经营方针、企业形象、服务模式、产品包装等方面高度一致，一旦出现经营失败或侵犯第三者权益的情况，各方主体之间特别是特许人与被特许人之间如何分担责任就成为十分突出的问题。因此，需要剖析投递模式背后更深层次的法律关系，从而明确快递中相关主体之间责任承担规则。

一、快递公司、区域加盟公司、基层网点、快递员之间的法律关系界定

（一）快递公司与区域加盟公司之间的关系

1. 特许经营的概念

特许经营译自英文“franchise”，原指政府将自己某些从事特定商业或者行使特定权力的特权，授予个人或者公司使用。随着社会的发展，特许经营逐渐引申为授予或者出售按照约定的条件使用某个名称销售产品或者服务的权利。19 世纪末以来，特许经营广泛应用于商业领域。现代意义上的特许经营不但包括了产品，还包括了与产品有关的服务方案、知识产权、专有技术、培训、宣传等。

关于特许经营的定义，各个国家和特许经营行业协会都分别给出了自己的定义。我国《商业特许经营管理条例》第三条规定：“本条例所称商业特许经营（以下简称特许经营），是指拥有注册商标、企业标志、专利、专有技术等经营资源的企业（以下称特许人），以合同形式将其拥有的经营资源许可其他经营者（以下称被特许人）使用，被特许人按照合同约定在统一的经营模式下开展经营，并向特许人支付特许经营费用的经营活动。”

2. 特许经营的特征

（1）特许人与被特许人之间是一种合同关系。特许人和被特许人是相互独立的市场主体，通过签订特许经营合同，确定各自的权利和义务，双

方地位平等，没有所有权上的隶属关系，也不存在雇佣关系、合伙关系或代理关系。即使之间存在投资上的参股和控股关系，或合资、合作等资产纽带，这种情况是投资与特许经营的结合，并未改变特许经营自身的性质。[①]（2）特许经营核心在于特许权的授予。特许权可能包括某种产品或服务的分销权，也可能包括成熟的经营模式。（3）被特许人按照特许经营合同的约定，在统一的经营模式下开展经营，从事产品生产、销售或者提供商业服务。这种统一的经营模式体现在各个方面，大到管理、质量控制，小到店铺装潢、标牌设置。（4）被特许人向特许人支付一定费用。（5）被特许人对自己的经营业务进行实质性投资。

3. 特许经营与近似法律关系的区分

（1）特许经营与联营。第一，经营模式不同。特许经营必须利用特许人特有的商标、商号、服务标志、招牌风格和广告等进行经营，同时特许人还要对被特许人进行监督和管理，并收取相关费用；而联营体的经营形式不必与联营各方的经营形式一致。第二，责任承担和获利途径不同。特许经营被特许人与特许人是相互独立的民事主体，在外部责任的分担上，通常以被特许人“自己责任”为原则。而联营最本质特征是联营体利益共享、风险共担。（2）特许经营与挂靠。挂靠，即无资质或者资质不匹配的企业或个人以有资质的企业的名义开展经营活动的行为。挂靠常见于建筑施工、车辆营运、旅行社挂靠等情形。两者区别主要在于：第一，被特许人是以自己名义从事经营活动；而挂靠者是以被挂靠者的名义签订与履行合同。第二，责任承担方式上，由于特许人与被特许人相互独立，特许经营的被特许人以“自己责任”为原则；挂靠经常需要承担连带责任。[②]（3）特许经营与代理。第一，特许经营中被特许人经营的是自己的业务，与特许人仅仅存在合同关系；而代理人从事的是被代理人的业务，双方是代理关系，可以是法定的，也可以是约定的。第二，被特许人为自己的经营活动自担风险

① 参见孙连会：《特许经营法律精要》，机械工业出版社 2006 年版，第 11 页。

② 《最高人民法院关于审理旅游纠纷案件适用法律若干问题的规定》第十六条规定：“旅游经营者准许他人挂靠其名下从事旅游业务，造成旅游者人身损害、财产损失，旅游者请求旅游经营者与挂靠人承担连带责任的，人民法院应予支持。”

和责任；而代理人的代理行为所产生的法律后果由被代理人承担。

4. 快递业特许经营

在我国，快递公司与区域加盟公司之间的法律关系属于特许经营关系。[①] 快递业的被特许人（加盟方）与特许人（公司总部或各支公司）签订特许经营合同（加盟合同），被特许人可以享有品牌、形象使用权和全部商品经营权、区域优先权等。快递业特许经营具有以下特征：（1）统一对外经营。双方通过签订合同的方式，快递公司授权加盟商使用快递公司的品牌名称、标志、运作的管理方式等；所有的快递业务均以快递公司的名义进行，快递员的着装标志、车辆标志均采取统一的样式。这导致第三人往往会认为被特许人和特许人是同一人，或者至少是其控制的子公司或分支机构等。在实践中，加盟公司可能存在多个层级，规模较小辐射面积较小的一级加盟网点通过中转（二级加盟网点）与快递公司签订协议。（2）加盟各方是相互独立的市场主体。（3）快递公司对区域加盟公司进行严格的业务监管。加盟商负责收件、派件，总部负责干线运输、中转等。管控主要体现在对收单派送的实时监控以及考核淘汰方面。通过业绩、消费者投诉情况等，总部会对加盟商作出警告、罚款、整改甚至淘汰的措施，以此提高服务质量及服务态度。（4）加盟合同的要式性。

本案中双方签订的特许经营合同书既符合特许经营合同的实质要件，也符合特许经营合同形式要件的规定。申某快递公司南宁分公司与超某快递公司签订特许经营合同一份，双方约定，超某快递公司作为被特许人，可以在约定区域内经营申某快递公司业务，并有权在该区域内对申某快速公司知识产权、经营模式、管理制度、快递服务产品等在内的特许经营权进行独占性使用。据此，可以认定超某快递公司与申某快递公司南宁分公司成立商业特许经营关系。从双方签订的协议内容和履行情况来看，本案也符合特许经营的概念和特征。

---

① 参见郑佳宁：《我国快递行业发展的“潘多拉之盒”——快递加盟连锁经营模式之法律问题探讨》，载《河南社会科学》2016年第24期。

（二）快递公司（特许人）、区域加盟公司（被特许人）与基层网点、快递员之间的关系

快递公司总部、区域加盟公司与基层网点的关系比较复杂，基层网点的形式也有很多类型：第一种是快递公司或区域加盟公司的分公司或营业部。这类基层的快递经营网点一般不具有法人资格，其仅为加盟者的分支机构，其工作人员全部是公司直属员工。直营模式下，快递企业与快递员之间均存在规范的劳动关系，故对快递员在运送快递过程中产生的交通事故承担用人单位的替代责任，自无争议。

第二种是个体工商户或个体自然人。特许加盟模式下，快递公司总部则将业务外包给区域加盟公司。个体工商户或者个体自然人通过与快递公司或区域加盟公司签订承包或承揽协议，形成基层网点。这类基层网点基本上没有快递主体资格，区域加盟公司有的与基层网点建立了劳动关系，更多地是以加盟合同、承包协议、合作协议、承揽协议等形式将若干片区的快递业务外包给基层网点。基层网点的店主有的再雇佣快递员，有的自己承担配送任务，自身就是快递员。这些快递员与快递公司总部和区域加盟公司之间既无劳动合同，也无最低工资、保底工资。快递员获取报酬的方式主要是揽件和派件提成。此种情形下，快递员的劳动关系认定难。[①]这些快递员在运送快递的过程中产生的交通事故，快递企业是否应当承担责任，在司法实务中存在不少争议。事实上，就外部责任而言，快递员和快递企业之间的关系界定难也直接影响到对外责任主体的认定。

在理论和司法实践中，对第二种情况，主要存在着以下几种观点：（1）承揽关系。网点承包人在约定片区内，以自己的劳动、资金和技术设备完成收揽件和送件事务，并与加盟商按合同约定收取费用，从法律关系

① 江苏省苏州市姑苏区人社局在调研中发现，在姑苏区几个主要的快递企业中，只有顺丰快递的网点全属于直营，其他快递企业基本以加盟为主。在这种转包、分包、委托、承包、承揽经营形式中，直接用工少，中间环节多，快递员与快递公司是劳动关系还是雇用关系、承揽关系，难以确认，劳动者发生工伤等事故难以寻找“东家”，劳动权益维护难。参见陈小武、吴进军：《关于促进快递行业规范用工的几点建议》，载《中国劳动保障报》2017年3月28日第2版。

性质上看，符合法律规定的承揽法律关系之特征。分包人以快递公司名义从事收揽件工作，并按规定由加盟商实施收揽件和送件的统一调配管理，属于快递业务特殊行业中的内在要求和业务规程，不同于劳动或者提供劳务法律关系中的管理监督之属性，故并不改变加盟商与分包人之间承揽法律关系的本质属性。[①]（2）雇佣关系。有判决认为，快递员虽然自备交通工具，但遵从快递公司的管理和工作安排，在工作时间、工作地点方面并没有自主权，这与承揽合同中，承揽人一般只需在一定期限内完成承揽的任务，但期限内某段时间是工作还是休息则由承揽人自行决定是不同的。应认定为雇佣关系。[②]（3）劳动关系或事实劳动关系。（4）内部承包关系。快递员作为自然人并不具有从事快递业务的经营资质，应属于企业内部承包法律关系。[③]（5）挂靠关系。快递员服从公司统一品牌、统一公司形象、统一运作模式、统一价格结算、统一服务标准等有关规定，以公司提供的快递单，对外承揽快递接送业务，其行为并不符合承揽的法律特征。同时协议对经营期限、经营范围、经营条件等进行了约定，与具有人身依附特性的雇佣法律关系亦存在明显差异，符合挂靠关系。[④]

就本案来言，生效判决认为快递员翁某某自为申某快递公司南宁分公司从事快递派送工作以来，一直从名为“申某快递 846”的微信号接收每月工资，其用于派送的交通工具均由公司负责配备和维修，其车辆及工作服均有申某快递的统一标识，工作由名为“申某石柱岭公司 4 号仓（3）”的微信群进行分配和管理，每月视其劳动量发放工资及加班费，符合提供劳务性质，并不符合承揽关系，其与申某快递南宁分公司之间存在事实上的劳动关系。本文认为，本案中认定翁某某与申某快递公司构成事实劳动关系以及忽视翁某某与超某快递公司之间的关系并不是十分妥当。关于翁某某与申某快递公司之间，虽然其工具配备、工作安排、工资发放均与申某快递公司密切相关，但认定为事实劳动关系理由尚不充分。快递员每送

① 参见浙江省温州市中级人民法院（2015）浙温民终字第 2246 号民事判决书。

② 参见山东省滨州市中级人民法院（2015）滨中民一终字第 55 号民事判决书。

③ 参见北京市第二中级人民法院（2017）京 02 民终 4151 号民事判决书。

④ 参见江苏省南京市中级人民法院（2017）苏 01 民终 2147 号民事判决书。

达一件快递，公司支付若干元，没有保底工资，也就是快递员完成了送达才有报酬，没完成则没有，尤其在快递员自备交通工具完成工作任务的情况下更是如此。快递员每日至快递公司处取件、交件、结算，是为获取相应的经济利益，并非一定是用工管理。山东高院认为，“劳动者自带工具，没有底薪，以包片等名义或者签订委托协议等形式为单位工作的（如快递员、超市促销员、送水员），一般应当按照约定认定双方的法律关系，但是劳动者确有证据证明双方存在劳动关系的除外”。[①] 区别承揽关系与劳动关系（劳务关系）的关键在于认定主体双方是否具有从属关系，即劳动者是否在用人单位的指挥监督下劳动，具体表现在工作地点、工作时间等是否由用人单位单方决定，在工作时间内劳动者处于随时待命的状态。但由于快递的特殊性质，快递员每天按时到快递公司处领取快递，按时将快递送达，使用快递公司配备的统一的工具（快递车辆）、负责限定的区域，有事不能工作时需要报告。这些工作要求是为了及时送达快件，都不是认定劳动关系的必要条件，只能说是充分条件：具有这些因素不能证明一定就是劳动关系，如是劳动关系必然表现这些特征。如果因为具备这些外在特征就认定为劳动关系，那所有的快递员都满足这个要求，也就没有探讨研究的必要了。本案中，超某快递公司提交了与翁某某签订的《快递承揽协议》，虽然该协议因翁某某否认不能认定一定是承揽关系，但也不能认定为劳动关系，同时因翁某某是不具有快递经营资质的个人，可以认定翁某某与超某快递公司建立了属于企业内部发包、承包性质的法律关系。

二、特许加盟模式中对外侵权责任承担的实践考察

在快递业务中，因快递行为产生的纠纷多种多样，本文主要对在快递过程中因快递员操作失误引起的交通事故对第三人造成的损害赔偿责任进行研究。就快递企业在交通事故中的赔偿责任，司法判决呈现出无责任、按份责任、替代责任、连带责任、补充责任多种结果。

---

① 参见《山东省高级人民法院、山东省人力资源和社会保障厅关于审理劳动人事争议案件若干问题会议纪要》。

(一)第一种观点：区域加盟公司（被特许人）对外承担责任，快递公司（特许人）不承担责任

在朱某亮与易某旺、易某等机动车交通事故责任纠纷案中，法院认为镇江旺某公司系圆某速递公司的特许加盟商，与圆某速递公司皆为独立的法人主体，其在特许的范围内从事快递业务，对外独立承担民事责任。[①]在何某军诉杨某同、张某、北京方某商贸有限公司、圆某速递有限公司机动车交通事故责任纠纷案中，圆某公司与方某商贸公司之间成立特许经营关系，圆某速递有限公司作为特许人，明知方某商贸公司将快递业务发包给不具有特许经营权的张某而不予制止，存在管理过失，但该过失与交通事故的发生并无因果关系，故圆某速递有限公司对何某军损失不应承担赔偿责任。[②] 对于判处快递公司（特许人）不承担对外侵权赔偿责任，而由区域加盟公司（被特许人）承担，法院主要是考虑快递公司（特许人）与区域加盟公司（被特许人）之间构成特许经营关系，是相互独立的市场主体，基层网点及快递员与快递公司（特许人）没有直接关系。

(二)第二种观点：对外应由快递公司（特许人）承担责任

此观点又分几种情况：(1)在区域加盟商和基层网点均不具有快递业务运营资格[③]情况下，法院认为加盟协议、承包协议等不具有对外对抗第三人效力，应由特许人承担责任。[④] (2)即使区域加盟公司取得了快递业务从业资格，法院依然认为特许经营合同不能对抗第三人。在殷某君与中某快递股份有限公司身体权纠纷案中，法院认为，中某公司与上海某寄递有限公司就特许经营责任承担的内部约定，无法对抗不知情的第三人，其提出郭某明系上海某寄递有限公司的员工，其不应承担赔偿责任，而应由

① 参见江苏省镇江市镇江经济开发区人民法院（2017）苏1191民初2032号民事判决书。
② 参见北京市第二中级人民法院（2017）京02终4151号民事判决书。
③ 参见《邮政法》第五十一条对快递业务资格的规定。
④ 参见浙江省杭州市中级人民法院（2017）浙01民终4484号民事判决书。

上海某某寄递有限公司承担的理由，不予支持。[①]（3）认为快递员从外观上是为快递公司（特许人）工作，故其应承担对外责任。[②]

（三）第三种观点：区域加盟公司（被特许人）对外承担侵权赔偿责任；在加盟商不具有快递主体资格情况时，快递公司（特许人）承担连带赔偿责任

在河南韵某快递服务有限公司、王某成生命权、健康权、身体权纠纷案中，涵某物流公司并无快递运营业务资质，与韵某快递公司之间名义上为加盟承包关系，实质是挂靠经营关系；涵某物流公司与韵某快递公司之间的挂靠关系系违反国家行政许可、规避国家快递行业准入制度的行为，且韵某快递公司对涵某物流公司的经营活动进行管理、支配，并获取利益，故韵某快递公司亦应对此行为承担风险。从收益与风险统一的角度而言，韵某快递公司授权涵某物流公司使用其商号、商标、经营模式、经营网络等资源的过程中，韵某快递公司在获得多方面经济利益的同时，亦应承担因市场扩张、经营业务的增长带来的风险，应对挂靠方因挂靠业务开展而产生的对外侵权行为承担连带责任。从保护善意第三人的角度而言，韵某快递公司授权涵某物流公司使用“韵某”商标及相关带有“韵某”标志的车辆用于快递经营，韵某快递公司作为全国知名快递业务运营公司，使涵某物流公司在授权范围内经营快递业务时与韵某快递公司具有相同的外部特征，对于第三人而言难以知晓二者之间的关系，故韵某快递公司与涵某物流公司之间的约定不能对抗善意第三人。从授权方在监管方面存在过错来看，韵某快递公司授权涵某物流公司以其名义从事快递业务，在合作期间应加强对涵某物流公司的监管，对于经营所用车辆疏于管理，未购买相关保险，导致发生侵权行为时受害人的权利不能得到保障，在管理方面也存在过错。根据《安全生产法》第一百条规定，韵某快递公司应对何某某

① 参见上海市杨浦区人民法院（2016）沪 0110 民初 20390 号民事判决书。
② 参见西藏自治区拉萨市中级人民法院（2018）藏 01 民终 368 号民事判决书。

的死亡承担连带责任。[①]

（四）第四种观点认为：从外观主义、权责利一致、第三人保护等出发，快递公司（特许人）和区域加盟公司（被特许人）以及基层网点承担连带责任

在某通公司、某圆公司等人身损害赔偿案中，法院认为，快递员系吕某的快递员工，构成雇佣关系，应由雇主吕某承担赔偿责任。吕某系某圆公司的下属网点经营者，吕某从事的快递业务，某圆公司为直接受益人，故对原告的合理合法的损失，某圆公司承担连带赔偿责任。某通公司与某圆公司系加盟关系，作为特许人向某圆公司收取特许经营费是某圆公司快递业务的直接受益人，承担连带赔偿责任。[②] 在闫某刚、廖某军等机动车交通事故责任纠纷案中，闫某刚在为李某根提供劳务期间造成廖某军损害的，由李某根承担侵权责任。法院根据现有证据无法确认李某根与某通公司关系，但某通公司也没有提供证据证明闫某刚在事故发生时正在派送的某通快递件并非系该公司所经营快递业务的快递件。因此，认定闫某刚作为快递从业人员从事的快递业务所属的企业为某通公司，闫某刚在从事快递业务时造成他人损害的，由李某根、某通公司共同承担民事赔偿责任。[③]

（五）第五种观点认为：查明在区域加盟商和基层网点均不具有快递业务运营资格情况下，加盟合同和承揽合同系违法分包、转包快递业务，快递公司（特许人）、区域加盟公司（被特许人）、基层网点等承担连带责任

在陈某与信某严、北京某速物流有限公司、北京龙某佑物流有限公司机动车交通事故责任纠纷案中，法院认为，事发时龙某佑公司与信某严并未取得快递业务经营许可，某速公司通过签订《某速物流特许经营（加

---

① 参见河南省郑州市中级人民法院（2020）豫 01 民终 16208 号民事判决书。

② 参见河北省涿州市人民法院（2020）冀 0681 民初 1225 号民事判决书。

③ 参见广东省广州市中级人民法院（2021）粤 01 民终 30986 号民事判决书。

盟）合同》的形式将部分快递业务委托给龙某佑公司经营，龙某佑公司又通过与信某严签订《快递片区承包合同》的形式将其从某速公司取得的部分快递业务承包给信某严经营，无论是某速公司与龙某佑公司签订的《某速物流特许经营（加盟）合同》，还是龙某佑公司与信某严签订的《快递片区承包合同》均属内部约定，均不能对抗第三人。在相关法律法规已就快递业务建立许可准入机制的情形下，已经取得快递业务经营许可的企业不得违法分包、转包快递业务，违法分包、转包快递业务的，在侵害他人民事权益后，各快递经营主体应该承担连带赔偿责任。①

（六）第六种观点认为：区域加盟公司承担责任，快递公司（特许人）承担补充责任

在北京某峰快递有限责任公司与陈某等生命权、健康权、身体权纠纷案中，法院认为，从收益与风险相统一、保护善意第三人利益、从授权方在监管方面存在过错和社会效果等方面考量，在联某某众公司无法完全承担赔偿责任的情况下，由某峰公司承当补充赔偿责任并不违背特许加盟合同的本意。②

（七）第七种观点：快递员与其他主体承担共同责任

一般认为，快递员作为劳动者不对外承担责任，其责任由用工主体对外承担。但，有法院依据《最高人民法院关于审理人身损害赔偿案件适用法律若干问题的解释》（2003 年）第九条之规定，判处快递员在具有故意或重大过失时承担连带责任。

1. 区域加盟公司承担对外责任，快递员承担连带责任，基层网点不承担责任

在李某童、某通快递服务有限公司机动车交通事故责任纠纷案中，法院认为，李某童与某通快递公司之间存在事实劳动关系；某通快递公司作

① 参见北京市海淀区人民法院（2015）海民初字第 8694 号民事判决书。

② 参见北京市第一中级人民法院（2016）京 01 民终 6022 号民事判决书。

为雇主应当承担赔偿责任，但李某童对此次事故的发生存在重大过失，故李某童应与雇主承担连带赔偿责任。一审、二审法院观点基本一致，但一审判处李某童承担赔偿责任，某通公司承担连带责任；二审判处某通公司承担赔偿责任，李某童承担连带责任。①

2. 基层网点与快递员共同承担责任

在深圳市坪山区碧岭某通快递收货部与丘某杰、吴某机动车交通事故责任纠纷案中，法院基于雇主责任，判令深圳市坪山区碧岭某通快递收货部赔偿受害者全部损失。快递员存在重大过失，应承担连带赔偿责任。②

3. 快递员、快递公司（特许人）、区域加盟公司（被特许人）、基层网点等共同承担连带责任

在（2021）皖01民终2209号案中，法院认为快递员存在重大过失，与雇主承担连带赔偿责任；加盟商未尽到管理职责，对受害者承担连带赔偿责任；快递员在从事快递业务过程中具有某达快递的外观表象，并且某达公司对于某达快递员具有统一管理的职责，也应承担连带赔偿责任。

4. 快递员、区域加盟公司（被特许人）、基层网点等共同承担连带责任

在李某、王某远等与赵某哲等机动车交通事故责任纠纷案中，某通公司与荆州某某公司签订《特许经营合同》，荆州某某公司与陈某春签订承包《协议》。法院认为，某通公司无过错，无须承担民事责任。陈某春与荆州某某公司签订"承包协议"违反了《邮政法》的规定，协议无效。快递员赵某哲系由陈某春雇请，但荆州某某公司知晓并认可赵某哲的身份，因陈某春与荆州某某公司之间签订的协议无效，两被告对此均有过错，故陈某春、荆州某某公司为赵某哲的共同雇主。赵某哲在交通事故中承担全部事故责任，应认定其存在重大过失；陈某春、荆州某某公司应对赵某哲

---

① 参见河北省石家庄市中级人民法院（2017）冀01民终3113号民事判决书。

② 参见广东省深圳市中级人民法院（2018）粤03民终20901号民事判决书，类案判决如山东省烟台市中级人民法院（2020）鲁06民终78号民事判决书。

的民事赔偿责任各承担50%连带责任。[①]

（八）基层网点（有承包内容的快递员）单独承担责任

有判决在认定基层网点（快递员）与区域加盟公司构成承揽关系后，按照承揽合同的规定，区域加盟公司在经济、管理方面对基层网点并无监督义务，基层网点应自负盈亏，对自己管辖的片区所发生的安全事故等应自行承担责任。判处承揽人（基层网点（快递员））单独承担对外赔偿责任。[②] 也有判决将基层网点的独资股东作为连带赔偿人。[③] 但也有判决在认定构成承揽关系的同时，也认定快递企业存在定作、指示或者选任过失，应承担补充责任。[④] 如（2014）穗中法民一终字第2454号案件中，法院认为根据《道路运输条例》第二条、第二十二条、第二十三条、第二十四条的规定，刘某驾驶自有车辆从事快递业务运输工作，应当接受道路运输部门的监管，依法申请道路运输经营许可证，并向工商行政管理机关办理有关登记手续，但刘某驾驶的车辆并未办理相关的营运手续，不应从事营运工作。全某通公司作为快递运营业务的定作人，负有选任适格承揽人的义务，其选择了不具备营运资格的刘某驾驶非营运车辆运送快递并引发涉案事故，存在过失。

（九）第九种观点：基层网点无从业资格，其与区域加盟公司（被特许人）系挂靠关系，对外承担连带责任

在天津市滨海新区某某配送中心、李某杨机动车交通事故责任纠纷案

---

① 参见湖北省荆州市沙市区人民法院（2019）鄂1002民初205号民事判决书。类似判决如陕西省高级人民法院（2021）陕民再8号民事判决书、北京市海淀区人民法院（2016）京0108民初5822号民事判决书、山东省聊城市中级人民法院（2019）鲁15民终3886号民事判决书、广东省汕头市中级人民法院（2019）粤05民终1107号民事判决书。

② 参见吉林省白山市浑江区人民法院（2018）吉0602民初1491号民事判决书。类似判决如湖南省长沙市开福区人民法院（2018）湘0105民初5994号民事判决书，江苏省常州市中级人民法院民事判决书（2017）苏04民终1428号、湖南省衡阳市中级人民法院（2021）湘04民终846号民事判决书、山东省泰安市中级人民法院（2016）鲁09民终1330号民事判决书、四川省凉山彝族自治州中级人民法院（2020）川34民终896号民事判决书。

③ 参见河南省信阳市中级人民法院（2020）豫15民终3960号民事判决书。

④ 参见河南省信阳市中级人民法院（2020）豫15民终3960号民事判决书。

中，法院认为，唐某德作为个人，并无独立承担快递经营业务资质。其与某某配送中心签订《某某快递片区派送协议》，不存在雇佣关系，实质上是一种挂靠经营关系。判决唐某德与某某配送中心承担连带责任。[①]

（十）第十种观点：在不能确认属于履行职务行为时，由快递员单独承担责任

在快递员无法证明自己是在履行职务行为时（包括履职时间和履职地域范围），法院会判决由快递员个人承担赔偿责任。在张某与辛某、通某公司机动车交通事故责任纠纷案中，一审法院认为，原告不能证明快递员在事故发生时在送快递，快递员也不能证明自己系通某公司工作人员，应自行承担责任。[②] 在马某与邱某、通某百世货公司机动车交通事故责任纠纷案中，一审法院也认为快递员事发时没有派送记录，无法认定系职务行为，[③] 或者认为“交通事故发生时并未从事职务行为，而是驾车处理私事，故应自行承担责任。”[④]

从以上案例来看，法院判处快递公司（特许人）承担对外侵权责任的主要基于用人者责任、特许人对外责任，判处区域加盟公司承担对外侵权责任主要是基于用人者责任，判处基层网点（快递员）承担对外责任主要是基于自己责任。下面分别对这些责任基础进行辨析。

---

① 参见天津市第三中级人民法院（2020）津 03 民终 45 号民事判决书。类似判决如河南省洛阳市中级人民法院（2021）豫 03 民终 475 号民事判决书、浙江省杭州市中级人民法院（2020）浙 01 民申 325 号民事裁定书、湖南省怀化市中级人民法院（2021）湘 12 民终 2159 号民事判决书。

② 参见山东省烟台市福山区人民法院（2018）鲁 0611 民初 3040 号民事判决。二审进行了改判，参见山东省烟台市中级人民法院（2019）鲁 06 民终 4235 号民事判决书。

③ 参见山东省青岛市即墨区人民法院（2018）鲁 0282 民初 6271 号民事判决书。二审进行了改判，参见山东省青岛市中级人民法院（2019）鲁 02 民终 5147 号民事判决书。

④ 参见陕西省商洛市中级人民法院（2022）陕 10 民终 18 号民事判决书。

三、特许人责任的法理辨析和规则重构

(一) 特许人责任的性质

1. 替代责任

替代责任是英美法中的概念，也被称为代负责任或转承责任等。近代民法秉持的是自己责任原则，替代责任是现代民法对近代民法基本原则的一项突破，是在责任主体上增加了就他人行为承担责任的法律规则，是继近代民法无过失责任之外的又一个对侵权责任的扩展。商业特许经营中的替代责任是指，特许人因为与被特许人之间签订了特许协议，收取一定的特许经营费用，允许被特许人使用其商标、商号等，在被特许人与第三人发生合同或侵权纠纷时，特许经营关系的存在使特许人需要对被特许人的行为承担责任。特许人的替代责任主要有合同责任和侵权责任。就快递业务来说，基于履行快递合同本身对寄件人或收件人承担的责任，因从商业特许经营体系的外部来看，消费者对于特许经营内部关系的认识非常有限，他们往往将特许人和被特许人看作同一商事主体。无论是违约责任还是侵权责任，特许人都应对外承担责任。在这种情形下，特许人并非基于自身过错而承担自己行为的民事责任，因此属于替代性的责任。此外，如果特许人选任被特许人不当，导致双方的特许加盟合同无效，特许人也应替代被特许人承担对外责任。特许人可在承担后，根据内部加盟合同等进行追偿。

2. 单独性

特许人替代责任属于单独责任。单独责任是相对于共同责任而言的。共同责任出现在两个以上行为人共同实施不法行为的情形之下，除了行为上的协同性，还要求两者主观上都有过失，从而由数个行为人共同对该损害承担责任，属于单方的多数责任，如两个以上的加害人对受害人承担的责任。

根据我国《产品质量法》《商业特许经营管理条例》的有关规定，特

许经营中的产品瑕疵担保责任由特许人和被特许人承担连带责任。法律直接规定特许人和被特许人承担连带责任的目的在于有效保护消费者的利益，将全体连带债务人的财产作为责任财产，并且能够选择最具偿付能力的债务人进行索赔，债务获得清偿的可能性大大提升。连带责任是与替代责任截然不同的责任承担方式。连带责任的来源是共同债务，替代责任则无须责任人之间必须存有共同的基础债务关系，而更多的是基于公平原则的考虑而在法律中设置的特别的例外制度。特许人替代责任的承担考量的是特许人未实际参与被特许人所实施的致害行为时的责任，并不构成与被特许人的共同责任，而是特许人作为单独的法律主体为被特许人的不法行为承担的替代性责任。在商业特许经营中，无论是替代责任抑或连带责任的适用都将第三人利益作为重要的考量因素。二者的区别主要是替代责任是基于特许人对被特许人的控制或者特许人与被特许人之间的紧密联系程度，以至于有必要使特许人替代性地承担被特许人行为所致损害的责任，而连带责任则主要是基于责任主体间权利义务上的连带性。

3. 间接责任

特许人承担的替代责任，性质属于间接责任。特许人的直接责任与特许经营权瑕疵以及特许人的行为瑕疵有关，主要是由特许人直接控制，而被特许人只是按照特许经营协议行事的行为。特许人直接责任包括了特许人提供的产品或技术存在瑕疵引起的责任、特许人指定的规则或选定的设备瑕疵导致的责任等，[①] 由此产生的责任应由特许人直接承担。

4. 非补充责任

有观点认为，以被特许人自己责任为原则，以特许人补充责任为补充。理由是：特许人在特许经营模式中享有直接的经济利益，如特许经营费、推广、宣传费用等；因外观标识上的一致性而享有品牌影响力、企业或市场规模扩大的权益。特许人有对被特许人的经营活动进行指导、监督的义务。在外观标识一致的情况下，第三人难以区分侵权主体系被特许人还是

① 参见余冬爱：《特许经营商事法律制度研究》，法律出版社 2010 年版，第 186~206 页。

特许人，完全剔除特许人责任不利于保护第三人信赖利益，会给第三人受偿带来相应困难。若完全由被特许人承担责任，则会放松特许人对被特许人进行考察和监督的责任，在一定程度上放任特许人对被特许人的选择，长期看来并不利于特许经营模式的发展。特许经营合同仅限于特许人和被特许人之间，不具有对第三人的外部约束效力，不能排除特许人在此类案件中的侵权责任。特许人负有不使其所在特许经营体系的风险不合理地向公众转移的义务，尤其在被特许人雇员侵权的情形下。根据《商业特许经营管理条例》第七条规定，特许人负有对被特许人进行业务培训的义务，雇员培训应为业务培训的重要内容，在特许人未尽到行政法规规定的培训、指导、监督义务时，其应承担相应补充责任。[①]

补充责任是指根据同一责任来源的事实，在首要清偿责任人的财产不足以给付时，由补充责任人承担不足部分的责任。补充责任是一种次要责任。补充责任人是基于与首要责任人的某种特定法律关系或存在某种与责任来源事实相关的过错而承担责任的。侵权法上的补充责任主要应用在安全保障义务的情形。《侵权责任法》对于补充责任的规定体现在第三十四条第二款“劳务派遣期间，被派遣的工作人员因执行工作任务造成他人损害的，由接受劳务派遣的用工单位承担侵权责任；劳务派遣单位有过错的，承担相应的补充责任”、第三十七条第二款“宾馆、商场、银行、车站、娱乐场所等公共场所的管理人或者群众性活动的组织者，未尽到安全保障义务，造成他人损害的，应当承担侵权责任。因第三人的行为造成他人损害的，由第三人承担侵权责任；管理人或者组织者未尽到安全保障义务的，承担相应的补充责任”、第四十条“无民事行为能力人或者限制民事行为能力人在幼儿园、学校或者其他教育机构学习、生活期间，受到幼儿园、学校或者其他教育机构以外的人员人身损害的，由侵权人承担侵权责任；幼儿园、学校或者其他教育机构未尽到管理职责的，承担相应的补充责任”。《最高人民法院关于审理人身损害赔偿案件适用法律若干问题的解

① 参见姜英超、王蓉：《商业特许经营模式中特许人对第三人承担侵权责任的法律问题研究——陈某诉万某、B 公司、A 公司非机动车交通事故责任纠纷案》，载微信公众号“至正研究”，2023 年 8 月 15 日访问。

释》中第六条第二款、第七条第二款对于违反安全保障义务的学校、教育机构的责任。《民法典》继承了这些规定。从以上规定来看，我国将安全义务保障人定义为“宾馆、商场、银行、车站、娱乐场所等公共场所的管理人或者群众性活动的组织者”，最多能扩充至“教育机构”“雇主”[①] 等提供公共场所或具有管理职责的主体。从快递工作来看，快递公司（特许人）对区域加盟公司（被特许人）、基层网点、快递员的监督控制和管理，主要是保证快递包裹安全、及时送达，其他方面并不承担管理职责，其对不特定的第三人也不负有安全保障义务。

与特许人承担替代责任的观点相比较，主张特许人承担补充责任的观点实际上没有对特许人和被特许人对外承担的责任作明确的区分：从责任范围来看，特许人对第三人的责任范围直接等同于被特许人对第三人承担责任的范围，特许人和被特许人之间仅仅是承担责任的顺位不同，这样的责任承担方式虽然能够充分地弥补第三人的损失，但必将导致特许人对外责任边界不明。因此，从法律规定上来讲，快递公司（特许人）承担补充责任并不合适。

（二）特许人替代责任的类型化研究

在我国司法实践中判处特许人承担对外侵权责任的案件中，以上各种理论的影子都或隐或明地出现过。我国快递业特许经营情况错综复杂，很难用一种理论进行准确的解释，也应当根据不同的情形适用不同的学说。在以上的理论中，特许人对外承担替代责任很多是针对合同责任，即使有包括侵权责任的情形，也与快递员造成的机动车交通事故损害赔偿责任不能完全一致。因此，本文认为，应该进行类型化分析。

---

① 在东营市金某文化教育咨询有限公司与张某丽、周某秋身体权纠纷［（2015）东民一终字第121号］一案中，东营市金某文化教育咨询有限公司聘用的系受害人张某丽之雇主，为其提供教师宿舍无偿租住；受害人张某丽在宿舍时，因第三人安装燃气装置不当导致一氧化碳中毒。东营市金某文化教育咨询有限公司认为“张某丽居住的承租方既不是公共场所，公司也不是其管理人，更不是群众性活动的组织者，不是所谓安全保证义务的责任主体”。二审法院则认为，因“宿舍中居住的是不特定的多名教师”，公司对受害人有安全保障义务。

1. 合同责任和产品（服务、劳务）质量侵权责任

针对在快递公司（特许人）、区域加盟公司、基层网点、快递员与寄件人、收件人之间因快递合同服务产生的各类违约、侵权纠纷，因快递服务对外的一体化，所有的快递合同均是以快递公司名义揽收和寄送，快递公司（特许人）应对外承担责任，这时报酬理论、控制监督理论、代理说等均是可资阐释的基础理论。本文认为，特许人的替代责任更多应在产品（服务、劳务）责任上，只有在与消费者发生合同关系时，因产品（服务、劳务）系以特许人的总体名义提供，消费者也是基于特许人的品牌才进行消费，因此，当特许人对被特许人存在经营控制及让消费者认为存在“明显授权关系”时，特许人应承担对外责任。虽然和寄件人、收件人发生直接合同关系的是区域加盟公司，按照合同相对性原则应该由区域加盟公司（被特许人）自己承担责任，但特许经营合同条款只是快递公司（特许人）、区域加盟公司双方的内部约定，不得对抗善意第三人。①

2. 因经营活动产生的侵权责任

在商业特许经营过程中，由于经营活动而产生的侵权责任比比皆是，大致可以分为被特许人因违反安全保障义务致人损害，被特许人雇员致人损害和被特许人的一般侵权责任等。在交通事故之类的侵权纠纷中，第三人与快递公司（特许人）与区域加盟公司（被特许人）、基层网点、快递员之间的纠纷超出了产品（服务、劳务）的质量违约（侵权）责任的适用范围，在法律法规和司法解释没有明确规定的情况下，审视和权衡案件中各方当事人的利益关系，从现有民事法律制度中选择一个比较妥当的制度来具体考量和确定各方的民事责任关系才是正确的选择。

（1）在快递公司与区域加盟公司之间的特许经营合同依法有效成立的情况下，作为独立市场主体的特许人和被特许人，在一般情形下都是自己经营，二者既不是投资者和被投资者的关系，也不是代理与被代理的关系，

① 根据《快递暂行条例》第十九条规定，当快件因延误、丢失、损毁而使用户受到损害的，“用户可以要求该商标、字号或者快递运单所属企业赔偿，也可以要求实际提供快递服务的企业赔偿”。该规定明确了与快件运输、配送实际联系的加盟商和快递企业的连带责任。本文认为，应由快递公司（特许人）承担直接责任为宜。

主要依赖特许合同产生交集。除快递业务受快递公司（特许人）监督控制外，基层网点、快递员与快递公司（特许人）之间基本上没有直接关系。区域加盟公司及其下线基层网点、快递员依据特许经营合同合理地使用快递公司（特许人）的商号、商标或其他标识来开展特许业务，既维护了特许经营网络的同一性和声誉，又是特许经营在外观上的正常反映，因而不应当成为快递公司（特许人）承担责任的理由。如果由快递公司（特许人）直接承担对外侵权责任，虽然有利于保护第三人，但是扩大了特许人的责任，并不符合特许经营平衡特许人各方利益的价值追求。因此，在此情况下，快递公司（特许人）对外不承担侵权责任。

（2）特许人对被特许人存在实质性控制时，特许人对外承担替代责任。在英美法系国家，特许人对被特许人的控制如果超出了一般日常控制的范围，就很有可能被认定为存在事实代理关系，[①] 从而承担替代责任。

（3）在区域加盟公司快递主体资格不适当的情况下，因违反法律行政法规的强制性规定，快递公司与区域加盟公司之间的特许经营合同虽然依法成立，但对外无效。快递行业的经营许可制度，有助于提高快递企业的服务质量，保障用户的合法权益，事关快递运营市场的健康、稳定、持续性发展。根据《邮政法》《快递市场管理办法》《快递业务经营许可管理办法》的规定，只有区域加盟公司（被特许人）同时具备经营快递业务的资质，即依法取得了邮政管理部门颁发的《快递业务经营许可证》，才有可能构成合法的特许经营或加盟经营，可以按照特许经营的相关规定承担相应的赔偿责任。快递加盟者若在未取得快递业务经营许可的情形下，与快递公司签订加盟协议、承包经营协议等，协议内容将违反法律、行政法规的强制性规定，其相应协议约定内容将归属于无效。在承包经营无效的情形下，快递加盟者使用快递公司的商标、快递公司的名义对外从事经营活

① 参见陈彦晶：《论商业特许经营中特许人的替代责任——以美国法为镜鉴》，载《云南大学学报（法学版）》2011 年第 5 期。

动，快递公司对外责任承担应为直接责任，而非连带责任。[①]

（三）对本案的分析

在本案中，按照前述的测试标准，基本可以认定申某快递公司对超某快递公司的控制超出了一般日常控制的范围，存在实质性的控制，应被认定为存在事实代理关系。（1）从翁某某工作安排、工资薪酬发放上来看，申某快递公司越过超某快递公司直接管理。翁某某自从事快递派送工作以来，工资由申某快递公司通过“申某快递 846”微信群发放，其用于派送的交通工具均由申某快递公司南宁分公司负责配备和维修，工作由名为“申某石柱岭公司 4 号仓（3）”的微信群进行分配和管理。（2）从特许人与被特许人关系来看，一般来说被特许人应按照合同约定具有快递费用的支配权，而南宁超某快递公司虽然与申某快递公司签订加盟合同取得申某快递公司的许可而加入申某快递公司的快递经营活动中，但其所获收入也均进入申某快递公司，由申某快递公司按照约定进行分配，而非自行支配。

从“媒介控制测试”来看，引起交通事故有两个关键“媒介”：一是快递车辆，是否合格。二是快递员，是否遵守交通规则。从工作工具快递车辆的管理上看，申某快递公司直接配备车辆并负责车辆的日常维护，支付维修车辆的费用，负有监管车辆的义务。本案中，直接引起交通事故的交通工具并不合格，经检测该车制动系效能不符合技术标准、照明信号装置不符合技术标准。且申某快递公司、申某快递公司南宁分公司均对于翁某某驾驶机件不符合技术标准与驾驶证载明的准驾车型不符合的无号牌证三轮轻便摩托车进行经营活动疏于监管，对本案的发生均负有过错责任。对引起交通事故的另一“媒介”——快递员的管理也是实质性。从以上来看，申某快递公司在快递业务中，对被特许人的控制是实质性的，对引起

---

① 有观点认为，《最高人民法院关于审理道路交通事故损害赔偿案件适用法律若干问题的解释》第三条规定，以挂靠形式从事道路运输经营活动的机动车发生交通事故造成损害，属于该机动车一方责任，当事人请求由挂靠人和被挂靠人承担连带责任的，人民法院应予支持。快递业务经营许可类似于道路运输经营许可，因此快递公司、区域加盟公司、基层网点应承担连带赔偿责任。本文认为，挂靠经营与特许经营并不等同，也自然不应参照适用相关规定。

侵权损害的“媒介”是具有控制性的，应当承担替代责任。[①]

此外，在本案中，从时间来看，超某快递公司成立于2019年4月11日，行政机关于2019年7月30日核发营业执照，经营范围是国内快递。根据《民法典》第七十八条的规定，公司成立时间是营业执照签发时间，即2019年7月30日。超某快递公司于2019年2月11日与申某快递公司签订《申某快递特许经营合同》，约定以广西南宁石柱岭申某快递公司经营区域为准。事故发生时南宁超某快递公司尚未取得快递从业资格，其在本案中的责任由特许人承担。

四、其他当事人的赔偿责任

（一）区域加盟公司（被特许人）的用人主体责任

用人者责任，又称雇主责任、辅助人责任、使用人责任或使用者责任。侵权法上的用人者责任有广义、狭义之分。狭义的用人者责任仅指被使用者因执行工作任务或劳务造成他人损害时，用人者承担的侵权责任，既包括民法上的用人者责任，也包括国家赔偿责任。广义的用人者责任除包括狭义的用人者责任外，还包括被使用者因执行工作任务或提供劳务自身遭受损害时用人者应承担的责任。本文讨论的用人者责任仅指狭义的用人者责任中民法上的用人者责任。目前对于用人者责任的承担方式规定在《民法典》第一千一百九十一条和第一千一百九十二条之中。最高人民法院认为，《民法典》第一千一百九十一条所称的“用人单位”的内涵比劳动法上的同一概念外延更广，且不区分其与劳动者之间是否存在劳动关系。“工作人员”，应当包括但不限于劳动者，不仅包括正式在编人员，也包括临时雇佣人员。[②] 全国人大常委会法工委指出，本条中的“用人单位”包

---

① 法律的基本原理是固定的，但具体案情是复杂的。如果快递企业（特许人）仅提供缺陷劳动工具（快递车辆），并未对被特许人实施超出一般范围的控制、未对快递员进行直接的管理，则特许人及被特许人均存在着在过错，应承担连带责任。

② 参见最高人民法院民法典贯彻实施工作领导小组主编：《中华人民共和国民法典侵权责任编理解与适用》，人民法院出版社2020年版，第235~246页。

括个体经济组织，“工作人员”包括用人单位的正式员工、临时在单位工作的员工。①

在快递业务中，如果快递公司（特许人、被特许人）与快递员之间构成劳动关系或雇佣关系，用工关系很明确，根据《民法典》第一千一百九十一条和第一千一百九十二条的规定，对外责任承担的主体很容易确定。但在实践中，区域加盟公司（被特许人）又与基层网点（快递员）签订加盟协议或承揽协议、承包协议、合作协议、租赁协议等协议［在现在法律规定下基层网点（快递员）往往不可能取得快递从业资格，基层网点又会雇佣快递员］时，如何判断用工者？

对用工关系的判断，理论和实践中均认为的标准是不从是否存在劳动合同、雇佣合同等形式出发，而是审查是否存在事实上的指示、控制、监督关系。

司法实践中，有判决认为快递员是以快递公司（特许人）的名义为其从事快递业务，在车辆、工服等上面有快递公司（特许人）的标志［有时车辆也是快递公司（特许人）提供以及购买保险］，虽然不认定存在雇佣关系②，但判决快递公司（特许人）承担对外侵权责任并无不当。本文认为，这种观点是泛化地理解用人者，并对特许经营合同存在误解。用人者应该是直接用人者而非间接用人者，如果按照这种理解，在建设合同中，发生事故，所有的责任都要追究到建设单位，这是荒谬的，也是不符合实际的。

在成立用工关系的前提下，用人者承担无过错的用人责任，无论是用人单位的工作人员因执行工作任务造成他人损害，还是提供劳务的一方因劳务造成他人损害，也无论用人单位或接受劳务的一方有无过错，均应承担侵权责任。同时，用人者责任是一种“单独责任”，而不是“连带责任”，事故的发生过程中，被使用人是直接侵权人，但是因为其与用人者存在一定的监督、隶属关系，并且是基于用人者的指令完成工作任务，所

① 参见黄薇主编：《中华人民共和国民法典释义及适用指南》，中国民主法制出版社2020年版，第160页。

② 有的判决也认定构成事实劳动关系。

以用人者替代直接侵权人对其行为承担侵权责任。对于劳动者因故意或重大过失造成的损害，《最高人民法院关于审理人身损害赔偿案件适用法律若干问题的解释》（法释〔2003〕20号，以下简称《人身损害赔偿解释》）第九条规定应与用人者承担连带责任，但在2020年和2022年两次修改中对该规定都予以删除，《民法典》也未作出类似的规定。当然，依据《民法典》及司法解释的规定，用人者可在承担责任后向劳动者进行追偿。[①]

综上，本文认为在存在合法有效的特许加盟合同时，快递员导致的交通事故，应由区域加盟公司（被特许人）承担对外侵权损害赔偿责任。

（二）劳动者自己责任

自己责任，也称直接责任，是指由行为人自己承担责任的情形，与替代责任对应。当前，由快递员自身承担赔偿责任的情形中，法院主要理由是快递员无法证明发生交通事故时是在从事职务行为。

用工者承担责任是以劳动者行为系职务行为为前提，理论界存在四种判断职务行为的标准：一是雇主意思说，即没有雇主指示或超越指示就不是职务行为；二是雇员意思说，即原则上以雇主指示为准，但如果指示不具体，雇员可以自行调整；三是客观说，即以外在客观形态判断，只要属于大众认可的职务行为即可；四是折中说，即雇员自己认为是在履行职务，客观上也符合职务行为的标准则认定为职务行为。由于客观说更有利于保护受害人，因此我国《人身损害赔偿解释》明确采取了客观说。

在司法实践中，法院主要是结合快递员的行为时间、地点、场合、行为之受益人等因素与快递公司的关联性来认定。品某物流公司与张某珍、胡某兵机动车交通事故责任纠纷案中，法院认为与职责范围密切相关，为实现法人生产经营目的或为维护法人自身管理及社会活动需要而实施的行

---

① 支持向快递员追偿的案件参见河南省洛阳市中级人民法院（2020）豫03民终4346号民事判决书、贵州省毕节市中级人民法院（2021）黔05民终410号民事判决书、安徽省安庆市中级人民法院（2020）皖08民终2652号民事判决书、新疆维吾尔自治区克拉玛依市中级人民法院（2021）新02民终618号民事判决书、重庆市第一中级人民法院（2020）渝01民终1909号（向网点追偿）民事判决书等。

为，都属于职务行为。证据证明事发之时，快递员所驾三轮车装载快件、正在执行投递任务，在时间、空间上均与其工作职责直接有关，其在工作时间、工作区域内因工作导致他人人身损害，应当认定为职务侵权行为。[①] 在高某与潘某、泰州某丰运输有限公司等机动车交通事故责任纠纷案中，在案证据能够确认潘某在打卡下班后，由于工作原因具有对公车控制的便利，与朋友一起吃饭聚会后于次日凌晨左右驾驶车辆发生交通事故，应为公车私用而非履行职务行为或者从事江苏某某外包公司授权或者指示范围内的劳务活动。[②]

五、结语

关于特许经营问题，我国现有的立法与理论尚无法解决特许人的替代责任问题，目前规范特许经营的法律只有一部行政法规《商业特许经营管理条例》，其中就特许人对第三人的责任只字未提，[③] 所以无法通过现有的规定直接解决实践中关于民事责任承担的问题。由于目前民法理论中尚无关于特许经营法律关系中民事责任方面比较成熟成型的通说，传统的观点认为要解决对外侵权责任承担问题，需要先解决各主体之间的法律关系。

但特许经营中涉及的层级很多，关系错综复杂，法律关系本来就很难以确定。即使确定了相应的法律关系，如果按照特许经营合同各方是独立的市场主体责任自负，则在中国现实情况下，基本所有的责任均应由区域加盟公司（被特许人）承担，特许人就完全不必为被特许人的侵权行为承担责任。这虽然保护了商业特许经营体系和特许人，但忽视了社会公众利益的保护。目前许多加盟商力量弱小，并不完全具备对外赔偿能力，受害人可能会无法得到完全的赔偿；此外，目前加盟商处境艰难，面对特许人时处于弱势地位，如果对外责任全部由加盟商负责，并不利于特许经营的

① 参见安徽省滁州市中级人民法院（2020）皖11民终3174号民事判决书。

② 参见山东省泰州市中级人民法院（2020）苏12民终3229号民事判决书。

③ 关于商业特许经营的立法层次还停留在部门规章的层面，诸如《商业特许经营管理条例》及其配套的《商业特许经营备案管理办法》《商业特许经营信息披露管理办法》。这些规范性文件着重于规范特许经营双方之间的权利义务关系，而当第三人因违约或侵权等事由要求经营者承担责任时，特许人和被特许人之间如何分担法律责任，在立法上没有直接规定。

健康发展。如果采用商业外观主义或事实劳动关系，则几乎在所有情况下特许人都难以摆脱对外赔偿的命运，商业特许经营模式将无立足之处。而特许经营作为一种商业模式，对中小投资者拓展投资渠道、社会财富的增长功不可没。

因此，需要根据商业特许经营的实质和特征，借鉴人类法律文明成果，结合特许经营模式的实际情况，探索符合实际情况的裁判思路和裁判标准。本案在裁判结果上是公正的，但囿于认定事实劳动关系等裁判思路，受限于立法的落后和研究的不深入，在裁判说理上并不充分。因此，在将来制定商业特许经营有关的法律时，应将特许人的替代责任纳入法律规定的范围之内，避免美国案例法所经历的曲折道路，选择适合我国现阶段特许经营实践的特许人替代责任立法模式。在具体法律规则上建议规定如下：（1）特许人与被特许人系独立的市场主体，对各自的过错自负责任；但特许人对被特许人构成实质性控制时，则应对外承担特许人替代责任。（2）特许人（包括次特许人）应该选择有资质的加盟者，如果区域加盟者（包括次区域加盟者）缺乏资质，对外责任应由选择不适格加盟者的特许人承担，在内部可进行追偿；具体到快递行业，快递员对履行职务中的侵权行为不承担对外责任，但在存在故意或重大过失时可被追偿。

赵某甲诉北京市朝阳区民政局遗产管理纠纷案

——《民法典》中民政部门之遗产管理人角色的定位、难题及出路

◇编写人：北京市高级人民法院　宋　毅　史智军

【获奖评语】

《民法典》在《继承法》的基础上，为适应我国经济快速发展、人民财产不断增加、自然人死亡后遗产增多的现状，进一步完善了有关遗产处理的制度，增加规定遗产管理人制度，明确了遗产管理人的产生方式、职责和权利等内容。作为《民法典》新确立的一项制度，遗产管理人特别是承担社会救助、养老抚幼职能的民政部门担任遗产管理人时，如何适用《民法典》第一千一百四十五条关于遗产管理人选任的规定、第一千一百四十七条关于遗产管理人职责的规定，尚缺乏具体的程序规则指引，在司法实践中不无争议。本案属于《民法典》实施后产生的涉及民政局担任遗产管理人的新类型纠纷案件，案例针对“指定遗产管理人是否为遗产分割的前置程序”“民政部门处理被继承人债务的界限是法定清算还是普通清偿”等实务之问，立足民政部门担任遗产管理人的法定兜底地位和实务难题，深入剖析了民政部门处理被继承人债务的责任属性，从当下实践和未来发展的维度，提

出了确定民政部门为遗产管理人的具体方式和程序设置建议，案例写作格式规范、语言洗练、体例完整，实为一篇难得的有较强理论深度和法律适用指导价值的佳作。

【关键词】

继承　遗产　民政局　遗产管理人　前置程序

【裁判要旨】

指定遗产管理人旨在解决对遗产管理人的确定存在的争议，而非分割遗产、管理遗产的法定前置程序；在民政局对其成为死者的遗产管理人没有异议的前提下，利害关系人虽然未向居委会、民政局报告被继承人死亡的事实，亦未通过特别程序指定遗产管理人，但并不妨碍利害关系人直接向法院起诉民政局主张分割遗产。

【相关法条】

《民法典》（2020年5月28日公布）

第一千一百四十五条　继承开始后，遗嘱执行人为遗产管理人；没有遗嘱执行人的，继承人应当及时推选遗产管理人；继承人未推选的，由继承人共同担任遗产管理人；没有继承人或者继承人均放弃继承的，由被继承人生前住所地的民政部门或者村民委员会担任遗产管理人。

第一千一百四十七条　遗产管理人应当履行下列职责：

（一）清理遗产并制作遗产清单；

（二）向继承人报告遗产情况；

（三）采取必要措施防止遗产毁损、灭失；

（四）处理被继承人的债权债务；

（五）按照遗嘱或者依照法律规定分割遗产；

（六）实施与管理遗产有关的其他必要行为。

【案件索引】

一审：北京市朝阳区人民法院（2021）京 0105 民初 39323 号（2023 年 4 月 27 日）

【基本案情】

原告赵某甲诉称：被继承人赵某乙于 2019 年 3 月 18 日凌晨因病死亡，生前一直居住在北京市朝阳区。赵某甲是被继承人赵某乙的姑姑。赵某乙的父母均已去世，其生前未婚、无子女。赵某乙死亡时留下遗产为香河开发区一套房产。朝阳区民政局是赵某乙遗产管理人，赵某甲属于继承人以外的对被继承人赵某乙扶养较多的人；且赵某乙死亡前留有遗愿，将该房屋由赵某甲继承。请求法院判令：被继承人赵某乙名下的香河开发区一套房产的全部份额由赵某甲继承。

被告朝阳区民政局辩称：朝阳区民政局对自然成为赵某乙的遗产管理人没有异议，但赵某甲在赵某乙死亡后，并未将赵某乙死亡的情况告知居委会，也未告知朝阳区民政局，亦未通过特别程序指定朝阳区民政局为赵某乙的遗产管理人，所以赵某甲直接提起本案诉讼存在程序瑕疵。此外，即使赵某甲在赵某乙生前尽到了较多的扶养义务，按照《民法典》的规定，也应是适当分得遗产。

法院经审理查明：被继承人赵某乙于 1988 年 12 月 23 日出生，于 2019 年 3 月 18 日死亡。赵某乙未婚无子女，无兄弟姐妹，其父于 2009 年 4 月 11 日死亡，其母于 2004 年 1 月 26 日死亡，其祖父于 2008 年 5 月 20 日死亡，其祖母于 1989 年 4 月 11 日死亡，其外祖父于 2004 年 1 月 9 日死亡，其外祖母于1998年11月29日死亡。赵某乙与香河县天某房地产开发有限公司签订了《商品房买卖合同》，总价款446066元。2017年9月28日，该房屋登记至赵某乙名下。赵某乙向中国建设银行股份有限公司北京市分行（以下简称建设银行北京分行）申请贷款31万元，截至2021年10月27日，已还93期，剩余267期。朝阳区民政局则主张，朝阳区民政局对自然成为赵某乙的遗产管理人没有异议，但赵某甲在赵某乙死亡后，并未将赵某乙死亡的情况告知居委会，也未告知朝阳区民政局，亦未通过特别程序指定朝阳区民政局为赵某乙的遗产管理人，所以赵某甲直接提起本案诉讼存在程序瑕疵。赵某甲称，赵某乙自幼体弱多病，赵某乙在其父母相继死亡后一直与赵某甲共同生活，由赵某甲照顾赵某乙的生活起居、陪伴赵某乙就医；为赵某乙日后成家考虑，赵某甲出资购买了涉案房屋并持续偿还贷款。为证明上述主张，赵某甲提交的主要证据有：《居民情况证明信》、赵某乙就诊病历资料等。赵某甲主张，赵某乙生前与其共同生活多年，赵某乙生前曾向多位亲属表达由赵某甲继承涉案房屋的意愿。为证明上述主张，赵某甲申请证人出庭作证。证人还称，赵某甲为赵某乙日后成家出资购买了涉案房屋。另查，赵某乙生前未立遗嘱。赵某甲主张由其继承涉案房屋的全部份额，并同意自行偿还涉案房屋剩余贷款。

【裁判结果】

北京市朝阳区人民法院于2023年4月17日作出（2021）京0105民初39323号号民事判决：登记在被继承人赵某乙名下的位于香河开发区的一套房屋的全部份额由原告赵某甲继承。

判决后，双方均未上诉。

【裁判理由】

法院生效裁判认为：本案中，被继承人赵某乙没有法定继承人，生前居住在北京市朝阳区，根据相关法律规定，朝阳区民政局为赵某乙的遗产管理人。朝阳区民政局对其自然成为赵某乙的遗产管理人没有异议，但主张赵某甲在赵某乙死亡后未向居委会、朝阳区民政局报告，亦未通过特别程序指定遗产管理人，在此情形下，赵某甲直接将朝阳区民政局诉至法院存在程序瑕疵。对此，本院认为，赵某甲、朝阳区民政局对朝阳区民政局为赵某乙的遗产管理人并无争议。而且，指定遗产管理人旨在解决对遗产管理人的确定存在的争议，而非分割遗产、管理遗产的法定前置程序，利害关系人亦无报告被继承人死亡的法定义务，故法院对朝阳区民政局的上述抗辩意见不予采信。赵某甲为依法分割赵某乙的涉案遗产而起诉朝阳区民政局符合法律规定。对被继承人生前的扶养，通常见于日常琐事、生活起居等，包括经济上的支持、情感上的陪伴，一般情况下，被继承人的亲属、与被继承人关系密切的人会更了解相关事实。赵某乙生前就医留存的联系人是赵某甲，也可以看出赵某乙生前对赵某甲较为信任和依赖，证人证言与此亦可相互印证。故本院采信证人的证言，结合赵某乙的就医资料等，认定赵某甲是继承人以外的对赵某乙扶养较多的人。赵某甲可分得涉案房屋份额的认定，应结合以下因素综合考量：扶养周期及方式，根据证人证言及赵某乙的就医资料可知，赵某乙身患疾病，自其父母死亡后一直与赵某甲共同生活，其生活起居、就医诊疗等均由赵某甲照顾、陪护、支付相应费用，扶养关系一直持续至赵某乙因病死亡；被继承人生前留有遗愿，赵某乙的多位亲属均称赵某乙死亡前一晚，曾表示“要把位于香河的房屋转给赵某甲”。从查明情况看，赵某甲为赵某乙成家考虑，为赵某乙购买涉案房屋，首付款、贷款等系由赵某甲支付、偿还，赵某甲亦同意自行偿还涉案房屋剩余贷款。综上，赵某甲系赵某乙之姑姑，在无法定扶养义务的情形下，出于亲情和关怀对赵某乙进行了事实上的扶养，并在购买涉案房屋方面为赵某乙提供经济资助。这种扶养不是法律上必须履行的义务，而是道德层面的自愿扶助，对于赵某甲对赵某乙的扶养行为应当予以鼓励和肯定，结合分给扶养人的遗产数额应以其对被继承人所尽扶养义务相一致的原则，赵某甲分得涉案房屋的全部份额具有正当性和合理性。

【案例注解】

本案系《民法典》施行后出现的涉及民政局担任遗产管理人相关问题的案件。作为《民法典》新确立的一项制度，遗产管理人特别是民政部门担任该角色时应当如何适用，实践中已经出现了一些困惑，例如，指定遗产管理人是否为遗产分割的前置程序？民政部门在对外清偿中，承担的法定清算责任还是普通清偿责任？以下，笔者结合本案案情，对当前司法实践中民政部门之遗产管理人角色的定位、难题及出路进行分析。

一、我国遗产管理人制度概况

《民法典》当中涉及遗产管理人的内容，主要体现在第一千一百四十五条到第一千一百四十九条，分别规定了遗产管理人的选任、指定、职责、责任、报酬等内容。对于该项制度的设立目的，立法机关考虑到“自然人去世后，留下的遗产也往往很多，很多被继承人在留下巨额遗产的同时，也还有很多债务需要偿还，因此，建立遗产管理人制度显得越来越有必要”[①]。实践中有观点进一步认为，该项制度主要有四个方面的功能：第一，管理和保全财产，遗产管理人接管遗产后应进行清点、盘存、编制清册，确认遗产的范围和价值；第二，维护遗产权利人的利益，遗产管理人在接管遗产后，负责通知债务人和债权人，在规定的期限内偿还债务和申报权利，并防止部分继承人将遗产进行藏匿或转移；第三，实现遗产公平分配，对遗产债权人和遗赠人的债权进行优先清偿，然后就剩余的遗产在继承人之间分配；第四，保障交易安全，遗产管理人保存遗产、清偿遗产债务等行为，不仅保障了被继承人与其他民事主体间的交易安全，也维护了继承人的利益以及与继承人交易的第三人之利益和交易安全。[②]

① 黄薇主编：《中华人民共和国民法典释义及适用指南》，中国民主法制出版社 2020 年版，第 1737 页。

② 参见最高人民法院民法典贯彻实施工作领导小组主编：《中华人民共和国民法典婚姻家庭编理解与适用》，人民法院出版社 2020 年版，第 617 页。

关于遗产管理人的种类和确定顺序，《民法典》第一千一百四十五条规定："继承开始后，遗嘱执行人为遗产管理人；没有遗嘱执行人的，继承人应当及时推选遗产管理人；继承人未推选的，由继承人共同担任遗产管理人；没有继承人或者继承人均放弃继承的，由被继承人生前住所地的民政部门或者村民委员会担任遗产管理人。"

由此可知，民政部门或村委会在遗产管理人的确定顺序中，处于"兜底"地位，在继承人均放弃继承或无继承人的"真空"情形出现时，依照法律赋予的责任，主导无人继承遗产的处理过程。究其原因，在于民政部门承担着社会救济、社会福利事业、社区服务等工作，相对比较了解辖区内居民的家庭关系、财产状况等，有能力担任遗产管理人，且权威性较高。[①] 本案中，也正是由于赵某乙没有继承人，所以赵某甲才认定民政局是赵某乙的遗产管理人，进而起诉主张分割遗产。

二、民政部门处理被继承人债务的界限：法定清算抑或普通清偿

司法实践中，民政部门承担遗产管理人之后，面临的最多问题是清偿被继承人的债务，且时常需要面临多个债权人。民政部门在对外清偿中，承担的是类似公司法领域的清算责任还是普通清偿责任？对此问题，《民法典》并未明确。

（一）法定清算与普通清偿责任的区别

所谓法定清算，一般是指公司等企业解散时，对企业的财产和债权债务关系进行清理、处分和分配，以了结债权债务关系，从而消灭主体资格的行为。所谓普通清偿，就是债务人履行义务、偿还债务的行为。关于二者的区别，概括来说，清算需要履行严格的法定程序、法定规则，债务清偿坚持等比例原则；普通清偿不需要经历法定程序，债务人全额、全面满

① 参见最高人民法院民法典贯彻实施工作领导小组主编：《中华人民共和国民法典婚姻家庭编理解与适用》，人民法院出版社 2020 年版，第 620 页。

足债权人合法的请求即可。具体来说，结合我国现行法律规定，法定清算和普通清偿在以下四个方面存在明显差异。

其一，程序方面的法定要求不同。针对公司等企业的清算，《公司法》《企业破产法》等规定了详细的法定程序。比如，公司解散时，要遵循成立清算组、发出公告要求申报债权、制定清算方案并报股东会（股东大会）或者人民法院确认等规则；企业破产时，需要遵循公告要求申报债权、债权人会议核查等规则。普通清偿当中，并无如此严格的法定程序，债务人按时满足债权人的合理请求即可。

其二，财产所有人或管理人的自主性不同。进入法定清算程序后，无论企业财产的所有者还是管理者，一般都无权自主决定对债权人进行清偿，如《公司法》（2018 年修正）第一百八十五条第三款规定："在申报债权期间，清算组不得对债权人进行清偿。"《企业破产法》第十六条规定："人民法院受理破产申请后，债务人对个别债权人的债务清偿无效。"普通清偿中，在面对所有普通债权人时，债务人可自主决定清偿的先后顺序，并无法律为其设定限制规则。

其三，债权的偿还原则不同。法定清算中依规定对债权坚持的是等比例偿还规则，如《企业破产法》第一百一十三条第二款规定："破产财产不足以清偿同一顺序的清偿要求的，按照比例分配。"反观普通的清偿责任中，并没有偿还比例的要求，也没有顺序要求，这些主要取决于债务人的偿还意愿。

其四，对司法裁决执行程序的制约性不同。破产清算中，即便已有法院的生效裁定、判决，也难以继续发生强制执行的效力，需要统一接受破产清算规则的约束，清算程序可产生中止法院强制执行的法律效果。普通清偿中，如果债权人持有法院的胜诉文书，自然可以申请法院强制执行，执行过程中也不会因为存在其他债权人而停止执行或影响清偿数额。除非多个持有执行依据的债权人进入执行分配程序，但此时影响的也只是数额分配问题，并不会导致执行中止。

综上，可以发现，法定清算和普通清偿在多个方面存在很大差异，故此，民政部门在处理被继承人的债务时，将其责任界定为法定清算还是普通清偿，将会在后果层面出现显著不同。比如，债权人甲持有法院胜诉判决要求民政部门清偿遭受拒绝后，甲向法院申请强制执行，民政部门能否以自己设定的清偿顺序或清偿比例为由而对抗法院的执行，法院是否应该因民政局设定的程序而主动中止执行？若依照法定清算规则，债权申报期间民政部门自然不能清偿债务，法院也应当依法中止执行；若依照普通清偿规则，民政部门自然无权拒绝履行法院判决或强制执行要求。

目前的实践中，因为对此问题认识模糊，部分民政部门、司法机关已体现出按照法定清算规则处理被继承人财产的倾向，由此可见，该问题的判断至关重要。

（二）民政部门处理被继承人债务的责任属性

我们认为，从《民法典》的规定和实践情况来看，作为遗产管理人的民政部门在处理被继承人债务时，采取的并不是《公司法》《企业破产法》中的“法定清算”方式，承担的也并非法定清算责任。

第一，被继承人债务的处理与公司解散、破产清算不完全相同。公司解散、破产程序与公司的组织结构、财产构成、经营模式等具有紧密关系，这与自然人去世后的债务清偿存在很多差异。清算程序适用于公司、其他组织等非自然人领域，是多数经济组织的主体资格消灭的前提条件；自然人领域一般不适用清算，自然人去世即民事主体资格消灭，继承人只需要以遗产为限对债务进行普通清偿，不涉及清算。

第二，对于债权人各项权利的限制需要有法定依据。清算责任的依据来自《公司法》《企业破产法》，其中对于清算流程、权利行使、失权期间都有明确规则。遗产管理人的权利来源是《民法典》第一千一百四十七条，并没有赋予遗产管理人清算责任，也没有等比例清偿、清偿顺序等具体要求。

第三，民政部门对被继承人债务的处理方式应当与其他遗产管理人保持一致。在无人继承或继承人放弃继承时，《民法典》第一千一百四十五条规定了担任遗产管理人的主体是“民政部门或者村民委员会”，两者在产生条件上完全相同。此时，如果强行赋予民政部门履行公司领域的清算规则，那么村委会履职时是否也要设立清算的程序、规则？如前文所述，如此内容显然与村委会的自治定位不符合。还有，在自然人特别是继承人担任遗产管理人时，更多是自发的“谁主张，清偿谁”，或者是通过法院诉讼直接清偿，实践中也没有要求自然人履行公告、债权申报、明确清偿顺序等程序。因此，在《民法典》第一千一百四十七条规定的职责适用所有遗产管理人的前提下，所有遗产管理人对于被继承人债务的处理方式也应当保持一致性。

有鉴于此，在未有法律依据之前，我们倾向于将民政部门处理被继承人债务的方式与继承人的对外清偿保持一致性。如果经历诉讼程序，如某债权人持有与遗产相关胜诉判决或直接起诉民政局并获得胜诉判决，民政局自然应在遗产价值范围内清偿；如果数个债权人均获得执行依据，可依据《最高人民法院关于适用〈中华人民共和国民事诉讼法〉的解释》第五百零八条的规定，进入到执行分配程序，但无法完全适用类似公司解散或破产清算过程中的规则。如果未经历诉讼程序，民政局依照职权或者依照申请确定为管理人，参照上述司法解释确定债权分配方案，对分配方案不服的债权人，可提起民事诉讼，要求确定债权后再进入执行分配程序。

当然，客观而言，《民法典》当中对于遗产管理人的履职、被继承人的债务清偿，尚缺乏更细化的规则。理论界对于该问题探讨已久，多数观点倾向于从债权申报公告、清偿顺序、分配方案异议等方面进行完善。笔者也认为亟待后续的司法解释明确遗产管理人处理遗产、清偿债务的具体规则，这样更有利于保护债权人利益，也便于民政部门主动履职。

三、民政部门之遗产管理人的确定：具体方式和程序设置

（一）民政部门之遗产管理人的确定方式

民政部门虽然负有担任遗产管理人的职责，但是通过何种程序确定该

项身份，目前也缺乏操作细则。实践中，主要有“非诉讼方式”和“诉讼方式”两种情况。

所谓非诉讼方式，是指部分地方的民政部门主动承担或者依照利害关系人的申请承担了遗产管理人角色，具体表现如下。

其一，自然人去世后无继承人或继承人均放弃继承，当地居委会主动通知民政部门，建议其担任遗产管理人。如北京市民政局制定的《民政部门担任遗产管理人工作指引》明确规定：“被继承人生前所在单位、居委会或村委会等认为符合民政部门担任遗产管理人条件的，可以通知有管辖权的区民政局，并依照区民政局的要求提供包括死亡证明、有继承人情况下的放弃遗产继承声明书等文件。”

其二，自然人去世后无继承人或继承人均放弃继承，相关利害关系人如受遗赠人、债权人向民政部门提出申请，要求其担任遗产管理人。部分地方民政部门受理后，一般会发出“遗产管理人受理公告”，确定一定时间的异议期限，异议期限届满，无人提出异议，民政部门再发出“遗产管理人担任公告”，确定担任遗产管理人。①

所谓诉讼方式，是指自然人去世后无继承人或继承人均放弃继承时，利害关系人特别是债权人提起民事诉讼，将民政局诉至法院，要求将其指定为遗产管理人，随后以此为基础提起清偿债务的相关诉讼。②

综上可知，实践中，民政部门担任遗产管理人的确定方式，主要有民政部门主动履职、利害关系人向民政部门申请、利害关系人向法院申请指定三种方式，但是这三种方式之前是什么关系，是可同时并行还是存在前置程序，目前尚缺乏统一的规则，就此问题将在下文谈及。

---

① 参见《北京市东城区民政局关于于某遗产管理人担任公告》，载北京市东城区人民政府网站，http：//www.bjdch.gov.cn/n3952/n4060/c12924647/content.html。

② 参见河南省林州市人民法院（2022）豫0581民特4号民事判决书、北京市丰台区人民法院（2022）京0106民特66号民事判决书。

(二) 民政局之遗产管理人的确定程序

1. 遗产管理人确定的非诉讼程序与诉讼程序的关系

当下的实践中，利害关系人可以向法院申请指定遗产管理人，也可以直接向民政部门申请担任遗产管理人。那么，上述非诉讼程序与诉讼程序之间是何种关系？目前，尚缺乏明确规定，笔者认为该问题的回应，需要着重考察两个方面。

第一，遗产管理人的制度目的。如前文所述，《民法典》引入遗产管理人的目的是在保护被继承人遗产同时，更高效、妥当地处理被继承人的债权债务。故此，在诸多程序的选择关系中，更方便、更有利于利害关系人主张权利应当是基本原则。

第二，《民法典》相类似制度的处理方式。《民法典》当中关于监护人的制度，也涉及了法院指定程序与其他程序之间的关系，依照该法第三十一条，对监护人的确定有争议的，可以由被监护人住所地的居民委员会、村民委员会或者民政部门指定，也可以直接向法院申请指定。可见，对于监护人的确定存在“争议”，是向法院申请指定的前提。鉴于监护人的确定与遗产管理人的确定颇有相似性，故在程序选择层面，也可互相借鉴。[①]

综上，笔者认为，利害关系人申请法院指定民政部门担任遗产管理人的前提，是存在争议。换言之，如果民政部门对此没有争议，则无申请法院指定的必要。恰如本案中，朝阳区民政局对于其作为赵某乙的遗产管理人并无争议，争议的只是是否需要经历前置程序的指定。故此，在确定民政部门担任遗产管理人过程中，非诉讼程序与诉讼程序当是如下关系：利害关系人应首先申请民政部门担任遗产管理人，被拒绝后凭借拒绝的证明材料向法院起诉，申请法院指定。若未向民政部门申请，直接向法院起诉申请指定民政部门担任遗产管理人的，一般应以无法证明争议存在为由裁

① 2022年12月30日，《民事诉讼法（修正草案）》公开征求意见，该草案显示在“特别程序”中增加了“指定遗产管理人案件”一节，载明“对遗产管理人的确定有争议，利害关系人申请指定遗产管理人的，向被继承人死亡时住所地或者主要遗产所在地基层人民法院提出”。

定不予受理或驳回起诉。

2. 遗产管理人的确定程序是否为民政部门承担债务清偿责任的前置程序

遗产管理人的确定有时并非当事人的最终目的，其后续还将以遗产管理人为被告起诉债务清偿。由此，也产生了另一个问题，即遗产管理人的确定程序与遗产管理人履职之间是什么关系？换言之，如果债权人要求民政部门清偿债务时，是否需要以指定或确定遗产管理人程序为前提，先提起遗产管理纠纷，[①] 还是可以直接提起被继承人债务清偿之诉？司法实践中，存在一定分歧。

第一种观点认为，如果债权人提起被继承人债务清偿之诉，需要先经过指定民政部门为遗产管理人的程序，未经指定程序，直接以被继承人债务清偿纠纷为由起诉民政局承担责任的，判决驳回相关诉讼请求。第二种观点认为，如认定债权人须先行向法院申请指定遗产管理人，势必影响债权实现的效率，由原告先行申请法院指定遗产管理人并无必要[②]。

笔者认为，该问题的解决需要从当下实践和未来完善两个角度考虑。

从当下实践来看，需要区分民政部门的具体态度。如果民政部门对遗产管理人身份无异议，仅对债权数额等实体问题发表意见，则意味着当事人对于遗产管理人身份并无异议，其诉讼结构与继承人担任遗产管理人的情形也无本质区别，此时再要求债权人另行单独提起遗产管理人确定或指定程序，确无必要，直接审理债务清偿纠纷即可。如果民政部门对遗产管理人身份提出异议，则意味着遗产管理人的确定存在争议，依照《民法典》第一千一百四十六条的规定，自然应当另行启动申请法院指定管理人

---

① 关于遗产管理纠纷和被继承人债务清偿纠纷之诉，两者存在不少差异。最高人民法院发布的《民事案件案由规定》中，继承纠纷项下存在着遗产管理纠纷、被继承人债务清偿纠纷等四级案由。对于遗产管理人纠纷，最高人民法院释义资料显示：涉及遗产管理纠纷的案件主要包括，遗产管理人的选任纠纷、遗产管理人损害赔偿纠纷、遗产管理人履行义务纠纷、遗产管理人报酬纠纷、其他遗产管理过程中产生的纠纷；被继承人债务清偿纠纷，原告为该债务的债权人，如果遗产未分配，应当以遗产管理人为被告。参见杨万明主编：《最高人民法院新民事案件案由规定理解与适用》，人民法院出版社 2021 年版，第 135~138 页。

② 参见上饶市和康医院有限公司诉上饶市信州区民政局等遗产管理纠纷案，载江西法院网，http://jxgy.jxfy.gov.cn/article/detail/2022/01/id/6476558.shtml。

的诉讼，债务清偿纠纷之诉可中止审理。

从未来完善的角度，需要系统考察遗产管理人履职的具体规则。如前文所述，对于遗产管理人如何履职、如何清偿债务，理论界已从债权申报公告、清偿顺序、分配方案异议等方面进行了很多探讨，域外也存在诸多的立法例，[①] 都可为我国现有遗产管理人制度的完善提供借鉴。如果在未来的制度完善中，细化了遗产管理人的公示催告义务、债权申报程序等内容，则意味着遗产管理人履职将如同公司解散、破产清算一样，自有一套独特、完整的程序。在此前提下，民政部门的履职自然也会纳入该制度体系当中，需要依照详细的法定程序对外清偿债务，债权人的起诉要件也会发生很大的变化，例如，如果以后的司法解释明确遗产管理人必须在特定媒体发出债权人申报债权公告，则意味着本文所探讨的情形中，债权人应当在法定期限内向民政部门申报债权，而不是直接起诉民政部门要求清偿。

① 如《法国民法典》中规定了遗产管理人的公示催告义务，第八百一十条规定了未在法定期间申报债权的债权人应承担的后果。《德国民法典》中也有类似规定。

杨某甲诉杨某乙、刘某某等分家析产、继承纠纷案

——遗嘱设立居住权案件的裁判规则

◇编写人：北京市第一中级人民法院　张　琳　黄慧婧

【获奖评语】

党的十九大提出要“加快建立多主体供给、多渠道保障、租购并举的住房制度，让全体人民住有所居”，党的二十大予以重申。《民法典》增设了居住权这一新型用益物权，并明确了遗嘱设立居住权的途径。实践中，遗嘱设立居住权案件显现诸多法律适用难点，加之常涉及再婚丧偶老年人的居住利益保障等社会问题，在当前老龄化社会背景下，如何妥善审理以确保其法律正当性与效果妥当性，殊值关注。

《民法典》物权编正式确立的居住权制度，是平衡房屋所有权人和居住权人利益、保障弱势群体居住生存权益的重要制度。法律条文有限而社会事实无穷，居住权条款的司法适用面临着两个亟待明确的问题：其一，《民法典》施行前生效遗嘱中具有物权性质的居住利益承诺是否可适用《民法典》关于居住权之规定？其二，根据《民法典》第三百六十六条规定，居住权应为设置于“他人的住宅”之上的用益物权，那么对于案涉房屋的按份共有人是否能够设立居住权？

本案对上述两个问题进行了符合立法原意的创新性解答，针对第一个问题，因居住权在《民法典》颁布之前事实上已在我国社会长期存在，本案考虑到即便不认可《民法典》颁布实施前的居住权益具有物权性质，当事人亦可依据债权等主张对所有权人的权利进行限制，溯及适用《民法典》，并不会违反当事人合理预期或不会明显减损所有权人的利益，因此《民法典》施行前生效遗嘱中具有物权性质的居住利益承诺适用《民法典》居住权条款。针对第二个问题，《民法典》第三百六十六条规定，居住权人有权按照合同约定，对他人的住宅享有占有、使用的用益物权，以满足生活居住的需要。本案刘某某是案涉房屋的共有权人，但是本案结合文义解释的射程范围以及居住权制度的目的等因素，认为对“他人的住宅”应当作扩大解释，将他人按份共有的住宅囊括在内，符合立法精神和社会需求。本案的裁判结果对于《民法典》施行前的生效遗嘱中具有物权性质的居住利益承诺的性质认定，以及对房屋按份共有人设立居住权的合法性认定，符合法律规定和社会需求，实现了类案政治效果、法律效果、社会效果的统一，具有指导示范意义。

【关键词】

民事居住权　遗嘱空白溯及　生效时间

【裁判要旨】

《民法典》施行前生效遗嘱中具有物权性质的居住利益承诺可适用《民法典》居住权规定。应综合遗嘱中的居住利益词句、关联条款，并探求遗嘱的目的、动机，审查遗嘱设立的居住利益承诺是否为居住权。

遗嘱所设居住权自继承开始时生效，因遗嘱继承取得房屋所有权者负有配合及时完成居住权登记的义务。

【相关法条】

《最高人民法院关于适用〈中华人民共和国民法典〉时间效力的若干规定》（2020 年 12 月 29 日公布）

第三条　民法典施行前的法律事实引起的民事纠纷案件，当时的法律、司法解释没有规定而民法典有规定的，可以适用民法典的规定，但是明显减损当事人合法权益、增加当事人法定义务或者背离当事人合理预期的除外。

《民法典》（2020 年 5 月 28 日公布）

第二百三十条　因继承取得物权的，自继承开始时发生效力。

第三百六十六条　居住权人有权按照合同约定，对他人的住宅享有占有、使用的用益物权，以满足生活居住的需要。

第三百六十八条　居住权无偿设立，但是当事人另有约定的除外。设立居住权的，应当向登记机构申请居住权登记。居住权自登记时设立。

第三百七十一条　以遗嘱方式设立居住权的，参照适用本章的有关规定。

【案件索引】

一审：北京市海淀区人民法院（2020）京 0108 民初 46457 号（2021 年 10 月 22 日）

二审：北京市第一中级人民法院（2021）京 01 民终 10858 号（2022 年 11 月 18 日）

【基本案情】

原告（原审原告）杨某甲诉称：我和杨某乙系亲生姐妹关系，母亲于1997年去世，后父亲杨某丙与刘某某再婚。父亲杨某丙于2019年去世，生前就北京市××小区1101号房屋（以下简称1101房屋）留有遗嘱。请求法院判令：依法分割1101房屋的份额。

被告（被上诉人）杨某乙辩称：同意1101房屋按照遗嘱进行分割。

被告（上诉人）刘某某辩称：（1）1101房屋是杨某丙与刘某某婚内取得，属于夫妻共同财产，应该按照法定继承处理；（2）杨某丙在代书遗嘱中明确1101房屋使用权给刘某某，供其永久居住使用，刘某某应当享有1101房屋全部居住权益。

法院经审理查明：杨某丙与前妻育有杨某甲、杨某乙两名子女。其前妻去世后，杨某丙与刘某某登记再婚，婚后无子女。杨某丙于2019年去世。杨某丙留有落款时间为2018年11月6日的代书遗嘱及录像光盘，遗嘱内容为："……1101号房产产权归女儿杨某乙所有。但使用权可给现任妻子刘某某供其永久居住。但如遇以下情形［（1）出租；（2）再婚；（3）买卖等有违夫妻关系的情形］，其居住权收回，杨某乙有处置权……"遗嘱尾部落款处有杨某丙签名捺印，并有两位见证人及一名执笔人的签字。

【裁判结果】

北京市海淀区人民法院于2021年10月22日作出（2020）京0108民初46457号民事判决：1101房屋权益归刘某某、杨某乙共同享有，刘某某、杨某乙各占二分之一份额。

刘某某向北京市第一中级人民法院提出上诉。北京市第一中级人民法院于2022年11月18日作出（2021）京01民终10858号民事判决，改判：1101号房屋由刘某某享有完全居住权，杨某乙于房屋可办理不动产登记之日起三十日内配合刘某某办理居住权登记。

【裁判理由】

法院生效裁判认为：(1) 关于《民法典》施行前已生效遗嘱中的居住承诺能否适用《民法典》居住权的相关规定的问题。一是从涉案遗嘱内容分析，被继承人赋予刘某的房屋使用权体现出了用益物权的种种特性，包括长期性、排他性、符合一定目的等，已经明显具备了物权特性；二是考察《最高人民法院关于适用〈中华人民共和国民法典〉时间效力的若干规定》（以下简称《时间效力司法解释》）对新旧法衔接的规定，因居住权在《民法典》颁布之前事实上已在我国社会长期存在，《民法典》关于遗嘱设立居住权的相关规定与以往的经验做法是承继和契合的，即便不认可《民法典》颁布实施前的居住权益具有物权性质，当事人亦可依据债权等主张对所有权人的限制，故溯及适用《民法典》，并不会违反当事人合理预期或不会明显减损所有权人的利益；三是本案适用《民法典》居住权处理，能够切实保护居住权人利益。综上所述，本案遗嘱应适用《民法典》居住权的相关规定。依据《民法典》第三百六十六条的规定，居住权应为设置于“他人的住宅”之上的用益物权。虽然刘某某是1101房屋按份共有权人，其主张享有居住权的1101房屋不属于严格意义上的他人住宅，但结合文义射程及居住权制度目的等因素，应对“他人的住宅”作扩大解释，将他人按份共有的住宅亦囊括在内。因此，刘某某可依据遗嘱取得1101房屋的居住权。

(2) 关于刘某某主张就居住权办理变更登记的问题。遗嘱设立居住权和合同设立居住权具有明显不同特点。因此，刘某某享有的居住权不应基于《民法典》第三百六十八条以登记为生效要件，而应依据第二百三十条，自继承开始时即发生效力。但从保护交易安全以及维护居住权人利益稳定的角度，考虑到登记本身也符合物权法基本理念，本院对刘某某该项诉请予以支持。

【案例注解】

党的十九大提出要“加快建立多主体供给、多渠道保障、租购并举的住房制度，让全体人民住有所居”，党的二十大对此予以重申。《民法典》增设了居住权这一新型用益物权，并明确了遗嘱设立居住权的途径。实践中，遗嘱设立居住权案件显现诸多法律适用难点，加之常与再婚丧偶老年人的居住利益保障等社会问题交织，在当前社会老龄化加快的背景下，如何妥善审理此类案件以确保其法律正当性与效果妥当性，殊值关注。本案对于明确遗嘱设立居住权案件的裁判规则，实现类案政治效果、法律效果、社会效果的统一，具有指导示范意义。

一、问题聚焦：《民法典》施行后遗嘱设立居住权案件的裁判难点

（一）《民法典》施行前生效遗嘱中的居住利益承诺能否适用《民法典》居住权规范

《民法典》施行前，法律规范层面并无物权意义的居住权，更遑论遗嘱设立居住权的规范。然而，实践中遗嘱设立居住利益承诺的需求早已出现。此时能否适用《民法典》居住权规范予以保护，存在分歧。

本文对中国裁判文书网公布的《民法典》施行前遗嘱设立居住权效力认定的44件案件进行梳理，见图1。

少部分裁判绝对否认《民法典》居住权规范对于先前遗嘱的溯及力，否认对居住利益的保护，认为会减损房屋继承人的合法权益、增加其法定义务及背离其合理预期[①]；部分裁判认为虽认可应对相应居住利益予以保护，但采取回避性做法，即认定权利人享有终身居住的权利[②]，或在论理

① 参见河南省固始县人民法院（2021）豫1525民初120号民事判决书。
② 参见上海市杨浦区人民法院（2021）沪0110民初4342号民事判决书。

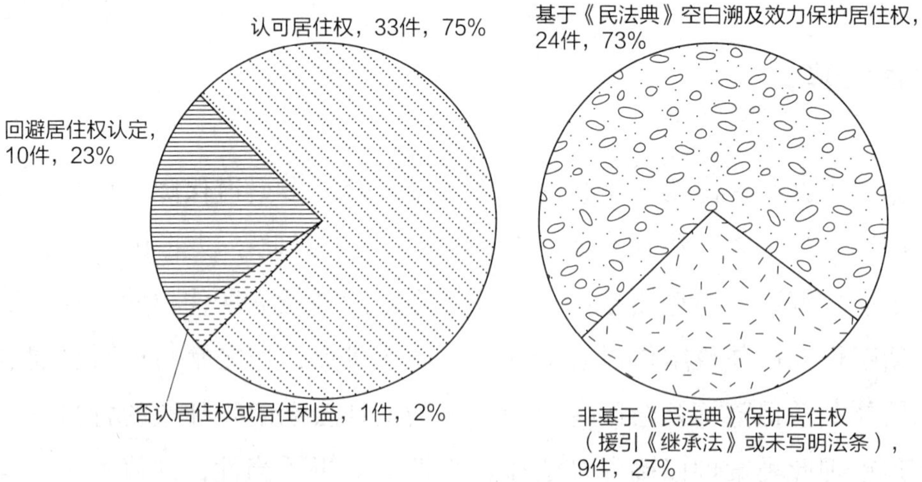

图 1　《民法典》施行前遗嘱设立居住权效力认定情况梳理

部分对居住权予以肯认，但在判项中不予写明①。

在对遗嘱所设居住权予以保护的案件中，部分直接适用《民法典》对居住权予以保护②；部分虽予以保护，但援引《继承法》相关规定或未写明具体法条③。

（二）遗嘱所设居住利益承诺是否为《民法典》中的居住权

实践中，遗嘱设立居住利益承诺的表述多样（见表 1）。

表 1　遗嘱所设居住利益承诺的表述

核心表述	具体用词
居住权	居住权、永久居住权、终生居住权
居住	留给某某居住、居住到老、居住到百年、居住到死亡、无偿居住
住	可允许他住、住到老
使用（权）	使用权归某某所有、永久使用

① 参见上海市浦东新区人民法院（2022）沪 0115 民初 17397 号民事判决书。
② 参见北京市东城区人民法院（2021）京 0101 民初 11506 号民事判决书。
③ 参见北京市门头沟区人民法院（2021）京 0109 民初 565 号民事判决书。

（续表）

核心表述	具体用词
其他	“我（吕某）的这二分之一份，再一分为二，一半给肖某2（女儿），还有一半给肖某1（大儿子），也就是说肖某2（女儿）占有房产权利四分之三，肖某1（大儿子）占有房产权利四分之一……（上述肖某1所拿的四分之一房产权是为了确保肖某2终身至老的房产权，保证使房产权永远在肖某2手中）。”法院认定被继承人有保障肖某2终身居住权的意思表示。①

此外，生活中有关居住利益的表述还可存在其他形式，如“生活”“安身”等。

（三）遗嘱设立居住权的生效时间

关于遗嘱设立居住权的生效时间，理论及实践中存在如下不同观点。

其一，自登记时生效。② 应参照适用《民法典》第三百六十八条合同设立居住权“自登记时设立”的物权变动规则，认定遗嘱所设居住权自登记时生效。

其二，自继承开始时生效。③ 基于对《民法典》第二百三十条、特别法律规定优于一般法律规定的原则及相关法律效果的考量，遗嘱设立居住权的设立时间不应参照《民法典》第三百六十八条，而应适用第二百三十条，自继承开始时生效。

其三，自继承开始时设立，但为保护善意第三人的利益，未经登记不得对抗善意第三人。④

此外，还有区分不同阶段的物权变动认定生效时间的观点。⑤

① 参见上海市徐汇区人民法院（2021）沪0104民初22855号民事判决书。

② 如（2022）新0106民初633号案件，理论观点参见杨立新、李怡雯：《民法典物权编对物权规则的修改与具体适用》，载《法律适用》2020年第11期。

③ 如（2021）沪0114民初16641号案件，理论观点参见马强：《民法典居住权规定所涉实务问题之研究》，载《法律适用》2022年第5期。

④ 参见吕翾、王权典：《〈民法典〉居住权登记的体系解释与制度衔接》，载《法治论坛》2021年第3期。

⑤ 参见申卫星、冉超、李惠：《居住权制度立法供给与司法需求的完美对接——“邱某与董某某居住权执行案”评释》，载《荆楚法学》2022年第3期。

二、原则架构：遗嘱设立居住权案件审查的考量因素

遗嘱设立居住权案件的司法审查需综合考量如下因素。

（一）《民法典》居住权的物权属性

居住权规定于《民法典》物权编项下，与土地承包经营权、建设用地使用权、宅基地使用权、地役权等一并组成《民法典》用益物权体系。在遗嘱设立居住权案件的司法审查中，需要明确居住权的物权属性。并非所有居住他人住宅的权利均为《民法典》所规定的居住权，因抚养、扶养、赡养、租赁、借用等关系形成的不具有物权排他效力的权利，应予以排除。[①] 居住权内含对房屋的直接支配权，相较于包括承租权在内的债权，更能为权利人提供物权法定主义基础上的最低限度的保障，更符合“住有所居”的价值目标取向。

（二）《民法典》居住权制度的功能定位

居住权制度最初出现在罗马法中，用于解决没有继承权又缺乏或丧失劳动能力的妻子或者奴隶的生存问题。域外居住权的功能维度和适用范围呈现出从人役性居住权向用益性居住权的拓展和丰富。《民法典》第三百六十六条将居住权设立目的定位为“满足生活居住的需要”，同时，第三百六十八条规定居住权以无偿设立为原则，第三百六十九条规定居住权不得转让、继承，且居住权住宅以不得出租为原则。可见，我国《民法典》以人役性居住权为主要规制对象。但同时，《民法典》也兼顾了用益性居住权的设立，即通过第三百六十八条、第三百六十九条中的但书条款，允许当事人约定有偿设立居住权或将住宅出租谋利，以有效发挥住房的经济功能和效用。

（三）“参照适用”规范的适用思路与技术

《民法典》第三百七十一条规定：“以遗嘱方式设立居住权的，参照适

① 参见黄薇主编：《中华人民共和国民法典释义》，法律出版社 2020 年版，第 543 页。

用本章的有关规定。”“参照适用”条款建立在其所连接的两个法律关系即待决案件的法律关系与被参引法律规范所调整的法律关系相似的基础上。立法者在使用“参照适用”条款时，系认为二者具有相似性但不完全相同。因而裁判者需要在被参引的规范中继续寻找法，作出选择性、修正性或限制性适用。围绕“参照适用”规范的适用技术存在诸多理论探讨①，总结分析后，本文认为可依照下述三个步骤展开。

第一步，进行形式相似性对比。主要聚焦待决案件事实与被参照适用的规范是否类似。个案中，首先需将待决案件事实涵摄入“参照适用”条款所调整的法律关系，并完成具体被参引规范的选择；而后，需从构成要件方面，将“参照适用”条款调整的法律关系与被参引规范调整的法律关系予以对比，以明确被参引的具体规范能否适用及其适用的具体方式。

第二步，进行立法目的的可适用性与价值评价的一致性判定。即审查被参引法律规范的立法目的是否可以适用于待决案件的调整，确保该规范中的价值评价可迁移于待决案件。

第三步，进行体系化检验。在满足前述要件的基础上，还需要将参照适用的结论放置于《民法典》及整个法体系中进行检验，确保参照适用的法律效果不与其他规定相冲突、适用结论不违反体系中更高层级的规范，且其适用后的价值判断结论不会背离体系中的基本价值目标。

三、路径明晰：遗嘱设立居住权案件的审查规则

（一）《民法典》对施行前遗嘱所设居住利益承诺的溯及适用

依据《时间效力司法解释》第三条，《民法典》规定能否“空白溯及”于施行前的案件，关键在于适用后是否会“明显减损当事人合法权益、增加当事人法定义务或者背离当事人合理预期”。

在遗嘱所设为物权性居住利益的情况下，基于如下考量，居住权规范

① 参见张弓长：《〈民法典〉中的“参照适用”》，载《清华法学》2020年第4期；王雷：《〈民法典〉人格权编中的参照适用法律技术》，载《当代法学》2022年第4期。

的溯及适用不会导致上述明显减损、增加或背离的后果。

第一，从《民法典》施行前的规范及实践来看，一方面，结合2001年《最高人民法院关于适用〈中华人民共和国婚姻法〉若干问题的解释（一）》第二十七条第三款以及司法实践可以看出，在《民法典》颁布之前，居住权事实上已在我国社会长期存在，《民法典》关于遗嘱设立居住权的相关规定某种程度上是对过去合理经验做法的确认和承继。

第二，从居住利益设定的来源来看，该居住承诺是遗嘱人自行安排所致，本质上不会额外明显减损房屋继承人的合法权益或额外增加其法定义务。[①]

第三，从继承人及遗赠人的义务来看，依据《最高人民法院关于适用〈中华人民共和国民法典〉继承编的解释（一）》第二十九条，对于附义务的遗嘱继承或者遗赠，继承人、受遗赠人应当履行相应义务。故即便作为债权，房屋继承人亦有义务配合让渡居住使用权益。

第四，从裁判的社会效果来看，适用《民法典》居住权规范既能确保以老年人为典型的权利人享有长期、稳定的居住生活利益，也兼顾了继承人的所有权，更有利于家庭和谐稳定。

综上，《民法典》施行前遗嘱中设立的物权性居住利益承诺，应获得《民法典》居住权规范保护。

（二）遗嘱所设居住利益承诺是否为《民法典》中的居住权

审查遗嘱中所设居住利益承诺是否为居住权，首先应依据《民法典》第一百四十二条第二款关于无相对人的意思表示的解释规则，进行遗嘱人真实意思的探求；而后，则需要依据第三百七十一条“参照适用”规范的指引，将遗嘱人的真意与第三百六十六条关于居住权定义、性质的规定及《民法典》居住权章节体现的居住权制度功能进行比对。

具体可从如下三个方面展开。

---

① 参见申卫星、冉超、李惠：《居住权制度立法供给与司法需求的完美对接——“邱某与董某某居住权执行案”评释》，载《荆楚法学》2022年第3期。

第一，审查遗嘱描述的居住利益词句，结合权利的内容、期限、性质、目的等因素，明确是否符合“对他人的住宅享有占有、使用的用益物权”属性，以及主要用于“满足生活居住需要”的功能目的。

第二，审查遗嘱中的其他关联条款，明确遗嘱中是否就剔除了居住权的房屋空虚所有权作出安排，以排除遗嘱所设为所有权而非居住权的情形。

第三，审查遗嘱的目的与动机，可基于一般为人父母者迟暮之时的思维及行为习惯，探求直接影响遗产分配的动机和目的，并应尊重立遗嘱人希望其财产分配得以落实的意愿，选择使遗嘱处分得以最好实现的解释路径。[①] 如有多份遗嘱时，还可结合遗嘱人的表意变化，对其目的与动机予以探析。

本案中，遗嘱人赋予刘某某的房屋使用权体现出了用益物权的种种特性，结合遗嘱中对于居住权及空虚所有权的分别安排，以及其设置居住利益系用于保障生活居住的目的，可以认定遗嘱人的真意系为刘某某设立居住权。

（三）遗嘱所设居住权自继承开始时生效，依遗嘱取得房屋所有权者负有配合及时完成居住权登记的义务

本文认为，遗嘱设立的居住权应自继承开始时生效。具体可从“参照适用”规范的适用思路与技术展开考量。

第一，从形式相似性而言，《民法典》第三百六十八条调整的是合同设立居住权情形，与遗嘱设立居住权存在性质上的差异。合同设立居住权是基于意思表示一致的双方法律行为产生，适用法律行为引发不动产物权变动的一般规则，即未经登记不生效。而遗嘱是单方法律行为，与合同的双方法律行为性质有别，且《民法典》第二百三十条反映出立法对于此种性质差异进行了考量。依据该条，因继承取得物权的，自继承开始时发生效力。该条中的“继承”，既包括法定继承，也包括遗嘱继承。[②] 其立法考

① 参见肖俊：《遗嘱设立居住权研究——基于继承法与物权法的交叉视角》，载《比较法研究》2023年第1期。
② 参见黄薇主编：《中华人民共和国民法典释义》，法律出版社2020年版，第440页。

量在于，如因继承取得物权仍适用物权变动的一般原则，要求自登记或交付时生效，则势必导致在被继承人死亡后、不动产登记或者动产交付前，遗产处于无主状态，而且因继承引起物权变动的情形，物权变动的状态已比较明确，因此，不必再以登记或者交付为生效要件。[①] 可见，在引发物权变动的时间方面，合同设立居住权与遗嘱设立居住权存在形式要件上的区别，且此种区别在法律评价上具有重要意义，故二者形式相似性存疑。

第二，从立法目的的可适用性与价值评价的一致性而言，要求合同所设居住权自登记时设立，意在平衡当事人的意思自治与物权公示公信原则所保障的市场交易安全便捷，且由于合同双方均在世，要求居住权自登记时方生效并不至于过分妨碍权利的取得；而遗嘱设立居住权系基于被继承人单方意思表示，更涉及遗嘱自由的保护，考虑到目前我国居住权登记制度尚不完备的现状，加之房屋继承人配合登记的意愿相较更低，如果坚持遗嘱设立居住权自登记时设立，最终遗嘱设立居住权的目的便易落空。

第三，从体系化检验而言，《民法典》第二百零九条规定，不动产物权未经登记，不发生效力，但是法律另有规定的除外。“法律另有规定”即包括第二百三十条因继承取得物权的情况。[②] 故相对于不动产物权登记生效的一般原则，因继承取得物权的生效时间属于特别规定。如适用第三百六十八条认定遗嘱设立居住权自登记时生效，将有违第二百三十条作为特别规定应优先于一般规定适用的体系化要求。[③]

综上所述，第三百六十八条关于居住权自登记时设立的规定不宜适用于遗嘱设立居住权的情况。遗嘱所设居住权应自继承开始时生效。

虽然如此，但出于维护市场交易安全、保护善意第三人利益、保障居住权人利益稳定的考量，加之及时登记本身也符合物权法基本理念，本案中法院对于刘某某要求进行居住权登记的请求予以支持。

---

① 参见孙宪忠、朱广新主编：《民法典评注：物权编 1》，中国法制出版社 2020 年版，第 193 页。

② 参见黄薇主编：《中华人民共和国民法典释义》，法律出版社 2020 年版，第 416 页。

③ 参见马强：《民法典居住权规定所涉实务问题之研究》，载《法律适用》2022 年第 5 期。

陈某甲、陈某乙诉国家能某集团龙某发电有限公司生命权纠纷案

——自甘风险情形下责任分配及其限度的司法考量

◇编写人：湖南省高级人民法院　唐　艳
湖南省永州市中级人民法院　李　茜
湖南省江永县人民法院　邱　群

【获奖评语】

本案系受害者擅入非对外开放的风力发电场观看雪景，被风电机叶片上悬挂的冰块坠落致死而引发的生命权纠纷案件。本案的示范意义体现在两个方面：其一，将冰块坠落解读为自然搁置物、悬挂物，进而不适用《民法典》关于物件脱落、坠落损害责任的规定，符合文义解释和立法本意。冰块坠落致害能否适用《民法典》第一千二百五十三条关于物件脱落、坠落损害责任的规定，理论上存在争议。物件脱落、坠落适用过错推定原则，较之于一般侵权，被侵权人的举证责任更轻。本案认为，受害者因风机上的冰块坠落击中头部当场死亡，而该风机上的冰是自然环境形成的，不属于风机上的零部件及其搁置物、悬挂物，因此本案不属于物件脱落、坠落损害责任纠纷。其二，受害者自甘风险且风力发电公司已采取合理安全提示和防护措施情况下，不支持原告诉请符

合法律规定。实践中法院常常基于优势地位理论，在侵权责任纠纷中判决具有优势地位但无明显过错或具有免责事由的一方承担轻微责任的情形，由此出现“免责情形减责化”倾向。这样的处置方案并不可取，甚至在实践中使部分受害方在不占理的情况下滋生出“大闹大解决、小闹小解决”的思想，引发了更多的缠访、闹访。法治的核心要义是“规则之制”，当事人具备不承担责任情形的，则应当免于承担责任，承担轻微责任亦是在破坏规则。本案判决严格贯彻法律规定，对于增强个人自我保护和自我负责意识、提高社会法治意识具有教育意义，真正发挥了法院对个人行为和社会价值的引领作用。

【关键词】

自然搁置物、悬挂物　坠落　自甘风险　安全保障义务　过错　高度危险活动区域

【裁判要旨】

不对外开放的风力发电场属于禁止公众进入的电力工程设施所在区域，不属于《民法典》第一千一百九十八条规定的“公共场所”。完全民事行为能力人擅入不对外开放的风力发电场观赏雪景系自甘风险行为，应自担行为风险。

风力发电场的管理人和所有人已采取足够安全措施并尽到充分警示义务的，完全民事行为能力人擅自进入造成自身损害，请求管理人和所有人承担赔偿责任的，人民法院不予支持。

【相关法条】

《民法典》（2020 年 5 月 28 日公布）

第一千一百六十五条第一款　行为人因过错侵害他人民事权益造成损害的，应当承担侵权责任。

第一千一百七十三条　被侵权人对同一损害的发生或者扩大有过错的，可以减轻侵权人的责任。

第一千一百七十六条　自愿参加具有一定风险的文体活动，因其他参加者的行为受到损害的，受害人不得请求其他参加者承担侵权责任；但是，其他参加者对损害的发生有故意或者重大过失的除外。

活动组织者的责任适用本法第一千一百九十八条至第一千二百零一条的规定。

第一千二百四十三条　未经许可进入高度危险活动区域或者高度危险物存放区域受到损害，管理人能够证明已经采取足够安全措施并尽到充分警示义务的，可以减轻或者不承担责任。

第一千二百五十三条　建筑物、构筑物或者其他设施及其搁置物、悬挂物发生脱落、坠落造成他人损害，所有人、管理人或者使用人不能证明自己没有过错的，应当承担侵权责任。所有人、管理人或者使用人赔偿后，有其他责任人的，有权向其他责任人追偿。

【案件索引】

一审：湖南省江永县人民法院（2022）湘 1125 民初 267 号（2022 年 7 月 14 日）

【基本案情】

原告陈某甲、陈某乙诉称：2022 年 2 月 4 日，原告一行人驾驶两辆车到松某乡某山顶看雪景，由于上山道路积雪湿滑，遂将车停在山脚下，徒步上山欣赏雪景，被告在某山上修建了许多风力发电机。当日 14 时 40 分左右，陈某在被告修建的 4 号风机旁欣赏雪景，突然从风力发电机上掉下一块巨大冰块砸在陈某头上，将陈某当场砸死。原告认为，风力发电机的冰块融化从高处坠落严重威胁到上山游玩群众的生命安全，被告风力发电公司未在危险区域附近设置警示标志，也未采取安全防护措施防止群众误入危险区域，存在重大过错，请求法院判令被告赔偿原告死亡赔偿金、丧葬费、精神损害抚慰金等各项损失共计 996757 元。

被告国家能某集团龙某发电有限公司（以下简称龙某风电公司）辩称：（1）本案并非建筑物脱落、坠落纠纷，而应当适用违反安全保障义务责任纠纷或一般生命权纠纷。受害人自助游（爬野山）属于风险较大的体育活动，应当适用《民法典》中的自甘风险规则，自愿参加具有一定风险的体育活动的参加人本人应当承担受害的首要责任，被告作为公共场所的管理者，应尽安全保障义务。（2）案涉事故发生时处于风电场停运封场期间，被告在多处设置了安全警示标志，在与乡政府沟通确认后还采取了关闭山下道闸、封锁入场道路、安排人员现场巡视等安全防护措施，已在合理限度范围内尽到了安全保障义务，原告主张被告未采取安全防护措施致使受害人误入危险区域与事实不符。案涉损害后果的发生，与被告不存在法律上的因果关系。请求人民法院驳回原告的诉请。

法院经审理查明：2022 年 2 月 4 日中午 13 时左右，原告一行人乘车前往江永县松某乡某山顶欣赏雪景。因山下路口处通往山上的道路被栏杆拦住，车辆无法上山，原告及其家人遂步行上山。中午 14 时许，原告的女儿陈某被 4 号风力发电机上掉落的冰块砸中头部当场死亡。2022 年 2 月 5 日，原告收到被告支付的因陈某死亡一事办理丧葬事宜等费用 6 万元。另查明，被告龙某风电公司在冰冻期安排了工作人员对风电场内道路进行巡视，时间段是每天的上午 9 时、下午 1 时、下午 5 时。在通往风电场路段安排专人值守，事发当天的工作人员是周某某。2022 年 2 月 2 日至 2 月 7 日，黄某电场因冰冻原因风电机组全停，期间无上网负荷。根据《风力发电场安全规程》第 5.2 作业现场基本要求，事发的 4 号风力发电机组的安全设施、警示标志设置符合规程要求。风力发电场路旁有“冰冻天气，地面湿滑，禁止通行”的警示牌，以及“山高路险、谨慎驾驶、安全第一”的警示牌，和“风力发电场检修便道禁止任何社会车辆进出，不听劝告如有不测后果自负”的警示牌，在风电塔座附近立有“请勿靠近、小心落物”的警示牌，在风电塔座外壁上印有“当心坠物、禁止靠近”等警示标志。

【裁判结果】

湖南省江永县人民法院于 2022 年 7 月 14 日作出（2022）湘 1125 民初 267 号民事判决：驳回原告陈某甲、陈某乙的诉讼请求。

宣判后，陈某甲、陈某乙不服向永州市中级人民法院提起上诉，二审审理期间，上诉人陈某甲、陈某乙向永州市中级人民法院提出撤回上诉申请，永州市中级人民法院于 2023 年 1 月 16 日作出（2022）湘 11 民终 3820 号民事裁定：准许上诉人陈某甲、陈某乙撤回上诉。

【裁判理由】

法院生效裁判认为：根据《民法典》第一千二百五十三条的规定，建筑物、构筑物或者其他设施及其搁置物、悬挂物发生脱落、坠落造成他人损害，所有人、管理人或者使用人不能证明自己没有过错的，应当承担侵权责任。具体到本案，原告女儿陈某因风机上的冰坠落击中头部当场死亡，而该风机上的冰是自然环境形成的，不属于风机上的零部件及其搁置物、悬挂物，原告、被告因陈某的死亡赔偿问题产生的纠纷，不属于物件脱落、坠落损害责任纠纷，应确定为生命权纠纷，按侵权责任的相关规定承担责任。

本案原告一家自行前往不是旅游景点的风力发电场山顶观赏雪景，是自甘风险的行为，在看到山下的栏杆、路边的警示牌、警示标识后，仍坚持前往并进入风力发电机组运转的范围内，是造成事故发生的直接原因。原告女儿陈某作为完全民事行为能力的成年人，在冰冻天气期间到山上游玩，在见到相关警示牌、警示标志后，应当预料到可能存在的危险，在未采取安全保护措施的情况下，擅自进入风力发电机组的运转范围内，导致被风力发电机叶片上的冰块掉落砸中死亡，应自行对损害后果承担责任。被告风电公司在冰冻天气期间在通往风电场的路口设置栏杆，安排工作人员值守，在道路旁、风电场及风力发电机组塔座的外壁上设有警示牌和警示标志，并安排专人对风电场的道路进行巡视，尽到了相应的警示提示和安全注意义务。

原告认为巡视人员没有尽到巡视责任、没有设置醒目的警示牌，经审理查明，被告安排的巡视人员每天都会对风电场进行巡查，但不代表着巡视人员需要时刻守在风电场入口或风电机组旁，被告设置的警示标识足够醒目，且原告及其亲属在接受公安机关的询问时也自述看到了明显的警示标识和警示内容。综上所述，被告已尽到了相应的提示警示和安全注意义务，安全设施、警示标志设置符合安全规程要求，原告女儿陈某因风机上的冰坠落击中头部有一定的偶然性，被告对原告女儿的死亡不存在过错，不应承担赔偿责任。原告要求被告赔偿原告经济损失的诉请，没有事实和法律依据，本院依法不予支持。

【案例注解】

风力发电产业为国家战略性新兴产业，在国家产业政策引导和市场需求驱动的双重作用下实现了快速发展。与此同时，司法实务中涉风电侵权纠纷的案件数不断上升，侵权纠纷类型也面临着多样化趋势。本案系受害者擅入非对外开放的风力发电场观看雪景被风电机叶片上悬挂的冰块坠落致死而引发的生命权纠纷案件。法院认为受害人擅入风力发电场观雪系自甘风险行为，风力发电公司采取了合理的安全提示和防护措施，不存在过错，对原告求偿诉请不予支持。本案的裁判思路极具启发意义，在弘扬社会主义核心价值观的同时，也为实践中存在争议的自甘风险情形下各方当事人责任分配问题提供了有益参考。

一、风电机叶片上的冰块坠落致损的性质厘定

本案系风力发电机叶片上悬挂的冰块坠落致人死亡而引发，致害物体冰块系自然环境下积雪存留在风电机叶片上所形成之物。冰块坠落致害能否适用我国《民法典》第一千二百五十三条关于物件脱落、坠落损害责任的规定，理论上存在争议。

（一）物件脱落、坠落损害责任的实践理解

《民法典》第一千二百五十三条在司法实践中，通常作如下理解：一是致害物为建筑物、构筑物或者其他设施及其搁置物、悬挂物；二是致害形态为前述建筑物和物件发生了脱落、坠落；三是归责原则为过错推定原则，在所有人、管理人或者使用人不能证明自己没有过错的情况下，推定其对构筑物、建筑物或者其他设施及其搁置物、悬挂物存在设置或管理瑕疵；四是责任主体具有多样性，责任主体包括所有人、管理人、使用人。因此，该条款的适用对象是针对“人工搁置物、悬挂物”，如搁置在阳台上的花盆、鸟笼，悬挂于房屋外墙的广告牌、空调机，工地脚手架上悬挂的建筑工具等。[①] 对于损害的发生适用过错推定原则，所有人或者管理人能够证明自己没有过错的，则可以免除责任。

① 参见梁慧星：《建筑物和物件损害责任的理解与适用》，载《法治研究》2023 年第 1 期。

(二) 自然搁置物、悬挂物致损的归责争议

“自然搁置物、悬挂物”是指由于自然形成而非人为的原因，在建筑物或者其他设施上形成的搁置物或者悬挂物，如极寒时悬挂在建筑物或者其他设施之上的冰凌等。本案中的冰块系自然原因形成并存在于风力发电机叶片之上的物体，属于“自然搁置物、悬挂物”。对于自然搁置物、悬挂物致损的归责原则，理论上主要存在两种观点。

一种观点认为，“自然搁置物、悬挂物”系因自然原因形成的搁置物、悬挂物，此类物件致人损害时，若一方有过错的，则由有过错的当事人承担责任；若都没有过错的，则由双方当事人分摊责任。[①] 该观点主要基于将自然搁置物、悬挂物致人损害视作对公共利益的侵害，故在发生损害的情形下，以过错为责任承担前提；而在双方无过错的情形下，基于公共利益遭受损失，则由双方共同分摊责任。

另一种观点则认为，《民法典》第一千二百五十三条规定的“搁置物、悬挂物”应为人工所为，归责适用过错推定原则。如属自然原因而形成的搁置物、悬挂物等坠落造成他人损害的，应当按照一般侵权责任处理，以行为人对损害具有过错为归责前提，适用过错归责原则划分责任。[②] 若自然搁置物、悬挂物致人损害也推定所有人、管理人或者使用人具有过错，在某种程度上是加重了所有人、管理人或者使用人的责任承担，与立法精神并不相符。

(三) 法院对风电机叶片冰块坠落致损的处理意见

本案中，法院认为风力发电机叶片上悬挂的冰块系自然搁置物、悬挂物，不适用《民法典》第一千二百五十三条中对搁置物、悬挂物的过错推定归责原则。理由包括以下方面。

---

① 参见王利民：《中国民法典学者建议稿及立法理由．侵权行为编》，法律出版社 2009 年版，第 242~243 页；杨立新：《侵权行为法专论》高等教育出版社 2005 年版，第 213 页。

② 参见高圣平：《〈中华人民共和国侵权责任法〉立法争点、立法例及经典案例》，北京大学出版社 2010 年版，第 779 页。

首先，搁置物、悬挂物致害的归责原则必须严格遵循立法本意。然而，第一种观点改变了《民法典》一千二百五十三条对过错推定原则的规定，通过对不同情形的区分并论证采取一般过错责任原则或者公平责任原则处理，这是一种直接逃避法律规则而创制新型归责方式的危险做法。相反，第二种意见以无法适用特殊归责条例的方式，将对自然搁置物、悬挂物的归责思路定为侵权法的一般性归责，既遵守了特殊条例优于一般条款的法律运用逻辑，又未突破法律规定，实现了归责思路的自恰圆融。

其次，场地的所有者、管理者对自然搁置物、悬挂物坠落致害难以实现有效控制，而法律亦未对其苛责管控义务。物件致人损害中，人工搁置物、悬挂物的脱落、坠落是由于所有人、管理人或者使用人对于搁置物、悬挂物的设置存在欠缺或者没有尽到维修、保养义务。如空调、花盆，因所有人、管理人或者使用人未合理安装空调、放置花盆或未及时维修、保养空调设施，致使空调脱落、花盆坠落。而自然搁置物、悬挂物的脱落、坠落，即本案中的冰块，纯粹是由于自然原因造成的，非风力发电站所有者、管理者所能控制。

最后，对搁置物、悬挂物外延探寻应遵守同类解释原则。根据全国人大常委会工委民法室关于“搁置物、悬挂物”的解释：“搁置物、悬挂物”具体是指建筑物外墙的瓷砖、房顶的瓦片、窗台上放置的花盆等，[①] 这种列举方式是一种同类列举，其未穷尽列举的内容应与列举内容性质相似、相近或相当，而积雪、冰凌、冰块等自然搁置物、悬挂物显然不属于同类列举的外延范围。

二、自甘风险情形下各方责任划分及本案裁判观点

本案中，受害人一方无法援引《民法典》第一千二百五十三条物件脱落、坠落致损条款，那么受害人是否还能继续求偿呢？其请求权基础又是什么？在回答这些疑问之前，我们首先要准确评价受害人的行为性质。

---

① 参见《现代汉语词典》，商务印书馆2005年版，第483页。

（一）死者陈某实施了自甘风险的行为

从法院判决不难看出，陈某的行为应定性为自甘风险。自甘风险起源于古罗马法“对自愿者不构成侵害”的法彦，其是指“被害人原可以预见损害之发生而又自愿冒损害发生之危险，而损害结果真不幸发生”[①] 的情形。虽然《民法典》第一千一百七十六条对自甘风险规则的适用范围限定风险性的文体活动，但实践上其他领域也存在大量的自甘风险情形，且为指导性案例所确认并形成类案参照的指导效果。如指导性案例 140 号“擅自上树摘杨梅坠亡案”及 141 号“消力池溺亡案”[②]，均系自甘风险情形下自我担责的典例，前者合理界定了公共场所经营管理者安全保障义务的合理限度及范围，后者则合理解释了“公共场所”的概念及范围。

结合司法实践中对自甘风险中冒险行为要件认定的惯常做法，我们从四方面分析陈某的自甘风险行为：（1）行为的风险性。本案中，原告一行人在冰雪天气擅自进入不对外开发的电站，风力发电机叶片上的积雪随时有可能掉落的风险。（2）主体适格性。陈某 1992 年出生，系完全民事行为能力人，依其智力水平可以预见危险的存在，并可作出理性的分析和有效的选择。（3）主观上的明知性和自愿性。陈某等人看到山下的栏杆、路边的警示牌、风机塔座警示标识后，仍坚持进入到风力发电机组运转的范围内，其主观上对于具体且现实的危险已有认知，对可能发生且可避免的损害已具预见或认知。（4）陈某的自甘冒险行为，并非出于尽法律或者道德上的义务。[③] 当然，还有学者提出，自甘冒险人的行为是为了获得如无偿、重赏或特殊期待等非常规利益。[④] 笔者认为这种动机的设定，虽有苛刻之嫌，但可以更好地帮助我们理解自甘风险中的利益分配问题。

---

① 曾世雄：《损害赔偿法原理》，中国政法大学出版社 2001 年版，第 261 页。

② 详见最高人民法院指导性案例 140 号：李某月等诉广州市花都区梯面镇红山村村民委员会违反安全保障义务责任纠纷案；指导性案例 141 号：支某 1 等诉北京市永定河管理处生命权、健康权、身体权纠纷案。

③ 以上结论系根据最高人民法院第 140 号、第 141 号指导性案例及法信索引的代表性案件所整理得出。

④ 参见曾世雄：《损害赔偿法原理》，中国政法大学出版社 2001 年版，第 90~91 页。

(二) 陈某自甘风险行为求偿的请求权基础分析

不论是《民法典》第一千一百七十六条自甘风险规则还是其他自甘风险情形，并不要求行为人对风险活动中的损失完全“自负盈亏”，即并不阻却行为人求偿权的正当行使。这个看似矛盾的法律选择，我们如果站在国家与公民的关系角度思考，就不难理解“民法的慈母般的眼光”：国家本身就负有对公民的保护义务，这种义务是不可放弃的，所以，即使行为人愿意风险自担，法律仍保留了允许行为人“双重获利”的可能性——既享有冒险的自由，又享有法律对其涉险法益的保护。因此，本案中，死者陈某虽然实施了带有巨大风险的行为，其依然具有获得国家保护及相对人赔偿的可能。

从请求权基础分析本案，陈某虽属于自甘风险的情形，但由于风力发电机属电力设施而非公共设施，风力发电场亦非政府审定划定的风景区，不具备对外开放性，不适用《民法典》第一千一百九十八条“经营场所、公共场所”安全保障义务的规定。因此，原告的请求权基础并非源于公共场所安全保障义务的规定。对于原告拥有何种请求权基础，本案审委会讨论时出现以下两种观点。

第一种观点认为，原告方可援引《民法典》第一千二百四十三条的规定，如果高度危险活动区域的管理人不能证明已采取足够安全措施并尽到充分警示义务的，则应承担侵权赔偿责任。理由是，虽然实践中对危险源的界定一般包括：高压电（输电系统）、易燃物、易爆物（爆炸物）、剧毒物、放射性物质（原子能）。[①] 考虑到法律滞后性，高度危险活动区域的界定，应该随着时代的变化而不断丰富，同时还应考虑到特定时空的影响，如本案中，冰雪天、禁止群众出入的风力发电站、叶片上存在冰雪掉落危险等一系列因素可以将风力发电站（至少风力发电机组所在区域）视为高度危险活动区域，管理者须尽最大义务和谨慎，须就严格履行了安全保障

① 参见黄薇：《中华人民共和国民法典释义》，法律出版社 2020 年版，第 2413 页。

义务承担证明责任。

第二种观点认为，根据民法通说，原告仅能援引《民法典》第一千一百七十三条的过失相抵原则为请求权基础进行求偿，即在自甘风险情形中，相对人对责任的承担源于对合理注意义务的违反。理由是，第一千二百四十三条系归责的特殊条款，而高度危险活动区域系法律明确规定，法院不宜自行扩大解释。现有法院案例对涉电案例界定为高度危险活动区域都是触及高压线或输电设备，[①] 高压线本身就是危险源，不当接触即会导电；而风力发电机组本身不导电，本案中的危险源自叶片上的冰雪坠落，与叶片本身无关，甚至冰雪本身也不危险，因此，这与传统意义上的高度危险活动区域有本质区别。

本案中，审委会采用了第二种观点。当然，这两种观点在最后的责任分担上并无本质区别，对风力发电站都是过错归责的方式，只是观点一赋予了风力发电站更高的安全保障义务，且需要管理者承担举证责任。而观点二中，风力发电站的安全保障义务，也不是固定不变的，而是随着特定时空情况而变化（如冰雪天具有更高的义务等级），那么本案中的核心问题就在于讨论风力发电公司是否已尽到了合理注意及安全保障义务。

（三）风力发电公司已尽到了合理注意及安全保障义务

本案适用过错责任原则，而过错则体现出对陈某及电力公司双方的责任分配。一是从道德观念上看，确认电力公司的管理者对过错担责，乃正义的要求；反之，如果已尽注意之能事，在道德上无可非议，不应负侵权责任。二是从社会价值上看，民法倡导“个人自由”与“社会安全”双重价值，而过错责任最能达成此项任务，即陈某已尽自我保护的注意，则自由不受束缚，才智可得发挥、志趣可得满足；发电公司尽其注意，一般损害可避免，社会安全亦足以维护。[②]

---

① 如四川省富顺县人民法院（2016）川 0322 民初 1397 号民事判决书、山东省东营市东营区人民法院（2019）鲁 0502 民初 5364 号民事判决书。

② 参见王泽鉴：《侵权行为》，北京大学出版社 2009 年版，第 12~13 页。

第一，我们审查发电公司是否具有过错。如果风力发电公司在管理、控制能力范围之内已采取足够安全措施并充分警示，尽到了管理和控制能力相适应的安全保障义务，则不具有过错，不需承担侵权责任。那么，如何确定风力发电公司安全保障义务范围及履行程度？笔者认为，安全保障义务并不是固定不变的，而是随着情况的不同而调试变化，但其限度则是不能超过注意义务人所能担负或容忍的（行为、经济等）范围，即法不强人所难。结合案情可知，风力发电公司除在冰雪天气已升级了安全保障防护措施，已尽到了合理注意及安全保障义务。

一是停止风机运行、封闭入场道路。事故发生于春节期间，时值低温冷冻天气，道路积雪湿滑，根据国家安全标准，发电公司已停止风机运行，并关闭山下道闸、封闭入场道路。

二是设置入场障碍及风险警示。风电场入口处设置栏杆，禁止社会车辆通行，进山道路设立封山通知，并特别针对冰雪天气及靠近风机行为设置了专门的警示牌。4 号风力风电机组属于停运状态，风机平台检修道路警示牌显示“请勿靠近、小心落物”，风机塔座上粘贴有“当心落物”“必须佩戴安全帽”等警示标志，警示牌和警示标志内容明确清晰。

三是场内安全管理得当。安排了冰冻天气期间安排工作人员每天 9 时、13 时、17 时对风电场内道路进行流动巡视，并在通往风电场路段安排专人值守。

第二，我们再讨论受害人陈某的主观过错。本案中，陈某在一系列的风险提示下，对于行为是否发生及可能承受的危险具有清晰的认识；陈某明明能随时中断风险行为，却执意探险、深入风机之下，其行为的危险程度不断升级，未尽到自我保护责任，属自甘风险行为，理应自我答责。

至于有观点提出，风力发电场必须设置全域围栏、巡视人员必须做到杜绝任何外部群众入内，笔者认为，这种过于严苛的要求，是给风力发电公司设置了不合理的运行成本，且风力发电电场领域较大，巡视人员不可能在任何时间出现在任何区域；相反，外部群众在查看到足够醒目的警示后就能预料相应的风险。因此，在风力发电公司在冰雪天气，已然升级了管控保护措施、尽到合理注意义务。如果过度分配安全保障义务，则是提升了风力发电站及整个社会的运行成本，给社会经济运行带来极不合理的负担。

三、安全保障义务及自甘风险人答责允诺的限度探讨

本案中，法院坚持过错归责原则，慎重地作出风险及责任划分，既有效避免电力供应等基本社会生活的停摆，又能以最小成本、最高效率实现安全与自由平衡的关键。[①] 案发后，风力发电公司采取了更为谨慎的防护措施，在风电塔周边做了拦网防护，以大大增加运行成本的努力防止悲剧重演。同时，风力发电公司也放弃了对之前垫付了6万元丧葬费的追讨，表达了对死者入土为安的诚意。本案判决承袭了第140号、第141号指导性案例的裁判理念，从判决理念到当事人的善后举措均彰显了社会主义核心价值观，真正发挥了法院对社会公正的引领作用。

本案还延伸出了几点自甘风险情形下安全保障义务及风险分配的思考。

一是不同场域的经营者、管理者负有不同的安全保障义务。第140号与第141号指导性案例均系自甘风险人自我担责结果，但两案中的安全保障义务范围及程度不同。第140号案例中的红某村为不设门票AAA级旅游景区，景区内的树木未加围蔽也未设置警示标志或采取其他防护措施，村民委员会作为公共场所的管理者具有较高的安全保障义务，但村民私自摘杨梅死亡违反了村规民约和公序良俗，红某村村民委员会事发后及时送医求救，已尽安全保障义务可不担责。而第141号案例中，消力池属于禁止公众进入的水利工程设施，不属于公共场所，故消力池的管理人所负安全保障义务相对较低，其在消力池周边安装了防护栏杆并设置警示标牌可被视为采取了合理的安全提示和防护措施。

二是同一场域的经营者、管理者在不同情形下负有不同的安全保障义务。如本案中，风力发电场属于禁止公众进入的电力工程设施所在区域，

---

① 参见陈璇：《整体法秩序视野下被害人自陷风险的理论重塑》，载《法学研究》2023年第3期。

但电力公司仍需要做好风险提醒及外部群众流入防范工作。而在冰雪等事故多发的恶劣天气，则还需升级安全保障措施，如将风机断电停止运行、关闭山下道闸、封闭入场道路、安排人员进行现场巡视、设置冰雪天气特殊提示等一系列安全防护措施。

三是进一步检讨自甘风险人自我答责的可能与限度。自甘风险情形中对责任的承担源于对合理注意义务的违反，自甘风险人对自身利益的放弃受制于注意义务所保护的对象，如果涉及的内容超出了个人利益的范畴，侵犯了他人或公共利益，则基础法律关系则落入了保护性法律关系的调整范畴，自甘风险人的受害人承诺无法免除相对人责任的承担。我们重点讨论以公共法益为保护对象的注意义务。如行为人明知相对人无证驾驶而要求蹭车，途中发生了交通事故，相对人不得以“好意同乘”为由拒绝承担侵权赔偿责任。这是因为禁止无证驾驶保护的对象是道路交通安全，违反注意义务所产生的风险，不仅指向了同乘者，还指向了其他不特定的公共交通参与人，后者的人身安全无法被自甘风险人的免责承诺所覆盖。同时，自甘风险人的免责承诺会跟随特定时间危险比例性及相对人注意义务履行的可能性而改变。[①] 被害人自信驾驶者的技术并期待其谨慎驾驶，并不是作出生命安全的托付，如果驾驶人违反注意义务而产生了交通事故，其结果有悖于自甘风险人的意愿，不属于自甘风险人的承诺免责的内容。

四、结语

“坚持已经作出的选择，且勿打破安宁。”自甘风险涉及公民选择自由与国家保护强制间的平衡，司法在个案中确定注意义务的内容和范围时，应合理权衡各方面的利弊得失，在自甘风险行为人、相对人以及社会之间进行合理的风险分配，真正实现公民权益与公共利益的周全保护。

---

① 参见蔡颖：《重构被害人自陷风险的法理基础》，载《法制与社会发展》2020 年第 3 期。

广东省广州市越秀区人民检察院诉郑某、任某等个人信息保护公益诉讼案

——大规模个人信息侵权中非物质性损害的要件认定及救济导向

◇编写人：广州互联网法院　段莉琼　谭静宜

【获奖评语】

本案是2022年度中国网络治理十大司法案件之一，也是全国首例涉人脸信息保护民事公益诉讼案件。人脸信息属于敏感个人信息中的生物识别信息，蕴含人格权益及财产利益，一旦泄露或者非法使用，会对个人的人格尊严以及人身财产权益造成严重侵害，对网络信息安全产生预防性风险，因此依法追究个人信息侵权的法律责任是保障数字经济健康有序发展的应有之义。本案的争议焦点包括：其一，大规模个人信息侵权中非物质性损害如何认定？其二，非物质性损害的救济途径是否有所不同？其三，在侵权人已经承担刑事责任的情况下，公益损害赔偿金的承担是否会引发“一事双罚”的问题？本案创新性提出，首先，当侵权人侵犯个人信息造成的非物质性损害具有显著性及客观性时，侵权人应当对非物质性损害进行相应的赔偿。其次，本案通过让侵权人“现身说法”等方式进行行为补偿，并在此基础上减免侵权人的

赔偿责任，实现了“恢复性司法+社会化综合治理”的统合，发挥出“审理一案、教育一片”的警示效应。最后，公益诉讼赔偿金属于民事性质的责任，与刑事罚金责任可以并存，法院参照违法所得、侵权行为波及领域、影响程度等因素酌定公益损害赔偿金额，符合法律规定。本案有效解决了大规模个人信息侵权中非物质损害认定等审判实践中的难点问题，具有较强的法律适用指导意义。

【关键词】

公益诉讼　大规模微型个人信息　保护　侵权非物质性损害行为补偿

【裁判要旨】

当侵权行为导致社会不特定公众对个人信息控制权的丧失，其带来的非物质性损害达到显著性及客观性标准，并可以证明产生个人信息泄露的外部风险与侵权行为存在因果关系的，应当参照侵权人收益对难以量化的非物质性损害进行相应的损害赔偿。同时，由于风险在特定条件下可以预防、消除，故侵权人通过行为补偿的方式采取补救措施，达到与侵害范围相当程度的，可以减免其赔偿责任。

【相关法条】

《民法典》（2020 年 5 月 28 日公布）

第一百一十一条　自然人的个人信息受法律保护。任何组织或者个人需要获取他人个人信息的，应当依法取得并确保信息安全，不得非法收集、使用、加工、传输他人个人信息，不得非法买卖、提供或者公开他人个人信息。

第一百七十九条　承担民事责任的方式主要有：

（一）停止侵害；

（二）排除妨碍；

（三）消除危险；

（四）返还财产；

（五）恢复原状；

（六）修理、重作、更换；

（七）继续履行；

（八）赔偿损失；

（九）支付违约金；

（十）消除影响、恢复名誉；

（十一）赔礼道歉。

法律规定惩罚性赔偿的，依照其规定。

本条规定的承担民事责任的方式，可以单独适用，也可以合并适用。

第一千一百八十二条　侵害他人人身权益造成财产损失的，按照被侵权人因此受到的损失或者侵权人因此获得的利益赔偿；被侵权人因此受到的损失以及侵权人因此获得的利益难以确定，被侵权人和侵权人就赔偿数额协商不一致，向人民法院提起诉讼的，由人民法院根据实际情况确定赔偿数额。

【案件索引】

一审：广州互联网法院（2022）粤0192民初1350号（2022年7月28日）

【基本案情】

公益诉讼起诉人广东省广州市越秀区人民检察院诉称：被告郑某、任某、戴某、陈某通过非法购得的公众身份证照信息伪造人脸识别视频，通过各类 App 身份验证的行为侵害了社会公共利益。请求法院判令：(1) 四被告立即停止侵害，注销或退出实施侵权行为的互联网账号及群组；(2) 四被告以个人违法所得为标准支付公益损害赔偿金，郑某对任某、戴某、陈某的公益损害赔偿金承担连带责任；(3) 四被告在省级以上媒体或具有同等影响力的互联网媒体上公开赔礼道歉；(4) 四被告以行为补偿的方式弥补和修复其对社会公共利益造成的损害，消除不法行为造成的不良影响。

四被告答辩意见均认为：(1) 本案实施犯罪行为时间短、涉及信息数量有限、受害人身份信息明确，在侵权行为停止后不可能使不特定的社会公众陷入被侵犯个人信息的潜在风险，不应当被认定为侵害社会公益。(2) 现有证据无法证明社会公共利益所遭受的实际损失，在被告已被没收违法所得并处刑事罚金的情况下，再行要求其承担公益损害赔偿金，将造成“一事双罚”的情况。即便认定应当承担公益损害赔偿金，应扣除成本后以实际获利为限。

法院经审理查明：从 2020 年 9 月开始，郑某在“蝙蝠”即时通信软件组建群组，在该群组及微信群、QQ 群中向不特定社会公众发布广告，宣称可代查个人名下手机号、通过微信号反查手机号等信息，也可以通过身份证号码查找个人高清身份证照片。任某、戴某、陈某通过上述群组先后向郑某购买身份证号码、身份证照片等公民个人信息，制作虚假人脸动态识别视频，用于解封微信账号、验证工商类政务 App 的实名认证，从中非法获利。四被告自认非法处理个人信息 2000 余条，违法所得 103000 余元。在实施侵权行为过程中，四被告利用“蝙蝠”软件阅后即焚功能删除大量信息和交易记录，目前受害人数量、身份、信息去向、用途均无法核实。另外，郑某、任某、戴某、陈某已经生效刑事判决书认定构成侵害公民个人信息罪。

【裁判结果】

广州互联网法院于2022年7月11日作出（2022）粤0192民初1350号民事判决：（1）四被告于本判决生效之日起十日内注销用于侵权的互联网账号、解散或退出用于传授犯罪方法的通讯群组；（2）被告郑某向本院支付公益损害赔偿金13000元，被告任某向本院支付公益损害赔偿金3万元，被告戴某向本院支付公益损害赔偿金3万元，被告陈某向本院支付公益损害赔偿金3万元，郑某对任某、戴某、陈某的公益损害赔偿金承担连带责任；上述赔偿金由本院上缴国库，专门用于个人信息保护或信息安全等公益事项；（3）四被告于本判决生效之日起十日内，在省级以上媒体或具有同等影响力的互联网媒体上公开发表经本院认可的赔礼道歉声明；（4）四被告于本判决生效之日起一年内，通过与个人信息保护相关的警示教育、公益宣传、志愿服务等方式进行行为补偿。若前述行为经公益诉讼起诉人与本院综合评估能够发挥公益恢复功能，本院将视行为的修复效果对公益损害赔偿金进行折抵。本案现已生效。

【裁判理由】

法院生效裁判认为：本案争议焦点为：（1）四被告的行为是否侵害了社会公共利益；（2）四被告应承担何种民事侵权责任。

一、四被告的行为是否侵害了社会公共利益

四被告所处理的人脸信息属于敏感个人信息中的生物识别信息，蕴含人格权益及财产利益，一旦泄露或者非法使用，势必会对个人的人格尊严以及人身财产权益造成严重侵害，对网络信息安全产生预防性风险，阻碍数字经济健康有序发展。

（一）四被告实施了侵害不特定公众个人信息权益的行为

首先，四被告利用网络在未取得信息主体授权同意的情况下，通过“查头”“过脸”的手段对不特定社会公众的人脸信息进行非法收集、买卖、使用，侵害了不特定公众的信息自决权。其次，四被告行为违反了实名制网络安全管理制度，为各类网络违法犯罪提供“隐身”保护，不特定的社会公众都有可能成为侵犯个人信息犯罪链条的传播者或者受害者。最后，四被告在实施侵权行为过程中，删除了大多数信息和交易记录，导致受侵害对象无法特定化和量化。

（二）四被告的行为已对个人信息安全领域的社会公共利益造成了损害

从侵权行为后果来看，本案中的受害人无法特定化，但已泄露的个人信息仍在网络黑灰产市场流通，不特定公众都存在着被冒用身份进行认证或交易的风险。若对此不予以救济，则必然导致对公众个人信息安全的损害。从人脸识别技术发展情况来看，当出现网络安全危机后，网络服务运营者势必要采取有效措施封堵漏洞，使用更复杂的身份认证方式对网络资源及重要信息的访问进行约束和控制，将大大增加市场交易成本，增加社会公共成本的投入。从社会公众的评价来看，正是由于存在高度敏感性生物识别信息的滥用现象，人脸识别技术的效益与风险问题在伦理层面与道德层面引发了更多的质疑，造成社会公众对新技术能否服务人民福祉的怀疑与恐慌。

（三）社会公共利益的损害与四被告的行为之间具有因果关系

在大数据时代的背景下，个人信息的侵权行为与损害后果之间的因果关系很大程度上呈现为一种高度相关关系，应着眼于侵权行为是否与损害后果具有事实上的关联性进行认定。四被告积极实施了侵害不特定公众个人信息权益的行为，对损害后果持放任态度，具有过错。四被告侵权行为与个人信息被非法获取、出售、利用的泛滥呈正向相关趋势，与个人信息安全领域的社会公共利益损害具有关联性。

二、四被告应承担何种民事侵权责任

公益诉讼重要目的是对公共利益损害的恢复和救济，尤以恢复公共利益为要旨，以此来维护社会公众对法治社会及司法制度的信心。秉持事先预防与事后救济并重的理念，结合公益诉讼起诉人的诉讼请求，分析如下。

（一）关于停止侵害的问题

四被告用于联系犯罪链条上下游交易者的即时通讯软件的账号仍未注销，用于传授犯罪方法的通讯群组仍未解散，公众利益仍处在受威胁的状态下。因此，对注销或退出实施侵权行为的互联网账号及群组的请求予以支持。

（二）关于公益损害赔偿金的问题

公益损害赔偿金所涉及的损失是个人信息领域公共利益的抽象性损失，应以整个公共利益的抽象损失为基础衡量。结合本案，因侵害个人信息所致损害具有不确定性与不可预期性，综合考虑到人脸信息的敏感性、侵权行为波及的领域、影响的程度等因素，酌情参照其违法所得计算公共利益损失。上述公益损害赔偿金专门用于个人信息保护或信息安全等公益事项。

（三）关于赔礼道歉的问题

为了有效安抚公众的恐慌情绪、修复被破坏的社会信任、维护社会的和谐稳定，四被告应当以公开方式向社会公众进行赔礼道歉，以示真诚悔改其过错，并主动接受公众监督，从道德上对自身行为进行补救，取得社会公众的谅解。此外，公开赔礼道歉亦可使社会公众了解个人信息保护的相关法律规定及相应的法律后果，对社会公众起到警示和教育作用。

(四) 关于以行为补偿方式修复损害的问题

四被告的行为，仍是属于网络黑灰产末梢的违法犯罪，仅打击处于底层的犯罪人员无法治本。因此，通过事前预防遏制网络黑灰产，以达到源头治理与化解就显得尤为重要。四被告在庭审中表示，愿意以自身行为弥补和修复公益损害。同时，本案中，社会公众对该类新型违法行为的认知相对匮乏，众多潜在的受害人也无法觉察自身权益受到侵害，如果四被告能以实际行动弥补和修复损害，将对教育震慑不法行为、促进公益诉讼结果正当化、重建失序社会规范，具有更大的社会价值与意义。因此，四被告应结合自身情况，在规定的时间期限内，通过警示教育、公益宣传、志愿服务等方式进行行为补偿，以此来修复公益损害。若前述行为经公益诉讼起诉人与法院综合评估能够发挥公益恢复功能，法院将视行为的修复效果对公益损害赔偿金进行折抵。

【案例注解】

利用互联网实施的个人信息侵权在实践中呈现出规模化、链条化趋势，数据的无限复制性致使侵权成本低，高技术手段又使得侵权手段隐蔽、处理传播迅速、源头难以查找。对个体受害人而言，短时间内很难出现明显实质性损害。传统侵权责任中以损害赔偿为目标的救济方式，在该类案件中面临损害范围难以确定、因果关系无法辨明、救济方式较为单一等困境。因此，有必要从具体个案中出发，对大规模个人侵权中的非物质性损害认定的法益基础、构成要件及救济导向等问题进行析明。

一、认定非物质性损害的法益基础

(一)非物质性损害已成为个人信息控制权“损害”扩张的主要方向

从我国现有个人信息保护体系上看，无论是《民法典》还是《个人信息保护法》均强调信息主体对于个人数据的控制，全方位承认信息主体具有全生命周期的权利来保障其利益。个人信息的保护不仅在于信息主体能够对自己掌握的个人信息进行直接支配，而且其重点在于控制好被他人正当和非正当地共享着的信息，不得在未经信息主体同意的情况下进行收集、存储、使用、加工、传输等信息处理活动。

在大规模个人信息侵权诉讼中，公众个人信息的来源一般可能是公众在某种特定情景下自愿公开的，但是侵权人从不同渠道获取这些信息后，在违背公众合理期待的情况下进行二次甚至无数次的利用处理，而信息收集、处理与披露产生的损害可能不会立即显现并且一一对应。在此类案件中所造成的损害大部分缺乏有形的具体损害，而表现为个人信息脱离主体控制后产生的个人信息泄露的风险、引发的社会焦虑、增加社会防御成本等非物质性损害，这种抽象的、延时的损害已成为个人信息控制权“损害”扩张的主要方向。

(二)认定非物质性损害符合个人信息风险预防与规制的需求

保护个人信息既包括了附着于数据上的人格性权益、财产性权益，也应当包括风险预防性权益。个人信息泄露意味着个人的自决权受外力损害，其参与规划和决策方面的地位将有所下降。大多数国家已在很多场景下认可非物质性损害构成法律上认可的损害，包括个人尊严、自主权丧失、焦虑痛苦、精神疾病损害等个人信息远离信息主体控制造成的损害。当这些信息被某些犯罪分子掌握，即使信息是碎片化的，也可能带来意想不到的风险。与此同时，由于风险预防往往存在损害不易察觉、后果无法知悉、举证困难、侵权主体难确定等各种困境，个体受害人处于弱势地位，极易因上述困境而怠于诉诸诉讼，若对此不予以救济，长此以往，必然对社会秩序和公共安全产生更大危害。

（三）认定非物质性损害是完善侵权法威慑与治理功能的路径

在传统侵权法中，损害赔偿具有核心地位。将损害赔偿置于传统侵权的核心，并让过错方承担责任，符合传统社会的侵权形态与特征。但是在个人信息侵权中，风险具有潜伏性、扩散性和不可逆性。笔者以“个人信息保护”“公益诉讼”为关键词在中国裁判文书网共搜索到个人信息保护公益诉讼 190 起，其中 164 件所呈现的损害情形均为非物质性损害，主要表现为：一是侵害带来的骚扰，例如贷款催收、广告推销、电信诈骗等；二是对新技术应用产生的风险焦虑，例如 App 运营公司采取额外的措施修复漏洞等；三是纯粹的焦虑，例如信息主体对个性化推荐的担忧等。由此可见，在大规模微型侵权的情形下，如果固守传统侵权损害观念，反而会减损侵权法功能。个人信息侵权制度的中心应当从损害赔偿转向合理威慑，通过将侵权成本内部化，迫使行为人以符合社会合理期望的、考虑他人利益的方式行事，从而实现对相关风险的预防治理。

二、判定构成非物质性损害的要件分析

传统损害认定需要具备两个核心要件：一是损害必须是真实的；二是通过受害人权益差额判断损害有无。而现代侵权法则强调救济与安全，可通过宣告侵权行为不法、权益受到侵害即构成损害进行认定。结合两种认定思路，在大规模个人信息侵权中，非物质性损害的认定应当具备客观、显著性、关联性等构成要件，从而进行综合性救济。

（一）非物质性损害是未来必然发生或者高度可能产生

损害的客观性认定要求该损害并非主观臆测，而是需要具备相应的证据证明风险导致的损害未来必然会发生或者具有高度可能性在将来产生。

损害未来必然发生的情形即个人信息侵权导致的下游损害已经产生，例如，已经有受害人遭受了财产损害、人格权损害等。此种情形下，下游损害往往吸收个人信息侵权本身造成的权益损害，且可以特定到个体受害者，损害客观性较为容易确认。

当在下游损害未及时出现的情况下，高度发生可能性则需达到客观合理可能性的标准。个人信息权益遭到侵害后，损害风险是否具体完全取决于未来的数据流通过程。因此，可以结合个人信息的特点和证据认定规则，区分必然发生损害的案件和存在损害风险的案件。

第一，对于可直接识别的个人信息或者是敏感个人信息，具有高度识别度和敏感度，如本案中的人脸信息，是生物识别信息中社交属性最强、最易采集的个人信息，具有唯一性和不可更改性，泄露的个人信息将被多少下游处理者获取难以估计，损害可能无限多次地发生，因此对于此类个人信息损害的认定可借鉴采取"权益受到侵害即构成损害"的认定规则。

第二，对于间接可识别的个人信息，需要判断信息组合对于主体识别覆盖范围的大小，当信息碎片组合能够多方面地体现出信息主体的社会交往、财产、生物特征等状况时，那么风险也将增大。此外，还应考虑遭受或将会遭受损害的人的合理期待，从信息主体主观上对信息的使用目的的预期及这种预期是否符合社会公众的一般认知这两个角度进行衡量。

(二) 非物质性损害在一定范围内达到了显著性程度

尽管承认个人信息非物质性损害是一个必然趋势，损害具有显著性依然是条件之一，这是避免个人信息滥诉、保障必要的个人信息利用效率所必然要求的。需要结合具体个案场景，将信息种类、信息处理的方式和目的、信息滥用的迹象等各种因素结合起来，作为判断考量。

第一，信息的种类。根据个人信息的特征，敏感个人信息的非物质性损害可以直接认定具有显著性，非敏感个人信息的损害在个人信息处理者存在过错的时候也可以直接认定具有显著性。此外，个人信息泄露的范围及是否及时通知个人信息主体、个人信息权利自力救济的有效性，也可以作为损害显著性的间接要素予以考虑。

第二，信息处理的方式和目的。个人信息以何种方式被非法处理，对于损害的判断非常重要。最终真实的信息滥用是否会发生，与侵权人获取个人信息目的息息相关。该目的可以通过侵权人的信息处理方式、处理信息条数、信息处理用途等间接方式予以推知。

第三，信息滥用的迹象。个人信息泄露发生后，随着时间的推移，个人信息滥用的端倪会逐渐显现，其对于损害的认定具有佐证意义。在证据认定方面，应当采取优势证据规则认定损害会发生。如果有证据证明个人信息被冒用、篡改，就可以认定损害会发生，采取合理救济措施的成本可以认定为损害。如果个人信息没有出现被滥用的事实，但是个人信息权益侵害所体现的风险和焦虑是普遍出现的，当这种普遍性可以特定化到个人时，风险就等同于损害的发生。如果该风险是可以消除的，那么消除这些风险的成本就应当视为损害。如果该风险是不可以消除的，由此给自然人增加的生活成本和障碍就构成了损害。

（三）非物质性损害与侵权行为存在高度关联性

在个人信息侵权中，非物质性损害与侵权之间的因果关系更为复杂，应当从因果关系分析转向何种责任分配有利于有效威慑和预防风险。可适当引入概率理论、市场份额理论，以可预见性的标准来论证损害与侵权行为之间的高度关联性。具体到本案中，公众的人脸信息可能在日常社交分享、办理行政事务等多种公开场合出现，其对自己的人脸信息应该具有分享动机。但信息分享的动机是基于特定的信任场景，如果后续信息的流动和分享偏离了信息主体因场景设置而形成的心理预期，那么该信息就不再具有分享依据。同时，被告的侵权行为与个人信息被非法获取、出售、利用的泛滥呈正向相关趋势，与个人信息安全领域社会公共利益损害具有高度关联性，应属于实质性风险损害。

三、非物质性损害的救济导向和责任承担方式

非物质性损害概念的扩张和革新，将是侵权法应对大数据时代挑战的一次升级。而实现对非物质性损害的法律救济需要从个人信息保护的风险性特征、群体保护及个人信息秩序建构等目标出发，将传统损害赔偿之诉转变为威慑预防的治理之诉。

（一）救济导向：从损害赔偿迈向威慑治理

在个人信息保护制度中，对个体权利损害的补偿是其目标之一，但并非唯一目标或主要目标。首先，因为网络空间的特殊性和隐蔽性，非法收集、泄露、买卖等滥用个人信息行为的记录均由侵权人控制且数据容易被篡改、销毁，公众难以获悉其个人信息被侵害的情况。其次，个人信息侵权具有大规模微型侵权的特点，导致受害人极易因“理性的不关心”怠于行使诉讼权利。最后，个人信息违规所导致的相关损害链条往往非常长，因信息泄露所导致的诈骗，往往不知道源头是在哪里、期间经过了多少主体的转卖，而且在很多情况下不能查明也不可能查明所有参与侵权的具体人员。这些因素都使得单纯的损害赔偿面临损害不确定性的难题，仅靠事后救济，无法有效防止和治理非物质性损害的扩张。因此，侵权法应当面向“未来”，对损害的预防置于中心地位，不再是被动地去填补损害，通过主动和提前介入“风险社会”的“风险源”之中，按照合理威慑和预防损害的原则对救济方式进行重构。

（二）责任承担方式：社会化综合治理

当个人信息遭受明确损害，或者存在实质性风险，此时个人信息的救济方式也应当按照合理威慑的原则进行建构。

第一，停止侵害。在风险社会，仅仅要求侵权人停止当下侵权行为并不能有效阻止风险的蔓延，侵权人依然有可能也有条件与原始侵权链条进行链接重操旧业。在个人信息侵权案件中，数据的流通与获取主要通过广

泛应用的手机、电子邮件等通信手段，微信、QQ 等社交软件完成，利益的兑现主要通过支付宝、微信等第三方支付的方式实现，因此通过要求侵权人注销上述用于数据流通、获取以及利益兑现的数字工具，对于实现风险控制将起到立竿见影的作用。

第二，赔礼道歉。赔礼道歉是一种对于保护人格权益具有重要功能的民事责任。大规模信息侵权造成的非物质性损害包括了公众对于信息安全的焦虑等情绪，判令侵权人承担赔礼道歉的民事责任有两个方面的作用：一方面，可以让其认识自身行为的违法性；另一方面，可以抚慰受害人因侵权人的侵权行为而遭受的痛苦，确立社会行为规范，弘扬社会是非善恶标准，从而发挥法律的一般威慑功能。

第三，赔偿损失。非物质性损害赔偿的金额需要围绕产生实质风险的诸多因素，如信息条数、违法所得、行为手段、侵害领域等进行综合判定。(1) 损害赔偿的标准。因个人信息承载了人格利益和财产利益，一切损失都可以因为个人信息侵权而产生，为了避免风险链条的无限扩展而导致损害赔偿缺乏确定性，可以按照公允、可预期的标准确定损害赔偿的范围。(2) 预防风险的费用。一旦个人信息权益被侵害，势必会采取措施，防止其个人信息被进一步滥用，采取措施降低风险而支出的合理成本就应当被视为风险损害。(3) 确定金额的参考因素。可以将下列四项因素作为考虑标准：一是个人信息的种类及敏感度；二是个人信息处理违法行为的种类及其严重性；三是损害后果的可补救性及其风险等级；四是个人信息处理者的主观过错及其对损害的可预见性。

第四，恢复原状。非物质性损害的辐射性决定了单纯金钱赔偿不能完全覆盖受损范围。个人信息侵权案件的风险和焦虑在特定条件下是可以预防、可以消除的，其条件是个人信息主体及时收到通知，并能够相互配合作出补救措施。因此，恢复原状的救济方式不仅有利于对个体进行救济，防止个人信息泄露或不当处理所造成的损害与风险进一步扩大，而且有利于保护更广泛的群体，实现个人信息处理关系的有效治理。然而，丝毫不差地恢复应有状态显然不可能，界定恢复原状的关键就在于合理地确定其适用限度和实施效果。例如，在能够查明受害人数量的案件中，通过发送短信、媒体公告等方式通知被侵害人其权益受损情况；在无法查清受害人的案件中，通过个人信息普法宣传、提供犯罪线索等替代性方式使更多公众提高风险防范，阻断违法行为延续等。

此前，在涉个人信息保护的公益诉讼案件中，更多注重对违法侵权人直接追究相关法律责任，而较少要求其弥补和修复所造成的损害，不利于弥补和修复侵权人非法交易个人信息对社会公共利益所造成的损害，某种程度上抑制了法律教育功能的发挥。事实上，域外的很多法律都把停止侵害、排除妨碍、消除危险作为免予个人信息之诉的条件。由于损害赔偿金的用途之一亦是用于修复网络空间受损状态，恢复原状和损害赔偿金均具有填平修复属性，可以相互替换抵扣。故当侵权人积极主动作出与侵害行为影响相当的补偿行为，弥补其行为过失，使网络环境恢复到其应然状态，可相应减免损害赔偿责任，以强调侵权人对某些可预见下游风险合理注意义务的承担。非法交易个人信息行为，对个人来说，会严重影响个人信息安全和财产安全；从宏观层面上看，该类侵权侵犯对象的广泛性、普遍性也已构成社会问题，是典型的损害社会公共利益不法行为。

因此，司法在依法打击该类违法犯罪行为时，理当从保护社会公共利益的高度出发，判处侵权人弥补和修复其对社会公共利益所造成的损害。通过侵权人“现身说法”，释放出“审理一案、教育一片”的警示效应，从源头上减少此类违法犯罪行为，有效破解惩治非法交易个人信息行为与修复损害难以平衡的困境。

中国某财产保险股份有限公司青岛市分公司诉青岛某公司保险人代位求偿权纠纷案

——被保险人的关联公司能否构成《保险法》第六十二条规定的被保险人“组成人员”

◇编写人：山东省高级人民法院　尹哲璇

【获奖评语】

保险具有分散风险和消化损失的经济补偿和社会保障功能。保险业的持续健康发展有利于维护正常稳定的经济社会秩序，是现代市场经济活动的“稳压器”。本案所涉保险人代位求偿制度派生于保险法基本原则——损失补偿原则，有利于弥补保险人的财力，实现保险业的持续发展，也有利于引导市场主体依法行事，遏制侵权行为以及各种安全事故的发生，还可以防止被保险人从保险人和第三者处重复受偿而获得不当得利。

对于《保险法》第六十二条“保险人不得对被保险人的家庭成员或者其组成人员行使代位请求赔偿的权利”的理解，历来存在争议。就“被保险人的组成人员”，有人认为主要包括被保险人的雇佣人员、合伙人、代理人、信托人等，有人则认为主要指与被保险人之间适用免赔规则的执行董事或其他法定代表人等。考虑到该规定立法目的在于避免被保险人因保险人行使代位求偿权而无法实际获得补偿，从而导致保险制度损失填补基本功能的落空，所以相关主体与被保险人之间经济利益上的“同一性”，应当是确定“被保险人的组成人员”具体范围的基本依据。本案判决立足于对被保险人与其关联公司之间的法律地位的分析，指出其相互之间具有独立法律人格即具有独立财产和独立利益，关联公司之间对于不属其所有的财产也并非当然具有保险利益，从法律上将被保险人的法定利益与其关联公司的法定利益予以切割，据此认定本案被保险人的关联公司不构成《保险法》第六十二条规定的“被保险人的组成人员”，保险人可依法对该关联公司行使代位求偿权，这一认定，符合保险法相关条款的立法目的，对实务中同类或相似纠纷的解决具有重要的指导意义，也为《保险法》第六十二条在司法裁判中的妥当解释和适用，树立了正确的范本。

【关键词】

被保险人　组成人员　关联公司　经济利益同一性　依附性

【裁判要旨】

被保险人的关联公司不是《保险法》第六十二条规定的被保险人“组成人员”。关联公司之间均系具有独立财产及决策机构的公司法人。各法律主体之间没有直接法律关系，在经济利益上与被保险人不具有同一性，法律人格上亦不具有依附性，故保险人有权向被保险人的关联公司行使代位求偿权。

【相关法条】

《保险法》（2015 年 4 月 24 日公布）

第六十条　因第三者对保险标的的损害而造成保险事故的，保险人自向被保险人赔偿保险金之日起，在赔偿金额范围内代位行使被保险人对第三者请求赔偿的权利。

前款规定的保险事故发生后，被保险人已经从第三者取得损害赔偿的，保险人赔偿保险金时，可以相应扣减被保险人从第三者已取得的赔偿金额。

保险人依照本条第一款规定行使代位请求赔偿的权利，不影响被保险人就未取得赔偿的部分向第三者请求赔偿的权利。

第六十二条　除被保险人的家庭成员或者其组成人员故意造成本法第六十条第一款规定的保险事故外，保险人不得对被保险人的家庭成员或者其组成人员行使代位请求赔偿的权利。

【案件索引】

一审：山东省青岛市中级人民法院（2021）鲁 02 民初 717 号（2021 年 10 月 18 日）

二审：山东省高级人民法院（2022）鲁民终 321 号（2022 年 4 月 25 日）

【基本案情】

原告（被上诉人）中国某财产保险股份有限公司青岛市分公司（以下简称某保险青岛分公司）诉称，2020 年 4 月 4 日，位于青岛市某路的青岛某公司发生火灾。火灾造成本案第三人青岛牧某公司、青岛优某公司、青岛德某公司的财物损失。经消防部门出具的《火灾事故认定书》认定，青岛某公司对火灾事故应承担责任。本案第三人在某保险青岛分公司处分别投保了财产综合险。某保险青岛分公司已按约向各第三人支付了保险赔偿金，请求法院判令：（1）判令青岛某公司向其支付赔偿款50572000元；（2）判令青岛某公司承担本案诉讼费、保全费等全部诉讼费用。

被告（上诉人）青岛某公司辩称，其是共同被保险人之一，与本案三家第三人实际控制人相同，属于关联公司。四家公司具有利益同一性，构成“利益共同体”成员单位，系同一“保险利益”的共同被保险人，不是保险人行使代位求偿权的对象。

法院经审理查明：2020年4月4日，青岛某公司仓库起火。火灾造成该公司和青岛牧某公司、青岛优某公司、青岛德某公司财物毁损。消防救援大队出具的《火灾事故认定书》认定：起火时间为2020年4月4日15时40分许；起火部位位于青岛某公司二楼北侧仓库内；起火原因排除人为纵火，排除物品自燃，不排除电气线路故障引发火灾的可能。青岛某公司、青岛优某公司、青岛德某公司、青岛牧某公司在某保险青岛分公司处投有财产综合保险，均约定保险合同载明地址内的下列财产可作为保险标的：（1）属于被保险人所有或与他人共有而由被保险人负责的财产；（2）由被保险人经营管理或代他人保管的财产；（3）其他具有法律上承认的与被保险人有经济利害关系的财产。保险事故发生后，某保险青岛分公司分别与青岛优某公司、青岛德某公司、青岛牧某公司、青岛某公司签订赔偿协议，并向除青岛某公司之外的三家公司依约赔偿了保险金。青岛某公司与青岛优某公司、青岛德某公司、青岛牧某公司因存在部分股东或实际控制人一致等情形构成关联公司。

【裁判结果】

山东省青岛市中级人民法院于2021年10月18日作出山东省青岛市中级人民法院（2021）鲁02民初717号民事判决：青岛某公司于判决生效之日起十日内支付某保险青岛分公司赔偿款50572000元。

青岛某公司向山东省高级人民法院提出上诉。山东省高级人民法院于

2022年4月25日作出（2022）鲁民终321号民事判决：驳回上诉，维持原判。

【裁判理由】

法院生效裁判认为，青岛某公司系导致保险标的受损的第三者。起火点位置处于青岛某公司负有管理职责的仓库内，消防机关给出的起火结论对起火原因已经有倾向性意见，并且青岛某公司未举证证明起火仓库已经过消防验收，故无法推翻消防机关认定。因此，某保险青岛分公司主张的青岛某公司系侵权行为实施人这一待证事实已达到“高度可能性”标准。

青岛某公司不属于《保险法》第六十二条规定的被保险人“组成人员”。该条法律规定在于保证实现财产保险损害填补的目的，保护被保险人的权益，否定了保险人可以自被保险人处变相索回赔偿的行为。故被保险人“组成人员”的范围应当确定在与被保险人有直接法律关系，在经济利益上具有同一性、法律人格上具有依附性的主体范围内。本案中，青岛某公司与各原审第三人均系具有独立财产及决策机构的公司法人，既非被保险人（该三家公司）的全资子公司，又无证据证明其与被保险人（该三家公司）之间存在人格混同，不具有前述特征，故青岛某公司不属于《保险法》第六十二条规定的被保险人“组成人员”。因此，对于其关于某保险青岛分公司无权对其行使保险人代位求偿权的上诉主张不予支持。

【案例注解】

本案系最高人民法院民二庭评选的2022年度全国法院十大商事案件之一，系保险人向被保险人赔偿保险金后，向第三者行使代位求偿权时引发的纠纷。本案一是坚持系统思维，坚持贯彻落实党中央重大决策部署。以保险业可持续发展为着眼点，通过正确运用保险人代位求偿制度，弥补保险人的财力，充分保护全体保险消费者和公共利益，充分贯彻落实金融服务实体经济、防范化解金融风险等大政方针。二是尊重司法规律。保险具有自身独有的规律和特点，审理疑难复杂案例时，要注重在个案中全面分析平衡各种法益。本案在保护被保险人、投保人合法权益，实现保险业持续健康发展和引导各类主体依法依规行事、建设维护安全生产秩序等制度价值间加以平衡，实现了政治效果、法律效果和社会效果的有机统一。三是本案对解决类似纠纷具有借鉴意义。《保险法》第六十二条对保险人向被保险人的家庭成员或者其组成人员行使代位求偿权予以特殊限制。关于被保险人“组成人员”的范围目前认定较为模糊。本案中，法院提供了明确的裁判标准，对于审判实践有一定指导作用。以下将结合本案案情，对《保险法》第六十二条规定的被保险人“组成人员”的认定标准予以明确。

一、《保险法》第六十二条的立法目的及当前存在的问题

“损失补偿原则”是财产保险的基本原则，包含了两重含义：一是被保险人通过交付保费取得保险人对其损失填补的机会，而并非取得超过其损失的额外利益。二是如果保险事故是由第三者导致的，则第三者作为侵权人，应当承担终极赔偿责任，其不能因保险人承担了赔偿责任而获得不当利益。但是，第三者对被保险人负担的侵权赔偿责任并不使保险人享有支付保险金的先履行抗辩权，被保险人有可能同时自保险人和第三者处获得赔偿，使得获赔数额超过实际损失。因此，保险代位求偿制度设立的初衷是规制损失填补行为呈单向顺序发生，平衡被保险人、保险人、第三者的利益关系；贯彻民事惩罚原则的同时，使保险人及时取得财力填补，使其分担风险的能力不被削弱，从而保持较低保费水平，持续保障广大人民群众利益。

“依照法理，保险代位制度的设定目的之一就是合理平衡保险人与第三者之间的利益关系，更好保护投保人利益。”[①] 保险人行使代位求偿权的对象不应与被保险人产生经济利益重合，避免保险人以代位求偿之名，行

① 江朝国：《保险法基础理论》，中国政法大学出版社 2002 年版，第 396 页。

逃避保险赔偿责任之实，消弭保险分担风险的作用。另外，基于被保险人与第三人存在的家庭关系或其他个人关系，能够合理地期待不会产生侵害被保险人利益的情形时，前述“避免被保险人双重受偿和防止第三人不当免责”这两项保险代位权最为重要的功能，便毫无用武之地。[①] 因此，对保险人行使代位求偿权的对象予以限制是当今各国保险立法的统一做法。德国《保险契约法》第六十七条第二款规定为“同居的家属者”；意大利《民法典》第一千九百一十六条第二款规定为“子女、养子女、尊亲属、与被保险人共同生活的其他亲属或因姻亲或佣人”。

我国现行《保险法》第六十二条亦作出了相关规定。但是因为语言较为模糊，对于该条规定中“家庭成员”和“组成人员”的范围如何界定，并无配套的司法解释对该行使对象的范围作出划分以及细化，导致司法实践和理论界尚存争议。

二、满足“被保险人的组成人员”的界定标准

理论界对于《保险法》第六十二条规定中的“被保险人的组成人员”的范围存在三种观点。

第一种观点，“组成人员”只是“家庭成员”的补充和扩张，应当理解成被保险人的家庭组成人员。家庭成员一般指夫妻、父母、子女，家庭组成人员是指除上述成员之外与其共同生活关系的人员。[②] 该种说法没有考虑到被保险人为法人或其他组织的情形，对法律条文的理解过于限缩。

第二种观点，“组成人员”是指被保险人为法人或非法人组织的组成人员。”[③] 具体分为两类：一是为被保险人的利益或者接受其委托而进行活动之人，包括被保险人的员工、雇佣人和代理人；[④] 二是与被保险人有着特殊法律关系而进行活动的人，包括股东、合伙人或者关联企业、分公司

① 参见武亦文：《保险代位求偿对象的类型化分析——以特殊主体为研究对象》，载《法学评论》2013 年第 3 期，第 105~111 页。

② 参见李萍：《保险法新释与例解》，北京同心出版社 2000 年版，第 184 页。

③ 参见罗贤东：《保险代位权限制中的对象研究限制》，载《企业经济》2010 年第 5 期。

④ 参见郭建标：《保险代位求偿权若干法律争议问题之探讨》，载《法律适用》2011 年第 5 期。

等。但是依照该观点，确定代位求偿权行使主体的范围系基于该主体与被保险人之间存在某种法律关系，随意性较大，与被保险人关系的紧密程度不好把握，极易导致主体过于宽泛，也有可能与其他法律规定中的尤其是《公司法》关于公司人格独立的相关规定相冲突，大大限缩了保险人行权的范围，不利于保险业的持续发展。

持第三种观点的学者认为应坚持以“共同荷包”来对组成人员做划分，组成人员只能是雇员，代理人、受托人、股东、合伙人等与被保险人都无此经济利益基础。[①] 该种观点是以经济利益同一性和身份的依附性为原则确定范围。保险是补偿偶然发生的事件或者危险造成的损失的制度或工具[②]，而这种损失必须转化为经济损失，所以当下以经济利益为划分标准的第三种观点逐渐占据主流。虽然理论和实务中对“组成人员”的进一步细化存在不同观点，但是以与被保险人经济利益上的共同性和法律身份上的依附性来界定“被保险人的组成人员”范围已经被广泛接受。

三、“关联公司”适用《保险法》第六十二条之思考

现行《公司法》对于关联公司没有明确定义，但是第二百一十六条第四项对“关联关系”予以明确，即“是指公司控股股东、实际控制人、董事、监事、高级管理人员与其直接或者间接控制的企业之间的关系，以及可能导致公司利益转移的其他关系”。以前述主体为纽带而发生联系的公司则构成关联公司。理论界关于“关联公司”的概念未有定论。从法律规定的字面理解，关联关系的法律规定实际强调的是公司之间共同的经营管理者可以对各公司施加的影响；而且，是否存在该种影响力并不单纯以持股这一事实作为判断，一切可能产生公司利益横向输送的身份和职务都符合条件。因此，仅凭与被保险人的关联关系不能认定与被保险人具有经济利益的同一性和法律人格的依附性，进一步讲，不能构成被保险人“组成人员”。具体原因有以下三点：

① 参见钱思雯：《论保险代位权限制对象中组成人员的界定》，载《保险研究》2018 年第 2 期。

② 参见邹海林：《保险法》，社会科学文献出版社 2017 年版，第 6 页。

一是关联公司虽然经营管理者的重合可能在一定时期内使关联公司之间存在经济利益的一致性，但是因市场变化，经营管理者可能会对关联公司作出不同的经营决策，有时甚至利用关联关系进行利益转移，从而作出损害某一公司经济利益的行为。因此，关联公司之间经济利益关系较为松散，不能得出必然具有同一利益的结论。二是根据《公司法》规定，公司具有法人独立地位，股东会和股东大会是公司的权力机构。关联公司均是具有独立财产及决策机构的公司法人，在法律人格上不具有依附性。除非有证据证明各个关联公司存在“骸形”化，足以否定其法人格。但是，即便存在上述情形，关联公司能否因为存在违反法人独立地位这一违法事实而免于对其侵权行为进行赔偿，亦值得商榷。另外，依照法律规定，即使各个关联公司存在同一实际控制人，其在各公司中的权益也是体现为与其实际控制地位相符合的资产收益权，并不等同于对公司财产享有所有权。因实际控制人并非保险合同被保险人，保险人对于其资产收益损失无保险赔偿责任。三是从防范道德风险方面考量，《保险法》第六十二条之所以如此规定，有一个前提在于“被保险人的组成人员”对被保险人利益具有更高的关注度，可以合理地期待被保险人免受其侵权行为的损害。但是基于前文分析的两个原因，关联公司对其他关联主体经济利益的注意义务无法达到有如关注自身经济利益的“同一性”标准。如本案中，引发火灾事故的青岛某公司与其关联公司毗邻且均在同一工业园区，关联公司加工产品为易燃的塑胶产品，但是其并未尽到足够的安全注意义务。另外，从同一实际控制人角度出发，通过购买一家公司的财产保险则对其他关联公司的过失行为不予追究，也会释放出关联公司间可以降低注意义务的司法信号，容易引发社会逆向选择。因此，司法实践中不宜以关联公司身份而使其免于保险人代位求偿。

北京市丰台区源某环境研究所诉江苏沙某集团有限公司环境污染民事公益诉讼案

——环境民事公益诉讼与生态环境损害赔偿磋商程序的衔接以及公益诉讼原告申请撤诉的审查

◇编写人：江苏省苏州市中级人民法院　潘　亮　林晨晖

【获奖评语】

人民法院受理环境民事公益诉讼案件后，人民政府又因同一损害生态环境行为启动生态环境损害赔偿磋商的，应当如何协调处理两个制度的关系，目前法律、司法解释以及其他规范性文件尚未作出规定，导致实践中存在分歧。本案例针对上述立法和规则空白，结合《民法典》以及《民事诉讼法》的相关规定，对环境民事公益诉讼与生态环境损害赔偿磋商程序的衔接进行了有益探索，通过司法裁判明确了生态环境损害赔偿磋商与环境民事公益诉讼的程序顺位，应以保障磋商程序优先进行为原则；环境民事公益诉讼原告在法庭辩论终结后申请撤诉的，人民法院应当区分不同性质的诉讼请求，审查是否予以准许。本案例具有法律适用规则填补意义，案例分析论理深入、逻辑清晰，兼顾实体与程序，语言精练，裁判要旨归纳精准，不失为人民法院环境资源审判中的典型裁判范例。

【关键词】

环境民事公益诉讼　生态环境损害　赔偿磋商　制度衔接　撤诉审查

【裁判要旨】

人民法院受理环境民事公益诉讼案件后，人民政府又因同一损害生态环境行为启动生态环境损害赔偿磋商的，应当依照《民事诉讼法》第一百五十三条的规定，中止民事公益诉讼案件的审理，待生态环境损害赔偿磋商终结后，继续民事公益诉讼案件审理并依法作出裁判。

环境民事公益诉讼原告在法庭辩论终结后申请撤诉的，人民法院应当区分不同性质的诉讼请求，审查是否予以准许。对于请求被告承担生态环境修复、赔偿责任等涉及公共利益的诉讼请求应进行特别审查，经审查确认该部分诉讼请求因负有环境资源保护监督管理职责的部门依法履行监管职责已经全部实现的，应准许原告撤诉；对于请求被告承担律师费及为诉讼支出的其他合理费用等仅涉及原告自身利益的诉讼请求，审查标准与普通民事诉讼的撤诉审查标准相同。

【相关法条】

《民法典》(2020 年 5 月 28 日公布)

第一千二百三十四条　违反国家规定造成生态环境损害，生态环境能够修复的，国家规定的机关或者法律规定的组织有权请求侵权人在合理期限内承担修复责任。侵权人在期限内未修复的，国家规定的机关或者法律规定的组织可以自行或者委托他人进行修复，所需费用由侵权人负担。

第一千二百三十五条　违反国家规定造成生态环境损害的，国家规定的机关或者法律规定的组织有权请求侵权人赔偿下列损失和费用：

（一）生态环境受到损害至修复完成期间服务功能丧失导致的损失；

（二）生态环境功能永久性损害造成的损失；

（三）生态环境损害调查、鉴定评估等费用；

（四）清除污染、修复生态环境费用；

（五）防止损害的发生和扩大所支出的合理费用。

《民事诉讼法》（2023年9月1日修正，本案适用的是2017年6月27日修正的《民事诉讼法》第一百四十五条、第一百五十条）

第一百四十八条　宣判前，原告申请撤诉的，是否准许，由人民法院裁定。

人民法院裁定不准许撤诉的，原告经传票传唤，无正当理由拒不到庭的，可以缺席判决。

第一百五十三条　有下列情形之一的，中止诉讼：

（一）一方当事人死亡，需要等待继承人表明是否参加诉讼的；

（二）一方当事人丧失诉讼行为能力，尚未确定法定代理人的；

（三）作为一方当事人的法人或者其他组织终止，尚未确定权利义务承受人的；

（四）一方当事人因不可抗拒的事由，不能参加诉讼的；

（五）本案必须以另一案的审理结果为依据，而另一案尚未审结的；

（六）其他应当中止诉讼的情形。

中止诉讼的原因消除后，恢复诉讼。

《最高人民法院关于审理生态环境损害赔偿案件的若干规定（试行）》（2020年12月29日修正）

第十七条　人民法院受理因同一损害生态环境行为提起的生态环境损害赔偿诉讼案件和民事公益诉讼案件，应先中止民事公益诉讼案件的审理，待生态环境损害赔偿诉讼案件审理完毕后，就民事公益诉讼案件未被涵盖的诉讼请求依法作出裁判。

《最高人民法院关于审理环境民事公益诉讼案件适用法律若干问题的解释》（2020年12月29日修正）

第二十六条　负有环境资源保护监督管理职责的部门依法履行监管职责而使原告诉讼请求全部实现，原告申请撤诉的，人民法院应予准许。

第二十七条　法庭辩论终结后，原告申请撤诉的，人民法院不予准许，但本解释第二十六条规定的情形除外。

【案件索引】

一审：江苏省苏州市中级人民法院（2019）苏05民初299号（2021年6月8日）

【基本案情】

原告北京市丰台区源某环境研究所（以下简称源某研究所）诉称：江苏沙某集团有限公司（以下简称沙某集团）存在超标排放大气污染物，以及在长江沿岸未采取任何防治措施、露天堆放废钢渣的行为，损害大气环境及长江水环境，应承担侵权责任。请求法院判令沙某集团：（1）停止侵权，立即停止烟尘、废气等超标排放，停止违规堆放废渣废物等损害环境公益的违法行为；（2）赔礼道歉，对反复损害环境公益的行为在全国主流媒体向社会公众赔礼道歉；（3）消除危险，即采取有效措施消除烟尘废气对大气环境以及废渣废物对长江水环境等公共利益的环境危害风险；（4）赔偿损失，即赔偿环境受到损失至恢复原状期间服务功能损失，共计800万元（最终以评估确定的数额为准）；（5）承担本案检验、鉴定费用，合理的律师费以及原告为诉讼支出的差旅费等费用，共计11万元（最终以确定的数额为准）；（6）承担本案的全部诉讼费用。

被告沙某集团辩称：（1）原告的宗旨和业务范围不是维护社会公共利益和从事环境保护公益活动，作为原告主体资格不适格；（2）被告认真落实环保政策、投资巨额资金对环保设施进行改造提升，并荣获了一系列环保荣誉；（3）原告所列具体环境问题被告已经整改完毕，或者按计划正在进行整改，原告的诉讼目的已经实现。

本案受理后，江苏省苏州市人民政府授权张家港市人民政府办理沙某集团生态环境损害案件的赔偿磋商工作。其后，公益诉讼原告源某研究所以案件客观情况发生变化为由，申请撤回起诉。江苏省苏州市中级人民法院经审查认为，源某研究所的撤诉理由不符合环境民事公益诉讼案件撤诉的相关规定，于 2019 年 10 月 22 日作出（2019）苏 05 民初 299 号之一民事裁定，不准许源某研究所撤诉，并于 2019 年 10 月 29 日作出（2019）苏 05 民初 299 号之二民事裁定，认为政府机构与沙某集团就案涉生态环境损害赔偿的磋商结果将影响案件审理，裁定中止诉讼。

经鉴定，沙某集团超标排放大气污染物和违规堆存钢渣造成生态环境损害数额合计约 40349639. 59 元。2020 年 12 月 5 日，张家港市人民政府与沙某集团达成《生态环境损害赔偿协议》。根据该赔偿协议，经第三方机构评估以及苏州市环境保护督查整改工作领导小组召开专门审核会研究讨论，确认沙某集团涉案环境污染问题已经全部整改完毕，沙某集团承诺为治理涉案环境污染问题投入的资金不低于生态环境损害金额 40349639. 59 元，并接受张家港市人民政府监督和第三方审计。经政府与沙某集团申请司法确认，江苏省南京市中级人民法院于 2021 年 6 月 4 日作出（2021）苏 01 民特 64 号民事裁定，确认《生态环境损害赔偿协议》及补充协议合法有效。

2021 年 2 月 23 日，源某研究所以案件已经过当地生态环境损害赔偿磋商程序为由，再次申请撤回起诉。

【裁判结果】

江苏省苏州市中级人民法院于 2021 年 6 月 5 日作出（2019）苏 05 民初 299 号民事裁定：准许源某研究所撤诉。

【裁判理由】

法院生效裁判认为：张家港市人民政府作为苏州市人民政府指定的生态环境损害赔偿政府磋商工作办理机构，其与沙某集团经磋商就案涉污染达成《生态环境损害赔偿协议》，为保障公众知情权和参与权，张家港市人民政府在向江苏省南京市中级人民法院申请司法确认之前，在其政府网站公告了协议内容。2021 年 6 月 4 日，江苏省南京市中级人民法院以（2021）苏 01 民特 64 号民事裁定书对上述协议作出合法有效的司法确认。《最高人民法院关于审理环境民事公益诉讼案件适用法律若干问题的解释》第二十六条规定，负有环境保护监督管理职责的部门依法履行监管职责而使原告诉讼请求全部实现，原告申请撤诉的，人民法院应予准许。源某研究所于 2019 年 4 月 19 日第一次提出撤诉申请时，因尚无充分证据证明原告涉及公共利益的诉讼请求已得到完全实现，故对其撤诉申请不予准许。源某研究所于 2021 年 2 月 23 日第二次提出撤诉申请，经审查，其诉讼请求中的停止侵害、消除危险、赔礼道歉、赔偿损失及承担检验、鉴定费用等涉及公共利益的诉讼请求，已经在生态环境损害赔偿磋商后得到全部实现；要求被告承担律师费、差旅费等为诉讼支出的费用以及诉讼费用的诉讼请求，因仅涉及原告私人利益，原告申请撤回系在法律规定的范围内处分自己的民事权利和诉讼权利。因此，源某研究所本次申请撤诉的理由符合法律规定，应予准许。

【案例注解】

生态环境损害赔偿磋商是指因生态环境危害行为导致生态环境遭受不利改变，为实现生态环境修复和损害赔偿目的，赔偿权利人与赔偿义务人在自愿并且协商一致的前提下，达成赔偿协议，解决纠纷的过程。磋商制度充分发挥环境资源行政监管部门环境保护职能，进一步丰富了我国生态环境管理模式，弥补强制性行政手段和公益诉讼的短板，有效促进生态环境保护管理效率的提升[①]。但是关于生态环境损害赔偿磋商与公益诉讼之间如何衔接，法律和司法解释尚无明确规定，使得其成为司法实践中亟待解决的问题。

一、生态环境损害赔偿磋商与环境民事公益诉讼的程序顺位：应以保障磋商程序优先进行为原则

当生态环境损害赔偿磋商与环境民事公益诉讼在时间上重合时，无论是磋商程序启动后相关主体提起公益诉讼，或是法院受理公益诉讼后政府启动磋商程序，原则上均应保障磋商程序优先进行，这样做主要有以下三个方面的考量。

（一）从社会治理分工的角度看，行政治理优先于司法保护

环境资源行政监管部门与司法机关有不同的分工与权力运行方式，应当充分发挥各自的作用。以行政管制模式为解决环境问题的主导模式，唯有在行政管制失灵时，方可通过其他手段解决环境问题。在生态环境损害救济领域中，环境资源行政监管部门须承担第一顺位的环境保护义务，应依法行使其行政权来降低生态环境损害、维护环境公共利益，而司法权更宜扮演好最后一道防线的角色。[②] 生态环境损害赔偿磋商本质上属于政府参与生态环境公共治理的方式，是履行《宪法》《环境保护法》等赋予政府的公共管理职责。借用我国台湾地区林明锵教授的观点，生态环境损害赔偿行政磋商更像是一种需行政相对人协力的行政行为，这种行为主要是行政机关的意思表示。[③] 司法权具有谦抑性属性，司法保护之于行政治理主要起到监督和弥补的作用，故政府通过磋商程序解决生态环境损害问题，

---

① 参见高吉喜、韩永伟：《关于〈生态环境损害赔偿制度改革试点方案〉的思考与建议》，载《环境保护》2016 年第 2 期。

② 参见彭中遥：《行政机关提起生态环境损害赔偿诉讼的理论争点及其合理解脱》，载《环境保护》2019 年第 5 期。

③ 参见林明锵：《行政契约法研究》，我国台湾地区翰芦图书出版有限公司 2006 年版，第 6~8 页。

顺位上应当优先于诉讼。

(二) 从效率的角度看，通过磋商程序救济生态利益更高效

一方面，生态环境损害赔偿磋商由政府及其指定的部门、机构发起和组织，政府及其授权的部门、机构本身具有生态环境行政管理职能，其在环境问题处理上具有较强的专业知识和能力，同时具有较强的调查取证能力和谈判能力，以上优势使得政府有较大的机会通过磋商与赔偿义务人达成协议，并且有较强的能力监督协议履行。另一方面，通过磋商解决生态环境损害赔偿纠纷，赔偿权利人与赔偿义务人在协商一致的基础上，共同拟定生态环境损害赔偿和修复方案，有利于化解义务人的消极抵触情绪，促使其自觉履行修复和赔偿义务。与此相对的是，诉讼活动有其法定的程序，公益诉讼原告并不具备与行政部门等量齐观的专业能力和资源。通过公益诉讼的方式解决生态环境损害赔偿纠纷，相较于磋商势必要耗费当事人和法院更多的时间和物质成本，在效率上有所欠缺。

保障磋商程序优先于公益诉讼进行，只有在一种情况下可能缺乏效率，即公益诉讼已经有了相当的进程，当事人和法院均已为诉讼活动投入了大量成本，而政府突然启动生态环境损害赔偿磋商程序，影响公益诉讼正常审理。但上述情形，因司法解释规定法院在受理环境民事公益诉讼案件后负有公告义务以及向环境保护主管部门通报的义务，[①] 使得政府能够及时知悉环境民事公益诉讼的受理情况，故在实践中基本可以避免。

事实上，因磋商在解决生态环境损害赔偿纠纷上的高效性，该程序已经成为生态环境损害追责中的一项行之有效的重要手段。根据生态环境部统计，2018 年 1 月至 2021 年 12 月底，全国生态环境损害赔偿共计结案件 6889 件，其中，磋商结案 5933 件，占总结案数的 86.1%；诉讼结案 956 件，占总结案数的 13.9%。在 2021 年结案的 3565 件案件中，磋商结案率

① 参见《最高人民法院关于审理环境民事公益诉讼案件适用法律若干问题的解释》第十条第一款规定，人民法院受理环境民事公益诉讼后，应当在立案之日起五日内将起诉状副本发送被告，并公告案件受理情况。《最高人民法院、民政部、环境保护部关于贯彻实施环境民事公益诉讼制度的通知》第三条规定，人民法院受理环境民事公益诉讼后，应当在十日内通报对被告行为负有监督管理职责的环境保护主管部门。

达97.9%。[①]

(三)从依据的角度看,保障磋商程序优先进行符合现行党的规范性文件以及司法解释的规定

目前,生态环境损害赔偿制度所依据的国家层级的规定有包括中共中央办公厅、国务院办公厅印发的《生态环境损害赔偿制度改革方案》和《最高人民法院关于审理生态环境损害赔偿案件的若干规定(试行)》。第一,《生态环境损害赔偿制度改革方案》删除了之前印发的《生态环境损害赔偿制度改革试点方案》中有关“未经磋商或磋商未达成一致,赔偿权利人可依法提起诉讼”的内容,而将磋商程序确定为提起生态环境损害赔偿诉讼的强制前置程序,反映出对磋商制度的认识和重视程度的提高。第二,《最高人民法院关于审理生态环境损害赔偿案件的若干规定(试行)》第十七条规定了生态环境损害赔偿诉讼和民事公益诉讼的审理程序,前者的审理顺位要先于后者,这反映出最高人民法院对两项诉讼制度不同的定位。生态环境损害赔偿诉讼以政府及其授权部门为起诉主体,最高人民法院对其优先审理,这是出于对政府作为生态环境治理责任主体的尊重及对其权威性、专业性和诉讼能力的信任。而公益诉讼作为社会主体参与环境公共治理的方式,则重点发挥其监督和补充救济的作用。综合上述规定,我们可以就生态环境损害赔偿制度和环境民事公益诉讼的顺位得出以下结论:生态环境损害赔偿磋商优先于生态环境损害赔偿诉讼又优先于环境民事公益诉讼。

---

① 参见丁瑶瑶:《系列报道③——损害赔偿丨罚款百万、赔偿千万,损害生态环境代价大》,载https://www.cenews.com.cn/news.html? aid=987386,2022年11月8日访问。

二、磋商程序进行中环境民事公益诉讼的程序选择以及对原告撤诉申请的处理

（一）环境民事公益诉讼应中止审理

根据前文所述，当生态环境损害赔偿磋商与环境民事公益诉讼在时间上重合时，应优先保障磋商程序的进行，那么就产生了接下来的问题：在政府磋商期间，公益诉讼案件的审理应采取何种程序？本案例认为，此时可以参照《最高人民法院关于审理生态环境损害赔偿案件的若干规定（试行）》第十七条的规定，中止对环境民事公益诉讼案件的审理。《民事诉讼法》第一百五十三条规定了中止诉讼的六种情形，这些情形均是在民事诉讼程序开始后，因出现某种无法克服和难以避免的特殊情况，使诉讼程序不能进行或者不宜进行，需要使诉讼程序暂时停止。本案例所涉的为保障生态环境损害赔偿磋商优先进行，而磋商结果又将影响公益诉讼案件审理的情况，即符合《民事诉讼法》第一百五十三条第一款第六项规定的“其他应当中止诉讼的情形”。

（二）公益诉讼原告以政府启动磋商程序为由申请撤诉，依法不予准许

本案环境民事公益诉讼原告在政府启动磋商程序之后，即以案件客观情况发生变化为由申请撤回起诉。审理法院在审查后作出不予准许撤诉的裁定，主要有以下两方面的考虑。

第一，虽然案涉生态环境损害赔偿纠纷已经进入磋商阶段，但磋商程序尚未终结，磋商的结果并不确定，公益诉讼原告的诉讼请求实际上仍未实现，原告在此时申请撤诉，不符合《最高人民法院关于审理环境民事公益诉讼案件适用法律若干问题的解释》第二十六条规定的应准许撤诉的条件。环境公益诉讼中，法院应依职权对原告处分诉权进行严格审查，其法理依据源于公共信托理论及公益诉讼原告“诉讼担当说”。根据公共信托

理论，“阳光、水、野生动植物等环境要素是全体公民的共有财产，公民为了管理它们的共有财产，而将其委托给政府，政府与公民从而建立起信托关系”。[①] 国家作为公共信托的受托人，基于诉讼信托机制享有提起环境民事公益诉讼的诉权，其又将诉权委托给检察机关和其他相关组织。而前述这种状态，用公益诉讼原告“诉讼担当说”的理论来理解，就是实体权利、请求权和诉权三者主体分离的状态。公益诉讼的主体并非实体请求权人，而只是诉权代理人，其对诉讼标的处分，应当在“诉讼代理关系”合法有效的限度内进行。“群体诉讼损害涉及面越广、受害人越分散、社会影响越大，公益特征就越明显，原初请求权人与诉讼客体之间、原初请求权人与诉权代理人之间的关系就越抽象、越疏离，职权干预的必要性就越强，处分原则的适用就愈要限制。”[②] 因此，公益诉讼原告行使处分权应以不损害环境公共利益为准则，这也是法院依职权审查原告撤诉申请的依据和标准。

第二，保留公益诉讼案件审理，可以反过来督促磋商程序的进行。对于赔偿义务人而言，是否接收磋商很大程度上凭其主观意愿，若赔偿义务人怠于通过磋商解决纠纷，赔偿权利人也只能通过提起生态环境损害赔偿诉讼的方式进行追责。若准予公益诉讼原告在政府磋商期间撤回起诉，如果磋商失败，则公益诉讼前期投入的成本将被浪费。相反，保留公益诉讼案件审理，则有利于督促赔偿义务人积极参与磋商。

三、磋商达成赔偿协议后，对公益诉讼原告撤诉申请的审查

赔偿权利人与赔偿义务人经磋商达成赔偿协议后，对于公益诉讼原告申请撤诉，人民法院应依照《最高人民法院关于审理环境民事公益诉讼案件适用法律若干问题的解释》第二十六条的规定进行审查。同时，应以是否涉及公共利益为标准对原告的诉讼请求进行区分，并将审查重点放在原

---

① Sax J. , *The Public Trust Doctrinein Natural Resource Law*, Michigan Law Review, 1970, 68 (3): pp. 115~141.

② 张陈果:《论公益诉讼中处分原则的限制与修正——兼论〈新民诉法解释〉第289、290条的适用》，载《中外法学》2016年第4期。

告诉讼请求中涉及公共利益的部分。环境民事公益诉讼中，原告的诉讼请求并非全部与公共利益直接相关。根据《民法典》第一千二百三十四条、第一千二百三十五条的规定，对于环境公共利益的损害救济分为修复生态环境和赔偿损失两大类，后者包括生态环境功能损失、调查和鉴定评估费用、清除污染和修复生态环境费用以及防止损害发生和扩大所支出的合理费用。原告围绕上述法律规定提出的诉讼请求，涉及公共利益。《最高人民法院关于审理环境民事公益诉讼案件适用法律若干问题的解释》第二十二条规定，原告请求被告承担以下费用的，人民法院可以依法予以支持：(1) 生态环境损害调查、鉴定评估等费用；(2) 清除污染以及防止损害的发生和扩大所支出的合理费用；(3) 合理的律师费以及为诉讼支出的其他合理费用。以上第三项所列合理律师费以及为诉讼支出的其他合理费用，与生态环境公共利益并无直接关联，而仅涉及原告的私人利益，故原告对于该类诉讼请求享有完整的处分权。本案中，原告提出的六项诉讼请求中，第一项至第四项中的停止侵害、消除危险、赔礼道歉、赔偿损失，以及第五项中的检验、鉴定费用，均涉及公共利益，故审理法院在撤诉审查过程中进行了实质审查，确认这些诉讼请求已经过生态环境损害赔偿磋商得到完全实现；原告第五项、第六项诉请中要求被告承担律师费、差旅费等为诉讼支出的费用以及诉讼费，仅涉及其私人利益，原告申请撤回该部分诉讼请求，系在法律规定范围内处分自身民事权利和诉讼权利，未损害国家、集体或者第三人的合法权益，依法应予准许。

某科技公司诉某网络公司不正当竞争案

——涉嫌人工干预策略侵权的算法鉴定与利益衡平

◇编写人：北京市海淀区人民法院　陈昶屹　刘思鹭

【获奖评语】

伴随着大数据、人工智能技术的发展，利用算法的自动决策在经济生活、社会生活中占据了更大的影响力和主导权，同时，利用算法侵害他人合法权益的行为已经逐渐普遍且难以监控，算法歧视、算法黑箱等问题日益突出。无论技术手段如何变化，都应当确保人的权利得到充分保护、自由获得充分实现，平台作为算法的实施者具有确保算法客观中立而不逾越传统法价值秩序的义务，人民法院要积极发挥审判职能展现算法治理的责任担当。在本案中，关于规制商业诋毁的传统法律关系并未发生根本性变化，最为突出的挑战在于利用算法实施行为的性质认定和事实查明问题。作为涉人工干预策略尝试进行算法鉴定的全国首例不正当竞争纠纷案件，本案的突出意义在于明确了算法黑箱背后技术逻辑查明的举证规则，即异议者就人工干预算法策略的不正当性提供初步证据后，网络服务提供商承担反证义务，否则将承担举证不能的不利后果，在充分厘清技术复杂逻辑的基础上，达到了经营自主权与公共利益、竞争者利益的有效平衡，实现了传统法律秩序与现代技术伦理的充分衔接，为此后类似案件审判提供了科学参照，为网络服务提供商开展经营活动提供了制度指引，有利于推动形成网络用户、搜索网络服务提供者、其他网络经营者共生共赢的互联网生态，为数字经济健康发展提供了坚实的司法保障。

【关键词】

不正当竞争　人工干预策略　算法鉴定　经营自主　利益平衡

【裁判要旨】

标红提示功能涉及人工干预算法策略，可能会导致其他网络服务提供者及网络用户的相关权益受损。在司法程序中启动策略算法鉴定的，应要求申请方提交涉嫌侵权的初步证据，在经营自主与权利保护之间取得价值与利益的平衡，在明确算法鉴定的必要性、可行性及搜索网络服务提供者的该当性后，方可要求搜索网络服务提供者提供后台数据与算法依据用于证明标红提示的正当性鉴定。

【相关法条】

《反不正当竞争法》（2019年4月23日修正，本案适用的是2017年11月4日修正的《反不正当竞争法》第十一条、第十二条、第十七条）

第十一条　经营者不得编造、传播虚假信息或者误导性信息，损害竞争对手的商业信誉、商品声誉。

第十二条　经营者利用网络从事生产经营活动，应当遵守本法的各项规定。

经营者不得利用技术手段，通过影响用户选择或者其他方式，实施下列妨碍、破坏其他经营者合法提供的网络产品或者服务正常运行的行为：

（一）未经其他经营者同意，在其合法提供的网络产品或者服务中，插入链接、强制进行目标跳转；

（二）误导、欺骗、强迫用户修改、关闭、卸载其他经营者合法提供的网络产品或者服务；

（三）恶意对其他经营者合法提供的网络产品或者服务实施不兼容；

（四）其他妨碍、破坏其他经营者合法提供的网络产品或者服务正常运行的行为。

第十七条　经营者违反本法规定，给他人造成损害的，应当依法承担民事责任。

经营者的合法权益受到不正当竞争行为损害的，可以向人民法院提起诉讼。

因不正当竞争行为受到损害的经营者的赔偿数额，按照其因被侵权所受到的实际损失确定；实际损失难以计算的，按照侵权人因侵权所获得的利益确定。经营者恶意实施侵犯商业秘密行为，情节严重的，可以在按照上述方法确定数额的一倍以上五倍以下确定赔偿数额。赔偿数额还应当包括经营者为制止侵权行为所支付的合理开支。

经营者违反本法第六条、第九条规定，权利人因被侵权所受到的实际损失、侵权人因侵权所获得的利益难以确定的，由人民法院根据侵权行为的情节判决给予权利人五百万元以下的赔偿。

【案件索引】

一审：北京市海淀区人民法院（2018）京 0108 民初 24695 号（2020 年 11 月 30 日）

二审：北京知识产权法院（2021）京 73 民终 559 号（2021 年 12 月 31 日）

【基本案情】

原告某科技公司诉称：某科技公司合法拥有和运营某头条网站，在行业内具有很高的知名度和良好声誉。被告某网络公司是某网的运营者和开发者，是全球最大的中文搜索引擎，双方在互联网业务领域具有同业竞争关系。2018年1月至4月，原告发现，在某网搜索结果中原告官网链接的标题下方，会出现红色、醒目的“提醒：该页面因服务不稳定可能无法正常访问!”的警示字样。原告认为，被告在无任何依据的情况下，编造事实，对原告官网使用贬损性虚假描述，并使用严重警示网站安全的标注，极大损害了原告的商业信誉和商品声誉，故原告诉至法院。原告请求法院判令：(1) 判令被告立即停止在移动端及PC端的不正当竞争行为，具体为“当网络用户在移动端及PC端使用某网搜索某头条官网相关关键词时，被告停止在原告官网链接的标题下方设置“提醒：该页面因服务不稳定可能无法正常访问!”或类似的不稳定提示。(2) 判令被告自本案判决生效之日起三日内，在某网、某移动网站首页及“某度”移动客户端显著位置连续三十天刊登声明，消除影响；(3) 判令被告赔偿原告经济损失人民币500万元及为制止侵权的合理支出10万元；(4) 判令被告承担本案的全部诉讼费用。

被告某网络公司辩称：有证据证明原告网站确有不稳定现象发生，其他门户网站也有类似提示。某网络公司对其他网站也是采取中立提示，这是中立、善意的服务，某网作为搜索引擎，提示网民网站的客观情况，符合行业通行做法，因此不同意原告的诉讼请求。

法院经审理查明：某网络公司与某科技公司在互联网业务领域具有竞争关系，某科技公司依据我国《反不正当竞争法》有权对某网络公司提起不正当竞争诉讼。在某网搜索中搜索某头条网站显示有不稳定标红提示，但点击可以正常访问浏览，而其他搜索引擎输入同一关键词却产生与某网搜索不同的搜索结果。在某网搜索中输入对同一网站的不同关键词，却产生不同的提示，体现出搜索结果针对具体网站，而非针对具体的关键词。案件审理过程中，被告为证明其对某头条网站进行标红提示是依据客观抓取数据与相应算法得出的客观结果并非人为干预的结果，向法院申请司法鉴定。鉴定过程中，鉴定机构经过评估认为，完成本案鉴定委托事项所需的主要鉴定材料不充分、不完整，决定不予受理。对此，某网络公司本应提交完整的涉案后台日志记录及算法机制，以对不稳定提示是否具有正当性进行证明，但因某网络公司未提交完整的后台日志记录且拒绝披露算法而导致鉴定无法完成，故某网络公司应当承担举证不能的不利后果。

【裁判结果】

北京市海淀区人民法院于2020年11月30日作出（2018）京0108民初24695号民事判决：（1）被告某网络公司于本判决生效后立即停止涉案不正当竞争行为；（2）被告某网络公司于本判决生效后七日内分别在某网移动网站及某度移动客户端显著位置持续四十八小时公开发表声明，消除因涉案侵权行为给原告某科技公司造成的不良影响；（3）被告某网络公司于本判决生效后十日内赔偿原告某科技公司经济损失及维权合理支出共50万元；（4）驳回原告某科技公司的其他诉讼请求。宣判后，某网络公司向北京知识产权法院提起上诉。北京知识产权法院于2021年12月31日以同样的事实作出（2021）京73民终559号民事判决，驳回上诉，维持原判。

【裁判理由】

法院生效裁判认为：争议焦点在于某网络公司的被控侵权行为是否构成商业诋毁行为。某网络公司提交的证据不足以证明涉案网站存在服务不稳定和无法正常访问的情况。在案证据表明，在多个时点同时通过其他搜索引擎搜索涉案网站，只有某网搜索对上述网站进行了不稳定提示，上述网站在上述时点是否稳定属于客观事实，在其他搜索引擎均得出相同结论的情况下，仅某网搜索得出相反结论，某网络公司对此并未提交充分证据作出合理解释。某网络公司通过对搜索关键词进行人为干预的方式，对涉案网站的搜索结果设置了具有虚假和误导性的不稳定提示。故某网络公司涉案侵权行为构成商业诋毁，应承担法律责任。

【案例注解】

近年来，关于搜索引擎是否对搜索结果进行人工干预的质疑引起了产业界及学术界等社会各界的广泛关注。在此背景下，本案系涉人工干预策略尝试进行算法鉴定的全国首例不正当竞争纠纷案件，颇具典型意义。标红提示功能作为搜索服务提供者推出的实用创新功能，技术创新的背后却隐藏着涉嫌人工干预策略的“算法黑箱”。此类技术功能一旦被滥用，便会引发精准打击竞争对手与严重误导网络用户的侵权风险。当此类不正当竞争行为发生时，如何对人工干预算法策略进行技术评判和利益衡平已经成为司法审判面临的新问题和新挑战。

一、底层逻辑：标红提示功能的性质探讨

标红提示功能是我国当前搜索服务行业通用的风险控制功能，指的是网站在搜索引擎显示的搜索结果中被标记“该页面因服务不稳定可能无法正常访问”字样，并使用红色字体以凸显警示作用。标红提示功能运行的原理为搜索服务提供者采集客观数据，总结影响网站稳定性的要素，例如站点抓取规模、抓取失败率、抓取失败率波动情况等，融入算法策略，对客观采集的数据自然运行、整理输出得出自然搜索结果。依据搜索中立的职业道德要求，[①] 如果将搜索引擎视为网络空间中的新型公共场所，搜索服务提供者应避免搜索引擎通过自身算法自动侵害他人民事权益，如相关推荐、相关搜索、下拉提示词等生成内容，[②] 保证该项功能的运行善意、

① 参见邓元宏：《搜索中立和搜索偏向在美国的争论和理论分析》，载《新闻界》2016 年第 15 期。
② 参见郭红伟：《论搜索引擎服务提供者的安全保障义务》，载《法学杂志》2019 年第 11 期。

中立。

对于网络用户来说，标红提示功能实际是一种安全标注的响应机制，具有过滤不稳定或不完全网站、便于用户使用、优化用户体验、保障用户上网安全等有利于消费者的积极作用。而对于搜索结果页面中的网站经营主体来说，标红提示功能会对其进行定性、区分、过滤，并将其标签化。

搜索引擎作为信息传播的枢纽，[①] 一旦掌握了“标签化”的话语权，就有可能基于商业竞争目的，通过标红提示功能及与其类似的人工干预算法策略功能，有意识地操纵搜索结果，对网站及其背后的网络服务经营者打上不稳定、不安全的“标签”，以达到损害其他网络服务经营者商誉的目的。同时，搜索算法的公正程度决定了数字信息是否拥有平等的可见机会，[②] 此时，人工干预算法策略行为已经不再是一种单纯的技术行为，而具有了“市场竞争行为”性质，成为《反不正当竞争法》的规制对象。

按照《反不正当竞争法》规制的不正当竞争侵权行为的一般侵权逻辑框架，案件审理中需要明确侵权主体、侵权行为、损害结果、侵权责任等要件。然而，基于标红提示功能的底层逻辑，涉人工干预算法策略的侵权案件与传统的不正当竞争侵权案件不同，该类案件的审理难点往往并不囿于认定侵权的主体、后果及责任承担，而在于算法策略这一新型技术模式使案件审理势必需要通过算法鉴定等技术手段对侵权行为进行认定，在把握算法鉴定的必要性及举证责任问题时，需结合侵权主体之间的利益衡平进行考量，故下文将从认定人工干预算法策略的关键问题——技术逻辑、利益衡平展开，以推导审理该类案件应当把握的逻辑结论，对其他侵权要件不再阐述。

二、技术逻辑：人工干预算法策略的技术评判路径

在对人工干预算法策略的司法审查中，需要运用技术手段对搜索结果是否受到人工干预进行认定，即对算法进行鉴定。在此之前需要明确的是，

① 参见赵鹏：《搜索引擎对信息传播的影响及其法律规制》，载《比较法研究》2018 年第 4 期。

② 参见师文、陈昌凤：《国内主流搜索引擎的算法审计研究》，载《新媒体研究》2022 年第 10 期。

算法鉴定不同于算法审计。当前，我国对于算法审计这一制度没有明确的定义，实际上，算法审计是基于合规需要而对算法开展的专业性监督活动[①]，其内涵表达是主要关注“前端”的输入数据和“末端”的算法影响评估[②]。而算法鉴定强调的是一种技术验证手段，通过分配举证责任，将案件核心的算法代码及日志数据进行推演，以证明算法运行结果为自然客观的运行结果，从而排除人工干预的可能性。

（一）举证责任：异议者初步自证前置

一般来说，案件审理中遵循“谁主张，谁举证”的原则，但是如果一经异议，就要求网络服务提供者公开算法、披露后台数据与信息，会过分加重网络服务提供者的举证责任，也会加重其运营负担成本或存在泄露商业秘密的风险，从而窒息网络服务的附加功能设置，最终损害消费者的整体利益。所以，在此类案件审理过程中，举证责任需要主审法官根据案件情况灵活分配。

被搜索网站需初步证明搜索服务提供者人工干预算法策略的不正当性。被搜索网站的经营者对搜索网络服务提供者的算法策略均不了解，故被搜索网站的经营者可以通过对不同情况的推演来证明人工干预的不正当性成立，排除其正当的可能性。这种初步自证的推演需要符合一般的思维逻辑，符合人们的理性客观认知，其逻辑越缜密、排除的情况越多，被搜索网站的正当性就越强，那么就越有利于举证责任的转移。

在本案中，需要被标红提示不稳定的网站提交证明标红提示不正当性的初步证据，包括以下三方面：第一，同一搜索网络服务提供者提供的其他网络产品进行测试的结果。同一系列的网络服务产品的测试体系应当是一致的，当测试结果出现逻辑性矛盾时，则可证明标红提示的不正当性。第二，同一类型的不同搜索网络服务提供者进行测试的结果。一般而言，

① 参见张永忠、张宝山：《算法规制的路径创新：论我国算法审计制度的构建》，载《电子政务》2022 年第 10 期。

② 参见刘建业：《论我国算法审计的法治化建构》，载《河南财经政法大学学报》2023 年第 3 期。

特定网站的服务在现有互联网技术标准下的展现是一个相对客观的事实，作为同样具有此项功能的其他搜索引擎均没有对被标红网站进行标红提示，那么侧面证明标红提示具有不正当性。第三，在网站被标红提示时对被标红网站进行并浏览访问，如果显示正常，则可以进一步证明标红提示具有不正当性。

（二）路径选择：以算法和数据是否完整充分为标准

作为人工智能的底层技术，算法技术依托数据资源和算力，广泛应用于社会生活的多元场景，属于各平台的核心竞争力及商业机密。因此，从外观上来看，算法的运算分析过程及算法策略完全处于秘密、不透明的状态，也就是所谓的“黑箱效应”。

正因为“黑箱效应”的存在，算法鉴定也需要根据实际情况区分不同路径。既包括直接的代码审计，也包括间接的抓取审计。代码审计指的是从基础的算法模型出发，通过算法全文代码通读和实现对输入和输出过程的完整审计。抓取审计是指通过访问平台反复更改输入，测试输出并对输出结果进行观察分析，依据算法的输入数据和输出数据进行非侵入性的间接算法逻辑推断。

代码审计与抓取审计的区别在于算法及数据公开的透明度和完整度，[①]即后台的日志数据和算法代码的完整性和充分性。当后台的日志数据并不完整充分、可以带入算法的数据有限的情况下，就必须责令搜索服务提供者公开算法代码的完整片段进行代码审计，通过对有限日志数据带入算法运行，逐步验证后台算法的策略，以此来证明是否存在人工干预。但如果后台的日志数据足够完整充分，那么在海量数据的前提下，即使未公开算法代码的完整片段，根据整体数据输入和算法逻辑输出的结果，也可以合理判断出算法代码的逻辑是否存在人工干预带来的偏差。

在本案中，搜索引擎网站进行标红提示的策略综合了多种因素，其提

---

① 参见张欣、宋雨鑫：《算法审计的制度逻辑和本土化构建》，载《郑州大学学报（哲学社会科学版）》2022 年第 6 期。

供的算法代码片段应至少对综合的多个因素进行具体、定量的详细描述，进行算法审计应当提供的证据包括并不限于：涉案期间被标红提示网站的后台完整搜索日志数据、涉案期间同类型站点的后台完整搜索日志数据、算法代码片段等。由于某网络公司无法提供案涉期间完整的后台日志数据，同时又出于商业机密考量未提供完整的算法代码片段，故算法审计因样本检材不充分、不完整而无法推进，某网络公司应当承担举证不能的不利后果。

三、利益衡平：经营自主权与救济权的冲突与平衡

算法鉴定作为该类案件司法审查的必经程序，背后隐藏的是经营自主权与救济权的相互博弈。搜索网络服务提供者与被搜索网站之间原则上只是媒介与终端的关系，出于保护网络用户、规避网络风险等社会公众的利益的需要，搜索网络服务经营者在特定情况下不经其他被搜索网站经营者同意，可以依据其自身的算法逻辑，设定标准，对被搜索网站的搜索结果进行功能设置的人工干预，这是网络服务提供者经营自主权的体现。然而，搜索网络服务提供者容易因商业利益的驱动而滥用经营自主权，故经营自主权的行使范围不是无边界而是有限的。搜索网络服务提供者的经营自主权需要被充分保障和适当规制，网络用户或被搜索的网站应当被赋予异议、更正及不正当竞争维权等救济性权利。两类权利发生冲突时，需进行审慎的价值判断和利益衡平。

（一）公共利益优先原则

搜索引擎的一端面对着不特定的公共群体——网络用户，另一端又连接着提供信息的网站，一般来说，只有被搜索引擎收录的网站才是存在的。因此，搜索引擎具有了显著的公共性，[①] 则其算法策略、结果呈现、价值导向、功能设置等均应以公共利益为优先。

① 参见赵鹏：《搜索引擎对信息传播的影响及其法律规制》，载《比较法研究》2018 年第 4 期。

同时，搜索网络服务面向全部网络用户，其中还需要考虑消费者利益保护问题。在对搜索网络服务提供者的经营自主行为进行判断时，应当以是否干扰消费者的知情权和选择权作为标准之一。如果互联网展现出的更多信息能够使得消费者获得更多选择，进而获得满意的网络浏览体验，只要这些信息不是虚假或误导性的，就有助于消费者作出理性判断与决策。①

（二）充分保障营业自由

在考虑利益平衡时，必须关注自由市场和激烈竞争在经济体系中的突出作用，将竞争自由、交易自由放在重要位置，对处于正当竞争限度之内并有利于激发市场创新活力，并且不引起混淆、不存在欺诈、虚假信息的前提下，并无干预的必要性和合理性，否则过度增加经营者的负担，不利于产业发展和自主创新。营业自由的判定底线为是否具有《反不正当竞争法》意义上的不正当性，该法本质上是为了保护有活力的竞争机制。本案中，标红提示功能是行业通用功能，本身中立、善意，但作为市场竞争的手段，功能运行中使用了混淆、欺诈、虚假信息，则不应当被保护。

（三）救济权的成立条件

救济权的成立需要符合以下要件：受到人工干预而形成的搜索结果是否违背诚信和商业道德。②

一方面，无论人工干预算法策略是否具有正当性，都应当以诚信的态度进行商业活动，不能以虚假信息和商业诋毁内容作为搜索结果，否则将会损害市场经营者利益，必然导致交易机会的丧失。本案中，某网络公司在搜索引擎行业中的具有近乎垄断的市场地位，在人工干预算法策略的场景下，势必影响某头条网站在消费者中的市场评价，违背了诚信原则。

另一方面，公认的商业道德也必须遵守，《最高人民法院关于适用〈中华人民共和国反不正当竞争法〉若干问题的解释》第三条规定，商业

① 参见上海市浦东新区人民法院（2020）沪 0115 民初 3814 号民事判决书。

② 参见最高人民法院（2022）最高法民再 131 号再审民事判决书。

道德不同于日常伦理道德，应具有行业共识。在案件审理中，需要以商业道德为出发点，对人工干预算法策略行为的主观意图、实施模式、损害后果、各方利益进行综合比较。本案中，在判定人工干预的正当性时参考了其他搜索引擎的表现，即为对行业共识的考量。

四、逻辑结论：以审慎包容的司法理念

面对未来已来的“算法社会”，本案作为全国首例涉人工干预策略进行算法鉴定的不正当竞争纠纷案件，对如何揭开“算法黑箱”神秘的面纱进行了有益的司法尝试。基于以上分析，我们认为，在涉人工干预策略不正当竞争案件的审理中，基于司法裁判的谦抑性和技术创新的两面性，仍应坚持审慎包容的原则，在保障搜索服务提供者自主经营的前提下，兼顾网络用户和其他网络服务提供者的合法权益。本案为搜索网络服务提供者的自主经营权厘清了边界，为搜索网络服务提供者在《反不正当竞争法》的框架下确立了基本的经营规则。

本案有助于厘清搜索网络服务提供者的经营自主权与被搜索网站经营者及网络用户的异议权、更正权及不正当竞争保护维权等权利行使的界限，为同类案件审理树立坚实的裁判规则，也有利于发挥搜索引擎服务在信息社会中的正向价值，保障信息流通、分发的秩序，为网络用户、搜索网络服务提供者、其他网络经营者，建立共生共赢的良好互联网生态，为互联网经济的健康有序发展构建提供了充分制度保障。

蒙某集团股份有限公司诉国家知识产权局、广州某建材有限公司等商标争议行政纠纷案

——近似商标和类似商品的判定规则及商标延续注册的限制

◇编写人：北京市高级人民法院　陶　钧

【获奖评语】

本案系最高人民检察院抗诉案件，涉案当事人围绕“M MONALISA及图”商标争议历经十余年，此前经过一审、二审、再审等程序，对诸如《类似商品和服务区分表》（以下简称《区分表》）中非类似商品的判断、商标延伸注册、市场共存等法律问题存在较大争议，同时涉及当事人的其他关联案件共计十余件，本案的审理结论既要与前序相关案件保持一致，又需要厘清双方当事人十余年争议事实、准确适用法律。本案再审宣判后，明确了双方当事人各自已有注册商标权利边界，有效回应了各方关切的事实及法律问题，取得了良好的政治效果、法律效果和社会效果，依法保护了民营企业的合法知识产权权利，为企业回到法治轨道上健康发展提供了有力保障。

本案例明确《商标法》意义上的近似商标并非标志近似、商品类似等因素的直接判定，而是应以是否容易造成商

品来源的混淆误认为判定依据。同时，在《区分表》已将涉案商品划定类似商品的情况下，就类似商品的认定可否突破区分表进行判断，以及争议商标注册人依据其在先注册商标主张延续性注册等问题，均进行了详尽阐述。本案例确立了三项基本规则：第一，是否构成《商标法》意义上的商标近似，应以是否容易导致商品来源的混淆误认为判断标准，综合考量商标标志的近似程度、商品的类似程度、引证商标的显著性和知名度、相关公众的注意程度、争议商标申请人的主观意图等因素及上述因素之间的相互影响；第二，是否构成商品类似，应当根据相关公众基于日常生活经验和一般认知水平对商品的功能、用途、生产部门、销售渠道以及消费对象等之间的联系程度进行综合判断，《区分表》可以作为判断商品或者服务是否类似的参考，在不违背相关公众一般常识性认知的前提下，不宜将《区分表》中已经认定的类似商品作出不同的认定结论；第三，商标注册人对其注册的不同商标享有各自独立的商标专用权，争议商标权利人仅以争议商标系其在先注册商标的延续性注册、与引证商标不构成商标近似为由，主张其在后申请的争议商标应予获准注册的，人民法院不予支持。

本案确立的规则将《商标法》第三十条的适用从抽象走向具体，提供了可复制、可操作的规则指引，同时对实践中当事人经常反映的商标延伸性注册问题提供了基本的司法价值取向，为司法实践中类似案件的审理统一了裁量标准，实现了行政机关授权确权标准和司法机关裁判标准的统一，有助于从源头上减少诉讼案件增量，具有积极的示范意义。

【关键词】

商标专用权商品类似　商标近似　延续注册　反向突破

【裁判要旨】

商品类似，应当从相关公众的日常生活经验和一般认知水平出发，对商品的功能、用途、生产部门、销售渠道以及消费对象等之间的联系程度进行综合判断。《商标注册用商品和服务国际分类表》和《区分表》可以作为判断商品是否类似的参考；同时，在不违背相关公众一般常识性认知的前提下，不宜将《区分表》中已经认定的类似商品作出不同认定。

商标近似，应当以是否容易导致商品来源的混淆、误认作为判断标准，综合考量商标标志的近似程度、商品的类似程度、引证商标的显著性和知名度、相关公众的注意程度、争议商标申请人的主观意图等因素及上述因素之间的相互影响。

商标注册人对其注册的不同商标享有各自独立的商标专用权，争议商标权利人仅以争议商标系其在先注册商标的延续性注册，与引证商标不构成近似商标为由，主张其在后申请的争议商标应予获准注册的，人民法院不予支持。

【相关法条】

《商标法》（2019年4月23日修正，本案适用的是2001年10月27日修正的《商标法》第十三条、第二十八条）

第十三条第二款、第三款　就相同或者类似商品申请注册的商标是复制、摹仿或者翻译他人未在中国注册的驰名商标，容易导致混淆的，不予注册并禁止使用。

就不相同或者不相类似商品申请注册的商标是复制、摹仿或者翻译他人已经在中国注册的驰名商标，误导公众，致使该驰名商标注册人的利益可能受到损害的，不予注册并禁止使用。

第三十条　申请注册的商标，凡不符合本法有关规定或者同他人在同一种商品或者类似商品上已经注册的或者初步审定的商标相同或者近似的，由商标局驳回申请，不予公告。

《最高人民法院关于审理商标授权确权行政案件若干问题的规定》（2020年12月29日修正）

第十二条　当事人依据商标法第十三条第二款主张诉争商标构成对其未注册的驰名商标的复制、摹仿或者翻译而不应予以注册或者应予无效的，人民法院应当综合考量如下因素以及因素之间的相互影响，认定是否容易导致混淆：

（一）商标标志的近似程度；

（二）商品的类似程度；

（三）请求保护商标的显著性和知名程度；

（四）相关公众的注意程度；

（五）其他相关因素。

商标申请人的主观意图以及实际混淆的证据可以作为判断混淆可能性的参考因素。

【案件索引】

一审：北京市第一中级人民法院（2014）一中知行初字第1741号（2015年2月13日）

二审：北京市高级人民法院（2016）京行终1946号（2016年6月8日

再审：最高人民法院（2017）最高法行申37号（2017年6月23日）

抗诉：高检行监（2021）10000000033号（2021年11月11日）

指定再审：最高人民法院（2021）最高法行抗16号（2022年3月9日）

再审：北京市高级人民法院（2022）京行再1号（2022年6月14日）

【基本案情】

原告（被上诉人、再审被申请人）蒙某集团股份有限公司（以下简称蒙某公司）诉称：第4356344号“M MONALISA及图”商标（以下简称争议商标）使用的“烹调器具、高压锅（电加压炊具）、盥洗室（抽水马桶）、坐便器”与第1558842号“蒙娜丽莎Mona Lisa”商标（以下简称引证商标）核定使用的商品不属于相同或类似商品；蒙某公司使用在瓷砖商品上的“M MONALISA蒙娜丽莎及图”商标具有极高的知名度，为社会作出了巨大的贡献；在市场经济活动中，已经多次出现相关公众将他人生产的蒙娜丽莎牌的“盥洗室（抽水马桶）、坐便器”误认为系蒙某公司生产或与蒙某公司有特定关系。请求法院判令：（1）撤销被诉裁定；（2）原国家工商行政管理总局商标评审委员会（以下简称商标评审委员会）重新作出裁定。

被告（上诉人）商标评审委员会辩称：被诉裁定认定事实清楚，适用法律正确，作出程序合法，请求人民法院予以维持。

第三人（上诉人、再审申请人）广州某建材有限公司（以下简称某建材公司）和广州某洁具有限公司（以下简称某洁具公司）陈述称：同意被诉裁定，请求维持被诉裁定。

最高人民检察院抗诉认为：争议商标与引证商标构成使用在类似商品上的近似商标，争议商标的申请注册违反了2001年《商标法》第二十八条的相关规定。本案二审判决事实认定和适用法律有误，对于近似商标、类似商品和延伸注册的认定均存在错误。

法院经审理查明：争议商标（见图1）由蒙某公司于2004年11月10日提出注册申请，核定使用在国际分类第11类“灯、烹调器具、高压锅

(电加压炊具)、风扇(空气调节)、水龙头、盥洗室(抽水马桶)、坐便器、水净化设备和机器、暖器”等商品上。

引证商标(见图2)专用权人为某建材公司和某洁具公司，申请日为1999年12月28日，核定使用在国际分类第11类“蒸气浴设备、桑拿浴设备、便携式土耳其浴室、蒸脸器具(蒸汽浴)、蒸汽发生器设备、淋雨用设备、煤气热水器、电热水器、淋雨隔间、浴室装置”等商品上，现为有效商标。

图1　争议商标

图2　引证商标

第1476867号“M MONALISA蒙娜丽莎及图”商标(以下简称第1476867号商标，见图3)于1999年7月12日提出注册申请，于2000年11月21日核准注册，核定使用在国际分类第19类“非金属地板砖、瓷砖、建筑用非金属、墙砖、建筑用嵌砖”等商品上，现为有效状态。2003年12月14日，经核准转让至蒙某公司名下。

某建材公司、某洁具公司于2012年3月30日向商标评审委员会提起争议申请，主要理由是：争议商标与引证商标构成类似商品上的近似商标。

2013年11月25日，商标评审委员会作出被诉裁定。该裁定认为：争议商标与引证商标已构成近似商标，裁定：争议商标在“盥洗室(抽水马桶)、坐便器”等商品上予以撤销。

第1476867号商标于2006年被认定为第19类“瓷砖”商品上的驰名商标。引证商标于2012年被认定为“浴室装置”商品上的广州市著名商标。

图 3　第 1476867 号商标

2022 年 3 月 20 日，争议商标因连续三年不使用在“盥洗室（抽水马桶）、坐便器”商品上被公告撤销。

【裁判结果】

北京市第一中级人民法院于 2015 年 2 月 13 日作出（2014）一中知行初字第 1741 号行政判决：撤销被诉裁定，责令商标评审委员会重新作出裁定。

商标评审委员会、某建材公司、某洁具公司向北京市高级人民法院提出上诉。北京市高级人民法院于 2016 年 6 月 8 日作出（2016）京行终 1946 号行政判决：驳回上诉，维持原判。

某建材公司、某洁具公司向最高人民法院申请再审。最高人民法院于 2017 年 6 月 23 日作出（2017）最高法行申 37 号行政裁定：驳回再审申请。

某建材公司、某洁具公司向北京市人民检察院申请监督，北京市人民检察院提请最高人民检察院抗诉，最高人民检察院于 2021 年 11 月 11 日作出行政抗诉书，提出抗诉。

最高人民法院于 2021 年 12 月 16 日作出（2021）最高法行抗 16 号行

政裁定：指令北京市高级人民法院再审。

北京市高级人民法院于2022年6月14日作出（2022）京行再1号行政判决：撤销北京市高级人民法院（2016）京行终1946号行政判决及北京市第一中级人民法院（2014）一中知行初字第1741号行政判决，驳回蒙某公司的诉讼请求。

【裁判理由】

法院生效裁判认为：争议商标核定使用的商品与引证商标核定使用的商品在功能、用途、生产部门、销售渠道、消费对象等方面相同，且同属于1109类似群组，构成类似商品。争议商标与引证商标在文字构成、呼叫、构成要素等方面相近，构成近似商标标志。蒙某公司未提交证据，证明争议商标在引证商标申请日前，已经在其核定使用的“盥洗室（抽水马桶）；坐便器”商品上进行使用、宣传，并获得较高知名度，结合再审审理过程中争议商标在上述商品上因连续三年不使用并予以撤销的事实，足以证明争议商标在上述商品上未形成知名度，相反在案证据已证明引证商标经过长期使用、宣传，已经具有一定知名度，因此争议商标在上述商品上与引证商标构成《商标法》意义上的近似商标。蒙某公司主张延伸注册的商标被认定为驰名商标的时间晚于争议商标申请时间，即使蒙某公司主张的延伸注册商标已经具有较高知名度，但其与争议商标和引证商标核定使用的第11类商品分属不同的商品类别，不同商品上的商誉不能当然地延续到其他类别的商品上，且蒙某公司的证据不足以证明基于延伸注册的商标知名度，客观上足以能够使争议商标的上述商品上与引证商标相区分，不致使相关公众产生混淆、误认。

【案例注解】

本案入选北京法院第二十四批参阅案例，是由司法实践中常见的所谓商标延续注册引发，涉及商标近似和商品类似判定的一般规则以及商标延续注册限制或要件，具有代表性和典型性。本案自2014年1月23日立案至2022年6月14日作出再审判决，先后经历一审、二审、再审、抗诉、再审等程序，这期间我国《商标法》分别于2013年和2019年进行了修订，但是关于商标近似条款即2001年《商标法》第二十八条的表述内容并未发生改变，仅条文序号对应调整为2019年《商标法》第三十条。本案虽因商标延续注册问题引发，但其解决了商标行政案件中的商品类似、商标近似和“延审注册”三类问题，也对最高人民检察院的抗诉意见进行了详尽阐释，为进一步统一相关问题的司法裁判认知标准提供了有益的借鉴。一是明确指出在《区分表》已经将某类商品认定构成类似商品的情况下，“反向突破”需要慎重；二是明确了《商标法》意义上的商标近似应以造成商品来源的混淆误认作为基本的判定依据，而非单纯地以标志近似、商品类似为判定依据；三是就争议商标注册人依据其在先注册商标主张延续性注册问题，揭示了商标延续注册的本质，明确了司法对延续注册的基本态度及其构成要件。下面结合案情对本案涉及的相关法律问题进行分析。

一、类似商品判定的基本规则

在判断争议商标与引证商标是否构成商标近似进而是否容易导致混淆误认时，类似商品的判断是重要构成因素，明确其判定规则尤为重要。尽管学界对类似商品的判断存在所谓“客观标准说”和“主观标准说”之分①，实践中亦有突破《区分表》关于商品或服务划分的情形，但是一方面“客观标准说”或“主观标准说”各自均存在自身的不足和缺陷，任何一种学说均无法单独解决实践问题；另一方面实践中部分案例对《区分表》的突破并非“主观标准说”的胜利，而正是在结合两种学说的基础

① “客观标准说”认为“商品之间是否具有类似关系是客观点，不受商品显著性、实际使用、知名度、商标使用人的主观状态所干扰”，同时认为《区分表》是判断商品或服务是否类似的主要依据和参考工具，“主观标准说”认为对相关公众一般认识的综合判断的理解可以说是最纷呈复杂的，也是最多种多样的，主张考虑更多实际要素，结合个案情况进行认定。

上，从否定之否定的思路出发，将两者结合得出的结论。[①] 因此，类似商品的判断，应当按照主客观相结合的标准综合衡量。具体来说，一般而言类似商品是指商品在功能、用途、生产部门、销售渠道、消费对象等方面相同，或者相关公众一般认为其存在特定联系的商品。认定商品是否类似，应当以相关公众对商品的一般认知综合判断。

就判断主体而言，应当以相关公众为基准。根据《最高人民法院关于审理商标民事纠纷案件适用法律若干问题的解释》第八条的规定，《商标法》所称相关公众，是指与商标所标识的某类商品或者服务有关的消费者和与前述商品或者服务的营销有密切关系的其他经营者。就判断方法而言，应当以普遍性、通常性的消费者和经营者的主观认知进行综合判断，而非从专业从事特定领域的主体视角进行认知。

同时，在判定类似商品时，《区分表》可以作为判断类似商品或者服务的参考。《区分表》中的类似商品，是商标主管部门为了商标检索、审查、管理工作的需要，总结多年实践工作经验的基础上，把存在特定联系的商品组合到一起编制而成的。虽然《区分表》的编制不可能涵盖所有商品以及完全满足现实需要的所有客观情况，但是一般而言，在《区分表》已经将某些商品划定为类似商品的情形下，在无充分且必要的理由时，不宜"反向突破"《区分表》的划分，将构成类似的商品认定为不构成类似。[②] 同时，基于商标授权与确权行政案件审查标的即"行政是否授予商标专用权"和"行政确认商标专用权是否维持"的差异，就《区分表》的适用规则亦存在一定程度上的差异。

本案中，争议商标核定使用的"盥洗室（抽水马桶）、坐便器"商品与引证商标核定使用的"蒸汽浴设备、浴室装置"等商品均具有卫浴设备的功能和用途；在销售渠道中二者均存在于卫浴装修市场中，且一般会被

---

① 值得一提的是，实践中突破《区分表》的情况，一般均系不同商品或服务类别被认定为类似，而就《区分表》已经明确为相同或类似商品或服务，仍判定不相同或类似的，较为少见。

② 如上所述，实践中突破《区分表》的情况，大多为《区分表》中不同类别商品或服务被认定为相同或类似，且大多结合功能、用途、生产部门、销售渠道、消费对象等角度综合判断，针对《区分表》中已明确为相同或类似商品或服务，而认定不构成相同商品或服务的，实践中较少。

摆放在同一或邻近的销售区域；在消费对象方面，二者面对的消费群体均为具有购买卫浴设备需求的消费者。因此，二者在功能、用途、销售渠道、消费对象等方面相同，构成类似商品。同时，争议商标核定使用的“盥洗室（抽水马桶）、坐便器”商品与引证商标核定使用的“蒸汽浴设备、浴室装置”等商品在《区分表》中同属于1109类似群组。《区分表》已经明确划分二者属于同一个类似群组，参考《区分表》中有关类似群组的划分，争议商标核定使用的“盥洗室（抽水马桶）、坐便器”商品与引证商标核定使用的“蒸汽浴设备、浴室装置”等商品构成类似商品。

二、《商标法》意义上商标近似的判定依据

无论是“有别斯有标”，还是“有标斯有别”，尽管商标的作用在逐渐演变，但其最基本的作用仍在于标示出处，即指示商品或服务提供的来源。[①] 因此，就《商标法》意义上的商标近似问题，应当以损害商标基本的指示功能为判断起点，即两商标导致了相关公众对商品提供的来源产生了错误认知，将并非源于同一主体的商品，认为源于同一主体或者提供者之间存在特定联系。

因此，《商标法》意义上的商标近似应以是否容易导致商品来源的混淆、误认为判断标准。同时，由于在判断商品来源是否容易发生混淆时，会将商标标志的近似程度、商品的类似程度、引证商标的显著性和知名度、相关公众的注意程度以及争议商标申请人的主观意图等综合纳入考量因素的范畴之内，故判断结论是一个动态且具有个案性的结果。基于此，判断是否构成《商标法》意义上商标近似在属性上为法律问题，并非事实问题，而争议商标与引证商标是否实际发生了商品来源的混淆、误认的证据仅为参考因素，而不能将此作为判定争议商标与引证商标是否容易造成混淆、误认的当然依据。

而且，“《商标法》在2013年修正之前，虽然没有明确将混淆可能性

---

① 参见黄晖：《商标法》，法律出版社2016年版，第1~3页。

规定在具体的法律条文中，但这是《商标法》保护商标区别性基本功能的应有含义”。“虽然该司法解释第十二条针对的是《商标法》第十三条第二款未注册驰名商标的保护，但事实上，《商标法》第三十条关于在先注册商标的保护也涉及混淆可能性的判断。”①

因此，《商标法》意义上的商标近似应以是否容易造成相关公众对商品来源产生混淆误认为基础，同时结合商标标志的近似程度、商品的类似程度、引证商标的显著性和知名度、相关公众的注意程度以及诉争商标申请人的主观意图等因素，以及前述各因素之间的相互影响，进而得出法律意义上的认定结论。

本案中，争议商标标志由字母“M”及“MONALISA”构成，引证商标标志由汉字“蒙娜丽莎”及字母“Mona Lisa”构成，虽然争议商标中的字母“M”占据商标标志的面积较大，但争议商标和引证商标中均含有字母“monalisa”，二者在文字构成方面相同，且争议商标中的“MONALISA”中文译文为“蒙娜丽莎”，从呼叫角度来说，争议商标会被相关公众呼叫为“蒙娜丽莎”，而该呼叫与引证商标的中文构成“蒙娜丽莎”也相近。因此，从文字构成、呼叫、构成要素等方面来说，争议商标与引证商标构成近似商标。同时，结合争议商标核定使用的“盥洗室（抽水马桶）、坐便器”商品与引证商标核定使用的“蒸汽浴设备、浴室装置”等商品构成类似商品的事实，若二者在市场中同时使用在前述商品上，容易造成相关公众对二者的商品来源产生混淆误认，故构成《商标法》意义上的近似商标。

三、商标延续性注册不能成为在后商标应当获准申请注册的当然依据

根据2001年《商标法》第五十一条的规定可知，商标注册人对其注册的不同商标享有各自独立的商标专用权，其先后注册的商标之间不当然

① 宋晓明、王闯、夏君丽、董晓敏：《〈关于审理商标授权确权行政案件若干问题的规定〉的理解与适用》，载《人民司法》2007年第10期。

具有延续关系。因为商标作为商业标识，其本身除具有标示商品来源的功能外，也承载了与商品提供者密切相关的商品声誉与商业信誉，即商誉。因此，在争议商标注册人主张延续性注册时，应当区分商誉的延续和商标的延续。市场主体在经营过程中积累的商誉，可以一定方式在不同的商誉载体上进行转移、延续，商誉的载体包括市场主体的字号、商标、产品的外形包装等。[①] 但是，市场主体以转移、延续商誉为目的的市场经营活动，并不因其目的上的正当性而当然具有结果上的合法性，在具体判断时应当回归相关部门法进行认定。而《商标法》中并无所谓“延续性注册”的概念，亦未将其作为争议商标维持注册的当然依据，故在判断争议商标与引证商标是否构成近似商标时，仍应依照 2001 年《商标法》第二十八条的规定进行判定。[②]

本案中，蒙某公司主张争议商标的注册，系基于其在先注册的第 1476867 号商标的延审注册，但是第 1476867 号商标与争议商标为二个独立的商标，蒙某公司主张延伸注册的地 1476867 号商标被认定为驰名商标的时间为 2006 年 10 月 16 日，而本案争议商标的申请注册时间为 2004 年 11 月 10 日，即在本案争议商标申请注册时，蒙某公司提交的证据尚不足以证明其第 1476867 号商标已经为我国相关公众所熟知，且第 1476867 号商标注册在第 19 类的“瓷砖”等商品上，与争议商标和引证商标核定使用的第 11 类商品分属不同的商品类别，不同商品上的商誉不能当然地延续到其他类别商品上，同时蒙某公司提交的证据亦不足以证明其基于第 1476867 号商标在“瓷砖”商品上的知名度，客观上能够与引证商标相区分，在争议商标与引证商标容易造成相关公众混淆误认的情况下，并不能

---

① 参见陶钧：《延伸注册以在先商誉为判断要素——评析秦皇岛天马酒业有限公司与商标评审委员会商标申请驳回复审行政案》，载《中国知识产权报》2015 年 3 月 6 日。文中指出，商标的延伸注册是对自身在先商誉的合理使用，即商誉的延续或转移。

② 北京市高级人民法院于 2014 年 5 月 1 日颁布施行的《关于商标授权确权行政案件的审理指南》（现已废止）第 8 条规定：商标注册人的基础注册商标经过使用获得一定知名度，从而导致相关公众将其在同一种或者类似商品上在后申请注册的相同或者近似商标与其基础注册商标联系在一起，并认为使用两商标的商品均来自该商标注册人或与其存在特定联系的，基础注册商标的商业信誉可以于在后申请注册的商标上延续。本案原一审似采用了该审理思路，但本案有两点要件不满足第 8 条的规定，一是本案在先商标认驰时间晚于争议商标，二是本案在先商标认驰的“瓷砖”商品与争议商标核定使用的商品不属于相同或类似商品。

因为第1476867号商标的在先注册，而当然维持争议商标的注册。故蒙某公司的相关主张缺乏法律依据，争议商标与引证商标构成《商标法》意义上的近似商标。

同时，结合再审审理过程中各方当事人所提交的相关民事、行政裁判文书以及相关证据可知，建材公司、洁具公司和蒙某公司在相关类别商品上均已经注册含有字母“MONALISA”的商标且已经共存，且争议频发的情形下，任何一方当事人均应当恪守诚信经营的要求，在尊重历史和现实的基础上，规范使用自身企业字号、注册商标，在注册商标核定使用商品范围内打造自身品牌，真正在法治的框架下推动企业品牌的发展。

深圳市滨某基金管理有限公司、林某某等非法吸收公众存款案

——涉私募基金类非法集资刑事案件的司法认定

◇编写人：广东省广州市中级人民法院　邹世发

【获奖评语】

深圳市滨某基金管理有限公司、林某某等非法吸收公众存款案是一起涉私募基金非法集资刑事案件。近年来，我国私募基金行业虽然在服务实体经济、支持创业创新等方面发挥了积极作用，但也出现以私募基金之名行非法集资之实等非法金融活动。由于私募基金运作的专业性和复杂性，司法实践中对于罪与非罪、此罪与彼罪等问题存在较多争议，事关私募基金行业健康发展，亟须对相关问题深入研究。本案例结合广州市法院近年来审理的涉私募基金非法集资刑事案件进行了类案分析，针对司法实践中争议较大、问题突出的难点和争点，如对于形式上合规但实质上属于非法集资案件非法性的认定、以单位犯罪或共同犯罪形式出现的非法集资刑事案件中不同发展阶段或不同层级人员之间行为定性的区分、不同情形下的犯罪数额的认定等疑难复杂问题提出了合法、合理的裁判原则和方法。总体来看，本案裁判适用法律正确，案例撰写语言精练，观点准确，对司法机关精准打击

私募基金非法金融犯罪活动具有参考借鉴意义，对私募基金规范运作、严格管理具有正确价值导向，有利于保护投资者合法权益，促进私募基金行业健康发展，防范金融风险。

【关键词】

刑事　非法集资　非法吸收公众存款　集资诈骗　私募基金　司法认定

【裁判要旨】

对于涉私募基金类非法集资刑事案件，已取得私募基金管理人资质或者私募基金已备案的案件应当透过现象看本质，全面审查涉案人员的行为有无违反法律法规关于私募基金“募、投、管、退”的监管要求和禁止性规定，对于形式上合规但实质上属于非法集资的案件，可以认定为“借用合法经营的形式吸收资金”的情形，具有非法性。在办理此类案件过程中，需要重点审查被告单位或被告人犯罪目的的转变及异同，区分认定是构成非法吸收公众存款罪还是集资诈骗罪，并准确认定不同情形下的犯罪数额。

【相关法条】

《刑法》（2023 年 12 月 29 日修正）

第一百七十六条　非法吸收公众存款或者变相吸收公众存款，扰乱金融秩序的，处三年以下有期徒刑或者拘役，并处或者单处二万元以上二十万元以下罚金；数额巨大或者有其他严重情节的，处三年以上十年以下有期徒刑，并处五万元以上五十万元以下罚金。

单位犯前款罪的，对单位判处罚金，并对其直接负责的主管人员和其他直接责任人员，依照前款的规定处罚。

《最高人民法院关于审理非法集资刑事案件具体应用法律若干问题的解释》（2022 年 2 月 23 日修正）

第一条　违反国家金融管理法律规定，向社会公众（包括单位和个人）吸收资金的行为，同时具备下列四个条件的，除刑法另有规定的以外，应当认定为刑法第一百七十六条规定的“非法吸收公众存款或者变相吸收公众存款”：

（一）未经有关部门依法许可或者借用合法经营的形式吸收资金；

（二）通过媒体、推介会、传单、手机短信等途径向社会公开宣传；

（三）承诺在一定期限内以货币、实物、股权等方式还本付息或者给付回报；

（四）向社会公众即社会不特定对象吸收资金。

未向社会公开宣传，在亲友或者单位内部针对特定对象吸收资金的，不属于非法吸收或者变相吸收公众存款。

【案件索引】

一审：广东省广州市天河区人民法院（2021）粤 0106 刑初 920－925 号、（2021）粤 0106 刑初 615 号（2022 年 10 月 27 日）

二审：广东省广州市中级人民法院（2023）粤 01 刑终 96－99 号（2023 年 4 月 26 日）

【基本案情】

广东省广州市天河区人民检察院以被告单位深圳市滨某基金管理有限公司、被告人林某某等 41 人犯非法吸收公众存款罪，分案起诉至广东省广州市天河区人民法院。

法院经审理查明：深圳市滨某基金管理有限公司（以下简称滨某基金公司）由林某某和谭某某（另案处理）于2013年7月在深圳市注册成立，并租赁广州市某区多处高档写字楼作为运营场所，由林某某担任法定代表人和实际控制人，经营范围包括受托管理股权投资基金、受托资产管理等。2014年，滨某基金公司经中国证券投资基金业协会登记为私募投资基金管理人。

林某某和谭某某在未取得吸收公众存款资质的情况下，打着投资理财的旗号，以滨某基金公司名义发行多个私募基金和理财产品，并聘任杨某甲、杨某乙、梁某某、郑某某、陈某某为副总裁，分管多个内设部门，下属有城市（区域）总经理郭某某、邓某某等人，财富中心经理陈某某、李某甲等人，团队总监李某乙、翁某某等人，以及业务员若干。滨某基金公司通过举办所谓的推介会、路演、体育赛事等方式，公开宣传其发行的私募基金和理财产品，并承诺保本保息及固定7%—11%不等的年化收益以吸引客户投资。林某某和谭某某对募集的资金，除小部分用于私募基金合伙企业账户对接投资项目方账户外，大部分进入其二人实际控制的多个关联公司账户形成“资金池”，后挪作他用，部分用于支付投资人收益、公司运营开支、员工薪资及佣金。至2020年2月，滨某基金公司因资金链断裂无法按期兑付投资人收益，同年3月12日被广州市公安局天河区分局立案查处。

经审计，截至案发时，滨某基金公司发行已备案项目共13个，涉及合同投资本金金额共计145315万元（未特别说明均为人民币），回款总金额共计620960243.24元，两者差额共计832189756.76元；未备案项目共29个，涉及合同投资本金金额共计3703428000元，回款总金额共计2624363064.53元，两者差额共计1079064935.47元。

根据公安机关提供的相关报案材料，剔除重复报案的情况后，蔡某某等1177名集资参与人投资金额共计1228941620元人民币及10万美元，收回金额共计17619652.41元人民币，损失金额共计1211321967.59元人民币及10万美元。

【裁判结果】

广东省广州市天河区人民法院于2022年10月27日作出（2021）粤0106刑初920-925号、（2021）粤0106刑初615号刑事判决，以犯非法吸收公众存款罪，判处被告单位深圳市滨某基金公司罚金人民币五百万元，判处被告人林某某等有期徒刑八年至二年五个月不等，并处罚金人民币三十五万元至二万元不等。

一审宣判后，部分被告人不服，提出上诉。广东省广州市中级人民法院于2023年4月26日作出（2023）粤01刑终96-99号刑事裁定，驳回上诉，维持原判，准许部分上诉人撤回上诉。

【裁判理由】

法院生效裁判认为：被告单位深圳市滨某基金公司违反国家金融管理法律规定，以发售私募基金、理财产品等为名，向社会公众吸收资金，扰乱金融秩序，数额巨大，其行为已构成非法吸收公众存款罪，依法应予惩处。被告人林某某等作为被告单位直接负责的主管人员或者其他直接责任人员，其行为亦均已构成非法吸收公众存款罪。被告人林某某在共同犯罪中起主要作用，是主犯，应当按照其所参与的或者组织、指挥的全部犯罪处罚；其余被告人在共同犯罪中起次要作用，是从犯，应当从轻处罚。被告单位和部分被告人具有自首、坦白、退赃等情节，依法对其从轻处罚。鉴于本案犯罪行为发生在《刑法修正案（十一）》施行以前，根据“从旧兼从轻”的刑法适用原则，对被告单位及各被告人所犯非法吸收公众存款罪适用修订前的刑法科处刑罚。二审法院认为原判认定的事实清楚，证据确实、充分，定罪及适用法律正确，量刑适当，审判程序合法，上诉人的上诉理由经查不成立，遂裁定驳回上诉，维持原判，对部分上诉人要求撤回上诉的申请予以准许。

【案例注解】

近年来，我国私募基金行业发展较快，在服务实体经济、支持创业创新等方面发挥了积极作用，但与此同时，以“私募基金”之名行非法集资之实等非法金融活动也暗流涌动，甚至一些具备资质的私募基金公司也相继因涉嫌非法集资被司法机关立案查处，揭开了私募基金行业乱象的“冰山一角”。为了规范私募基金业务活动，保护投资者合法权益，促进私募基金行业健康发展，防范金融风险，我国自2003年以来相继出台了《证券投资基金法》《私募投资基金管理人登记和基金备案办法（试行）》《私募投资基金监督管理暂行办法》《私募投资基金募集行为管理办法》《关于加强私募投资基金监管的若干规定》《私募投资基金监督管理条例》等一系列法律法规，对私募基金管理人的登记、私募基金的募集、备案、使用、监管等作出规定，为私募基金管理人、私募基金销售机构及其从业人员提供了基本行为遵循，其中明确规定“依法严厉打击以私募基金为名的各类非法集资活动”。[①] 但是，由于私募基金的非公开性和较强的专业性，不少办案人员没有接触过私募基金，对私募基金及其运作模式、监管规定等缺乏了解，加之涉私募基金类非法集资刑事案件普遍具有涉案人员多、涉案金额大、涉及面广、取证难度大、法律关系复杂等特点，使得审理此类案件的难度较大，司法实践中存在较多争议。因此，笔者拟以本案作为切入点，结合全市法院近年来审理的涉私募基金类非法集资刑事案件，对办理此类案件常见的几个争议问题作一分析，以期对司法实务有所裨益。

一、已取得私募基金管理人资质或者私募基金已备案的非法集资刑事案件“非法性”的认定

根据《最高人民法院关于审理非法集资刑事案件具体应用法律若干问题

① 《私募投资基金监督管理条例》已于2023年6月16日经国务院第8次常务会议审议通过，自2023年9月1日起施行，这是我国规范私募基金业务活动的第一部行政法规。

的解释》第一条的规定，认定“非法吸收公众存款或者变相吸收公众存款”必须同时具备非法性、公开性、利诱性、社会性四个条件：（1）未经有关部门依法许可或者借用合法经营的形式吸收资金；（2）通过网络、媒体、推介会、传单、手机信息等途径向社会公开宣传；（3）承诺在一定期限内以货币、实物、股权等方式还本付息或者给付回报；（4）向社会公众即社会不特定对象吸收资金。司法实践中，大部分非法集资刑事案件的公开性、利诱性、社会性特征较易认定，一般不存在争议；对于没有取得私募基金管理人资质、基金产品亦未向中国基金业协会备案的机构，以发行私募基金为名向社会公众吸收资金的，属于典型的“未经有关部门依法许可”的情形，认定其非法性亦不存在争议。[①] 但是，也有一些机构是在取得私募基金管理人资质后才发行私募基金，并且将私募基金向中国基金业协会办理了备案手续，在审理这类案件时，被告人或者辩护人往往会以此作为无罪辩护的理由。那么在这种情况下，该如何认定被告单位或者被告人行为的“非法性”呢？

如上所述，“非法吸收公众存款或者变相吸收公众存款”的非法性具体表现为两种情形：一是未经有关部门依法许可；二是借用合法经营的形式吸收资金。在涉案单位已向中国基金业协会登记，取得私募基金管理人资质的情况下，显然不属于“未经有关部门依法许可”的情形，因此审查的重点应当放在是否属于“借用合法经营的形式吸收资金”的情形。在本案以及广东省广州市天河区人民法院审理的国某投资基金管理（北京）有限公司广州分公司覃某某等人非法吸收公众存款案中，虽然滨某基金公司和国某投资公司都是经中国基金业协会依法登记的私募基金管理人，具有开展私募股权投资等业务的资质，但是并不意味着其在登记之后发行私募基金的业务活动必然合法，如果违反私募基金的相关监管要求和禁止性规定，仍然可能被认定为非法集资。换言之，私募基金管理人经过登记，私

① 根据《私募投资基金监督管理暂行办法》的规定，设立私募基金管理机构和发行私募基金虽然不设行政审批，允许各类发行主体在依法合规的基础上，向累计不超过法律规定数量的投资者发行私募基金，但是要求私募基金管理人应当向中国基金业协会申请登记，并在私募基金募集完毕后向中国基金业协会办理基金备案手续，由中国基金业协会对私募基金业务活动进行自律管理。

募基金通过备案，不是私募基金从业人员违法犯罪的“挡箭牌”，也不能成为司法机关认定私募基金募集行为非法性的反向证据和阻却性事由。这一点在中国证监会颁布的《私募投资基金监督管理暂行办法》第九条已经明确规定：“基金业协会为私募基金管理人和私募基金办理登记备案不构成对私募基金管理人投资能力、持续合规情况的认可；不作为对基金财产安全的保证。”中国基金业协会在其发出的私募投资基金管理人登记证明、私募投资基金备案证明中也都有明确提示，“私募投资基金管理人的登记/私募投资基金的备案不构成对其投资能力、持续合规情况的认可，不作为对基金财产安全的保证”。因此，对于被告人或辩护人以涉案单位已取得私募基金管理人登记证书、私募基金已通过备案作为其判断自身行为合法性的根据和排除违法性认识的抗辩理由，法院可以不予采纳。

结合到具体案件，对于涉私募基金类非法集资刑事案件被告单位或者被告人吸收资金的行为是否合法，应当综合考察其发行私募基金的全过程(即“募、投、管、退”四阶段，详见附件）进行整体评价，更应当透过现象看本质。以覃某某等人非法吸收公众存款案为例，根据该案以及另案处理的张某某等人集资诈骗案的证据，足以证实张某某等人违反私募基金相关规定，通过成立国某投资公司以及在各地设立分公司，采取发行私募基金的方式进行融资，利用关联公司进行担保的方式进行自融、自保，并通过控制项目公司的公章和财务，将募集的资金全部或者大部分转入张某某所实际控制的部分“国某系”公司账户内形成“资金池”，以募新还旧的方式，主要用于支付到期私募基金的本息，部分用于维持公司运营、对外投资、支付高管和销售团队薪酬、个人挥霍消费等，而未实际用于国某投资公司所宣传和备案的投资项目，致使巨额集资款无法返还，属于典型的“借用合法经营的形式吸收资金”的非法集资行为。虽然覃某某等人均辩称不知道国某投资公司和张某某等人是在非法集资，但是根据在案证据，足以证实覃某某等人知道张某某是国某投资公司、涉案关联公司以及部分项目公司的实际控制人或者股东，国某投资公司发行的私募基金绝大部分由“国某系”关联公司提供担保或者承诺无条件回购，张某某等人涉嫌自融、自保行为；并且，覃某某等人作为具有金融从业经历以及相关专业知识的私募基金从业人员，本应严格遵守法律、行政法规和中国基金业协会的自律规则，恪守职业道德和行为规范，诚实信用、谨慎勤勉，切实维护投资者合法权益，但是却在明知张某某等人涉嫌自融、自保的情况下，仍然不加核实，积极以国某投资公司名义对外募集资金，并且在募集资金过程中存在诸多违反监管要求和禁止性规定的行为。例如，未经特定对象确定程序向他人宣传推介私募基金、对推介材料的真实性不作核实、承诺保本保收益、片面夸大资金安全误导投资人进行风险判断、对投资人是否符合私募基金合格投资者标准不作认真审查、部分被告人允许投资人"拼单"等，最终共同导致募集的巨额资金无法返还，反映出其主观上对国某投资公司以及张某某等人借用发行私募基金的形式非法吸收资金至少是持放任的故意，客观上各自的募集行为也具有违法性。故对于国某投资公司发行私募基金的行为应予整体否定评价，认定为非法集资犯罪活动，不具有合法性。本案中的滨某基金公司与之类似，亦被生效判决认定为"借用合法经营的形式变相吸纳社会公众资金"的情形，最终被以非法吸收公众存款罪追究刑事责任。

因此，在办理已取得私募基金管理人资质或者私募基金已备案的非法集资刑事案件中，应当透过现象看本质，全面审查涉案人员的行为有无违反法律法规关于私募基金"募、投、管、退"的监管要求和禁止性规定，对于形式上合规但实质上属于非法集资的案件，可以认定为"借用合法经营的形式吸收资金"，确认其非法性，同时符合公开性、利诱性、社会性特征的，可以依法认定为"非法吸收公众存款或者变相吸收公众存款"，进而根据各被告人主观上是否具有非法占有目的，分别以非法吸收公众存款罪或者集资诈骗罪定罪处罚。

二、涉私募基金类非法集资刑事案件中非法吸收公众存款罪与集资诈骗罪的转化问题

是否具有非法占有目的，是非法吸收公众存款罪和集资诈骗罪的关键

区别。司法实践中，应当重点围绕融资项目的真实性、实际经营情况、资金去向、归还能力等事实进行综合判断。被告单位或者被告人具有下列情形之一的，一般可以认定具有非法占有目的：（1）大部分资金未用于生产经营活动，或者名义上投入生产经营但又通过各种方式抽逃转移资金的；（2）资金使用成本过高，生产经营活动的盈利能力不具有支付全部本息的现实可能性的；（3）对资金使用的决策极度不负责任或者肆意挥霍造成资金缺口较大的；（4）归还本息主要通过借新还旧来实现的；（5）其他依照有关司法解释可以认定为非法占有目的的情形。需要注意的是，认定被告单位或者被告人是否具有非法占有目的，应当坚持主客观相统一的原则，既要避免以欺骗方法的认定替代非法占有目的的认定，又要避免单纯根据损失结果客观归罪，同时也不能仅凭被告人自己的供述，而应当根据案件具体情况加以分析。

由于私募基金的特殊性，司法实践中涉私募基金类非法集资刑事案件大多是以单位犯罪或者共同犯罪的形式出现，在不同的发展阶段或者不同层级的人员之间，犯罪目的可能发生转化或者存在明显不同，因此需要根据被告单位或者被告人犯罪目的的转变及异同，区分认定是构成非法吸收公众存款罪还是集资诈骗罪。重点需要注意两个问题：一是要注意区分犯罪目的发生转变的时间节点。被告单位或者被告人在初始阶段仅具有非法吸收公众存款的故意，不具有非法占有目的，但是在发生经营失败、资金链断裂等问题后，明知没有归还能力仍然继续吸收公众存款的，这一时间节点之后的行为应当认定为集资诈骗罪，此前的行为应当认定为非法吸收公众存款罪。例如，某资产管理公司在明知前期发行的私募基金的融资方已经无力兑付的情况下，仍然以投资该基金为名发行新的私募基金，募集的资金实际用于偿还前期投资者的到期本息，与其公告的资金用途不符，亦未向中国基金业协会备案，存在明显的欺骗投资者的行为，就可以认定其在发行新的私募基金之时犯意已经发生转化，应当区分前后两个阶段分别认定为非法吸收公众存款罪和集资诈骗罪，实行数罪并罚。上海市高级人民法院、上海市人民检察院、上海市公安局于 2018 年 11 月 3 日联合制定的《关于办理涉众型非法集资犯罪案件的指导意见》对此种情形的处理亦是持此观点。二是要注意区分各被告人犯罪目的的差异。在非法集资单位犯罪或者共同犯罪中，各被告人由于所处的层级、职责分工、获取收益方式、参与公司投资情况以及对全部犯罪事实的知情程度等不同，其犯罪目的也会存在差异，应当根据各被告人主观上是否具有非法占有目的，分别认定构成集资诈骗罪和非法吸收公众存款罪。尤其是要注意区别总公司与分（子）公司人员的犯罪目的。一般而言，因分（子）公司人员大多对融资项目、钱款去向等真实情况缺乏了解，也没有支配决定权，通常只负责对外吸收资金，从中获得业绩提成或者领取固定工资，这种情况下即使总公司实际控制人和直接负责的主管人员被认定为集资诈骗罪，对分（子）公司的负责人、一般管理人员和业务员也通常是以非法吸收公众存款罪论处。这种区别对待的处理方式符合相关犯罪构成和罪责刑相适应原则，并不属于同案不同判。

三、涉私募基金类非法集资刑事案件犯罪数额认定的几个问题

在绝大多数涉私募基金类非法集资刑事案件审理过程中，犯罪数额的认定往往是控辩双方争议的焦点和司法认定的难点。针对非法集资刑事案件犯罪数额的认定问题，相关司法解释或文件已经作出一些原则性规定，在一定程度上明确了认定标准，统一了裁判尺度。在此仅探讨相关司法解释或文件规定不够明确但司法实践中又普遍存在的涉及犯罪数额认定的几个问题。

一是认定犯罪数额应遵循的基本原则。司法实践中，很多案件由于种种原因，认定犯罪数额方面的证据难以达到完美或者相对完美的程度，有的公安机关把侦查重点放在犯罪嫌疑人非法吸收资金的数额上（也就是集资参与人投资的金额），而忽视了对集资参与人收回金额、实际损失金额的证据收集，有的只是简单收集集资参与人提交的报案材料或者让报案的集资参与人填写格式文本的报案登记表，而未做进一步核实（这种情况在

集资参与人众多且较为分散、逐一取证难度大的案件中尤为突出)，有的则是集资参与人提供的材料不全或者无法提供，导致集资参与人自述的投资数额、相关合同金额、资金收付凭证（如收据、银行流水等）记载的金额经常出现不一致的情况。笔者认为，在相关证据存在矛盾且无法补强的情况下，应当按照“存疑利益归于被告人”的原则认定相关数额，即对于投资金额部分，集资参与人自报的投资金额与相关合同金额、资金收付凭证记载的支出金额不一致的，应以三个金额中最低的数额认定；对于收回金额部分，集资参与人自报的收回金额与资金收付凭证记载的收入金额不一致的，应以两个金额中较高者认定；集资参与人的损失金额就是上述认定的投资金额减去收回金额的差额部分。按此认定可以较好地体现公平原则，也便于实务操作。

二是犯罪嫌疑人自身及其近亲属投资金额的认定。在私募基金公司募集资金的过程中，部分犯罪嫌疑人基于对投融资项目的盈利预期，自己及其近亲属也会投入资金进行投资，有的投资金额还很大，但在案发后，由于其作为犯罪嫌疑人被追究刑事责任，其自己及其近亲属往往不被视为集资参与人，所投资的金额也未被计入犯罪数额中，当然也就无权参与涉案财产的分配，引发一些争议。对此，最高人民检察院发布的《关于办理涉互联网金融犯罪案件有关问题座谈会纪要》第 11 条规定，犯罪嫌疑人自身及其近亲属所投资的资金金额，不应计入该犯罪嫌疑人的吸收金额，但是应当计入相对应的上一级负责人及所在单位的吸收金额。也就是说，犯罪嫌疑人自身及其近亲属所投资的金额虽然不计入其本人的犯罪数额，但是应当计入其上一级负责人及所在单位的犯罪数额。笔者认为，此种情况下的犯罪嫌疑人实际上具有双重身份，相对于被其吸收资金的其他集资参与人而言，其是犯罪嫌疑人，理应对其非法吸收资金的行为承担相应的刑事责任；但是相对于其上一级负责人及所在单位而言，其又是集资参与人，理应享有与其他集资参与人同样的要求认定其损失并参与涉案财产分配的权利。因此，办案机关在查明案件事实过程中，应当一并查明犯罪嫌疑人自身及其近亲属投资的情况，依法保障其合法权益。当然，该犯罪嫌疑人参与涉案财产分配所获得的财产应当优先用于履行判决确定其应承担的追缴违法所得、责令退赔或者罚金等义务。

三是关于“挂单”数额的认定。实践中发现，一些私募基金公司在经营过程中，业务员之间或者上下级之间存在相互“挂单”的情况，即把甲发展的客户和吸收的资金数额登记在乙名下。这种情况下，在认定乙的犯罪数额时，是否应当将“挂单”的这部分金额扣除？笔者认为，对此应当根据案件具体情况分别处理，不能“一刀切”。（1）对于记录在犯罪嫌疑人名下，但其未实际参与吸收且未从中收取任何形式好处的资金，应当不计入该犯罪嫌疑人的犯罪数额。例如，某个业务员离职后，公司将其之前发展的客户转给在职业务员继续跟单，该在职业务员未再向客户吸收新的资金，亦未从中收取任何形式好处的，就不应将之前客户的投资金额计入该在职业务员的犯罪数额中。（2）对于事前合谋，出于赚取佣金、完成业绩等目的帮他人“挂单”的金额，应当计入其犯罪数额。例如在滨某基金公司非法吸收公众存款案中，部分被告人提出应将其帮同事“挂单”的金额从其犯罪数额中扣除的意见，经法院查证，双方对于“挂单”和代收佣金的事实均是明知的，并且事前达成了合意，双方实际上是利用公司的业绩考核和佣金管理制度实施的一种互利合作、各取所需的操作，并且此种操作客观上对其等人所负责区域、团队乃至整个公司非法吸收客户投资起到了一定的帮助作用，属于共同犯罪，故不应从其犯罪数额中扣除。但考虑到此种情况下被告人并未完整地参与投资款的吸纳工作，量刑时可酌情从轻处罚。

附件：私募基金“募、投、管、退”流程

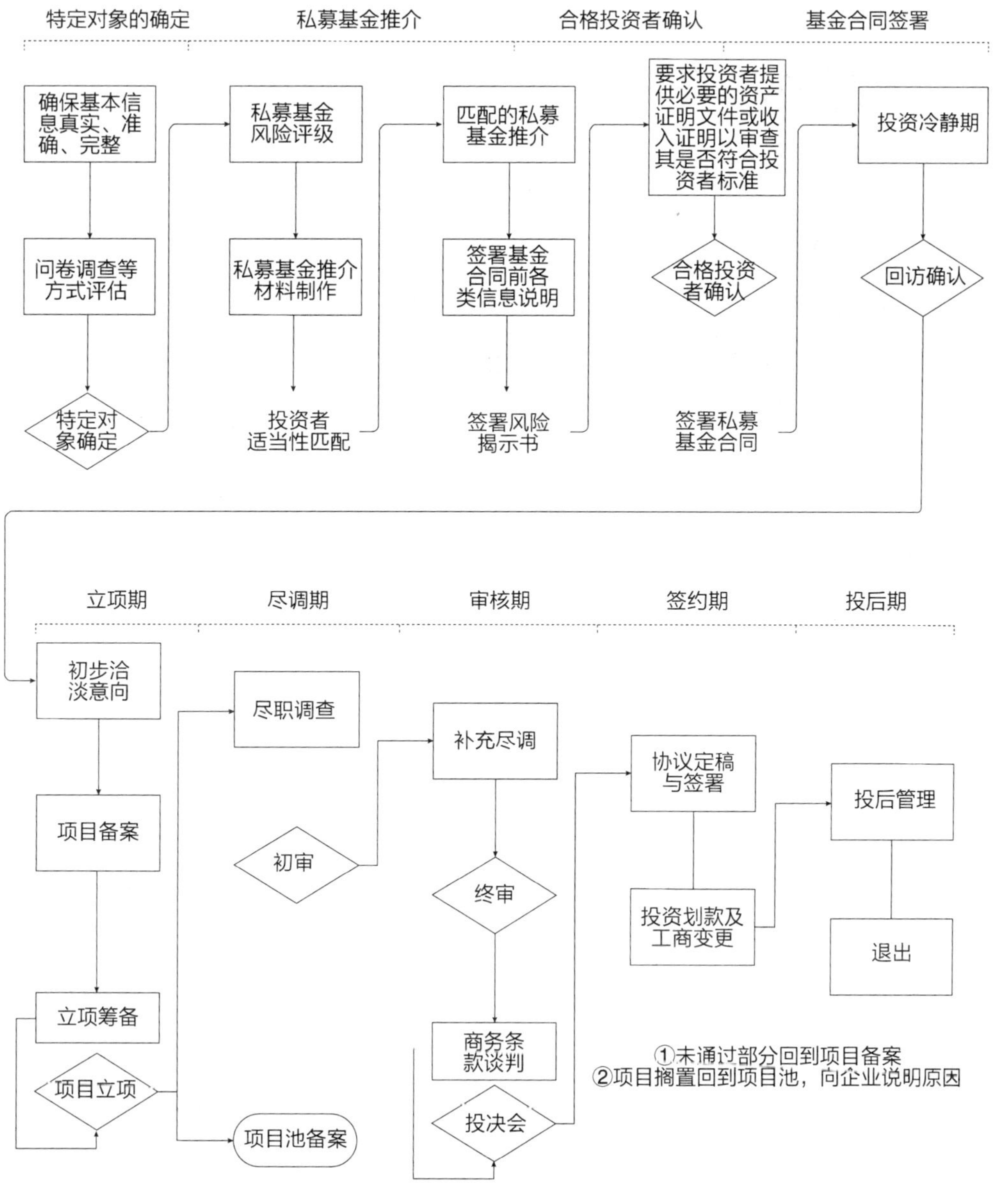

石某某污染环境案

——法院参与企业合规改革的逻辑基础与司法审查标准

◇编写人：江苏省宿迁市中级人民法院　贾银亮
江苏省宿迁市宿城区人民法院　叶春花　马新蕾

【获奖评语】

本案既涉及环境资源刑事审判，又涉及人民法院参与企业刑事合规改革。在审理阶段，法院会同相关单位经实地座谈和调研，认为众某公司合规工作具有全面性和有效性，对公诉机关仅指控被告人石某某犯污染环境罪予以支持，对石某某所提涉案单位已完成合规整改，予以从轻处罚的辩解予以采纳，并考虑石某某自首、认罪认罚，其单位积极与主管部门签订生态环境损害赔偿协议，缴纳生态环境损害赔偿金，对石某某判处有期徒刑并适用缓刑，实现了政治效果、法律效果、社会效果的统一。本案深入贯彻落实习近平生态文明思想和优化营商环境重要指示，有效结合法律规定和政策要求，对何为企业合规、开展企业合规改革的意义、人民法院参与企业法规改革的必要性、适用企业合规的条件、法院对企业有效合规的审查标准、企业合规如何与现有量刑体系相融等内容进行了详细明确的阐述和充分的论证，对今后涉企业合规案件裁判具有一定的示范引领作用，并对人民群众充分了解企业合规和推动人民法院积极参与企业合规改革具有重要意义。

【关键词】

刑事　污染环境　单位犯罪　企业合规　从轻处罚

【裁判要旨】

在污染环境犯罪案件中，涉案企业、相关责任人认罪认罚，自愿申请企业合规整改并完成整改，正常生产经营，人民检察院以企业合规整改合格为由建议对涉案企业、相关责任人从宽处罚的，人民法院经审查发现犯罪造成的损害已弥补、涉案企业已建立防范类似犯罪再次发生的预警机制、制订完整可行的合规计划并已落实到位、合规整改通过实质有效的查考评估的，可以认定企业合规整改合格并作为酌定从宽处罚情节。

【相关法条】

《刑法》（2023 年 12 月 29 日修正）

第三十条　公司、企业、事业单位、机关、团体实施的危害社会的行为，法律规定为单位犯罪的，应当负刑事责任。

第三十一条　单位犯罪的，对单位判处罚金，并对其直接负责的主管人员和其他直接责任人员判处刑罚。本法分则和其他法律另有规定的，依照规定。

第三百三十八条　违反国家规定，排放、倾倒或者处置有放射性的废物、含传染病病原体的废物、有毒物质或者其他有害物质，严重污染环境的，处三年以下有期徒刑或者拘役，并处或者单处罚金；情节严重的，处三年以上七年以下有期徒刑，并处罚金……

《刑事诉讼法》（2018 年 10 月 26 日修正）

第十五条　犯罪嫌疑人、被告人自愿如实供述自己的罪行，承认指控的犯罪事实，愿意接受处罚的，可以依法从宽处理。

《最高人民法院、最高人民检察院关于办理环境污染刑事案件适用法律若干问题的解释》（2023 年 8 月 8 日公布）

第一条第七项　实施刑法第三百三十八条规定的行为，具有下列情之一的，应当认定为“严重污染环境”：

（七）重点排污单位篡改、伪造自动监测数据或者干扰自动监测设施，排放化学需氧量、氨氮、二氧化硫、氮氧化物等污染物的；

【案件索引】

一审：江苏省宿迁市宿城区人民法院（2023）苏 1302 刑初 56 号（2023 年 4 月 19 日）

【基本案情】

江苏省徐州铁路运输检察院指控，被告人石某某犯污染环境罪，并向江苏省宿迁市宿城区人民法院提起公诉。公诉机关提供相关证据并当庭发表意见，认为被告人石某某的行为触犯了《刑法》第三百三十八条第一款、第三十条、第三十一条的规定，应当以污染环境罪追究其刑事责任。被告人石某某有自首、认罪认罚情节，可以依法从宽处罚。鉴于涉案单位新沂某某公司已进行企业合规建设，积极整改落实并经第三方验收合格，且已缴纳生态损害赔偿金，对新沂某某公司决定相对不起诉，对被告人石某某从轻处罚。

法院经审理查明：新沂某某公司于 2010 年 12 月成立，注册资本 1000

万元，主要从事速冻食品生产、销售、肉鸡屠宰、鸡鸭养殖、销售等业务，公司住所地在江苏省徐州新沂市某镇323省道东侧，于2020年、2021年被江苏省徐州市生态环境局纳入徐州市重点排污单位。该公司内设污水处理厂，厂内设置废水自动监测设施，监测化学需氧量、氨氮、总磷、总氮污染物的排放浓度，相关数据实时上传至环保部门监管平台。2021年6月至同年12月，被告人石某某作为新沂某某公司安全管理部副经理，全面负责该公司污水处理工作，为了单位利益，在明知自动监测数据多次超标被环保部门短信提醒的情况下，仍授意污水处理厂王某等五名污水操作工采取自制达标液体的方式干扰自动监测设施采样，并排放化学需氧量、氨氮等污染物。经查，上述期间王某等人共实施替换水样干扰采样行为50余次，逃避环保部门检查，严重污染环境。2021年12月3日，徐州市生态环境局对新沂某某公司现场检查而案发。

2022年2月21日，被告人石某某主动投案，归案后如实供述犯罪事实，在审查起诉及法院审理阶段认罪认罚。2022年8月16日，新沂某某公司与新沂市生态环境局达成生态环境损害赔偿协议，缴纳生态环境损害赔偿金人民币544136元。

2022年8月16日至2022年12月16日，新沂某某公司经主动申请企业合规建设，其积极整改落实，且经第三方监督评估小组验收合格。在审理阶段，为了解涉案企业的合规整改情况，法院会同检察机关、公安机关、新沂市生态环境局、乡镇代表到新沂某某公司现场座谈并实地查看，涉案公司已成立合规部，制定企业合规制度，明确合规管理体系及职责，制定企业合规管理办法。更换水污染源自动监控设备维护的第三方运营公司，加强安全防范并主动接受环保部门监管，制作合规文化墙等，公司处于正常经营状态。新沂某某公司承诺在宣判后继续接受司法机关对其合规整改的检查及监督。

【裁判结果】

江苏省宿迁市宿城区人民法院于2023年4月19日作出(2023)苏1302刑初56号刑事判决书，对被告人石某某犯污染环境罪判处有期徒刑九个月，缓刑一年，并处罚金人民币5万元，禁止其在缓刑考验期内从事排污等相关活动。宣判后，被告人石某某未提出上诉，判决已发生法律效力。

【裁判理由】

法院生效裁判认为：新沂某某公司作为重点排污单位，违反国家规定，通过干扰自动监测设施的方法排放化学需氧量、氨氮等污染物，严重污染环境，被告人石某某作为单位直接责任人员实施上述行为，其行为均已构成污染环境罪。公诉机关发表公诉意见认为，因新沂某某公司已完成企业合规不再追究刑事责任，仅指控被告人石某某犯污染环境罪。经审查，新沂某某公司在案发后积极开展合规整改工作，制订合规计划并按照计划落实。在制度方面对企业内部监管机制存在的不足进行整改，对本案犯罪事实中涉及的监测设备的管理维护、数据上传、安全防护等方面进行重点整改。整改方案及履行情况经第三方监督评估小组验收合格。在审理阶段，法院会同相关单位对新沂某某公司实地调查及座谈，认为其合规工作具有全面性和有效性。对公诉机关仅指控被告人石某某犯污染环境罪予以支持。对被告人石某某的辩护人提出涉案单位已完成合规整改，请求对被告人石某某从轻处罚的辩护意见予以采信。

被告人石某某有自首、认罪认罚情节，依法对其从轻处罚。被告人石某某为逃避环保监管，授意工作人员干扰采样，排放污染物至外环境，致使自动监控设施无法发挥应有作用，其持续时间长，造成一定危害和社会影响。鉴于被告人石某某所在单位积极与主管单位签订生态环境损害赔偿协议，缴纳生态环境损害赔偿金，对被告人石某某酌情从宽处理，对其被处有期徒刑并适用缓刑。

【案例注解】

近年来，为服务保障经济社会高质量发展、营造法治化营商环境、促进民营企业依法依规经营，司法系统积极探索企业合规制度改革。目前的改革试点主要是检察机关在审查公诉阶段推行，但是无论从企业合规改革的未来走向，还是从刑事案件的诉讼流程分析，企业合规改革势必会涉及法院的参与。人民法院如果参与，那么应当以何种方式参与，目前还缺乏具体操作规范，也缺少系统研究。

一、人民法院参与企业刑事合规改革的逻辑前提

刑事合规改革是我国司法机关充分发挥职能，在刑事司法过程中探索如何参与社会治理的一种有效的尝试。[①] 法院作为司法系统的重要组成部分，参与企业合规改革既是法院行使审判职能的必然要求，也有助于实现合规改革目标。

（一）符合职能定位的必要性

1. 实体性制裁的作出属于审判权范畴

人民法院作为审判机关，负责对刑事案件的审判。相关行为主体是否有罪、应当科处何种刑罚，只能由人民法院来完成。就此而言，由人民法院对涉罪企业的合规计划、整改情况进行评估并据此作出裁判，正是应有之义。

2. 法院参与企业合规改革具有经验事实依据

法院在司法实践中对企业合规改革已经发挥着相当重要的作用，尤其

① 参见陈瑞华：《刑事诉讼的合规激励模式》，载《中国法学》2020 年第 6 期。

是当涉案企业完成合规整改，案件仍不符合不起诉条件，检察机关需要起诉到法院时，使得法院不得不在审判环节处理涉案企业合规问题。本案中，检察机关针对涉案公司已完成企业合规，对其作出不起诉决定，但向法院起诉指控被告人石某某犯污染环境罪，并建议将涉案企业合规整改合格作为对被告人石某某犯从宽处罚的情节之一，这需要法院对涉案企业合规整改情况进行全面有效审查，并基于审查情况进行最终的量刑确定。

（二）实现改革目的的必要性

刑事合规改革的目的在于通过创新单位犯罪治理模式，提升企业的内部治理水平，从而实现推动营商环境的优化和民营企业的健康发展。[①] 而人民法院的参与有助于制度目的的实现。

1. 有助于合规理念的全面确立

作为内部治理方式的合规，其目的在于避免包含刑事法律风险在内的合规风险。因此，刑事实体法中赋予相关主体作为义务的条款，实际上都是促进企业构建合规机制的载体。[②] 从这个意义上来说，人民法院能够通过刑事审判职能的延伸，促进合规理念的全面确立，在更大的范围内促进企业的规范经营，提升单位犯罪治理模式创新的效果。

2. 有助于丰富合规激励的形式

作为刑事激励前提的合规，其运行逻辑在于通过给予涉罪企业刑事激励吸引其参与刑事合规。受限于我国刑事诉讼模式结构，检察机关只能以不起诉作为主要的刑事激励。但如果人民法院参与到刑事合规改革中，能极大丰富刑事合规的激励形式。人民法院可以通过将合规整改内容与刑事法中不同档次的宽免措施相结合，既实现对合规整改效果的精准评估，又能灵活利用我国刑法中的从轻、减轻等宽缓措施实现合规激励和惩罚犯罪

---

① 参见蔡绍刚：《从定性到定量：人民法院参与刑事合规改革的逻辑基础与路径构建》，载《法律适用》2023 年第 4 期。

② 例如，拒不履行信息网络安全管理义务罪中对网络运营者以及危险驾驶罪中对相关情形下机动车所有人、管理人的义务确认。参见李本灿：《刑事合规理念的国内法表达——以“中兴通讯事件”为切入点》，载《法律科学》2018 年第 6 期。

的平衡，同时避免产生放纵犯罪的质疑。

二、量刑因素之合规有效性审查路径

鉴于我国《刑法》中尚未将企业合规作为法定的出罪理由，检察机关在向法院提起公诉时，只能将企业合规作为影响量刑的酌定情节，建议法院从轻、减轻处罚；而法院在量刑程序中如何审查企业合规问题，尚缺乏法律依据和操作规范，需要明确合规计划有效性标准和审查规则。

（一）法院审查企业合规计划有效性的标准

在已公布的规范性文件中，最高人民检察院办公厅、司法部办公厅、财政部办公厅等九部门联合印发的《涉案企业合规建设、评估和审查办法（试行）》第十四条规定了第三方组织评估企业合规计划有效性的内容，第十六条、第十七条规定了检察机关等审查第三方组织合规考察报告，以及审查小微企业提交的合规计划和整改报告的具体内容。尽管这些规定并未提及法院，但对于确定法院在量刑程序审查企业合规计划有效性的标准，具有一定的参考意义。

1. 涉案企业、个人认罪认罚

在案件事实已经查清的基础上，认罪认罚代表犯罪嫌疑人能够真诚悔罪、改过自新，通过“认罪认罚”方式表达同司法机关合作解决刑责问题的意愿在这一过程中所体现的预防刑因素，成为涉罪企业可获从宽处罚的依据。① 如果涉案企业不认罪认罚，就无法体现“积极配合”的态度，无法体现再犯可能性的降低，更难以展开实质性的制度整改。② 因此，涉案企业、个人认罪认罚是适用合规整改并从宽处罚的基础条件。本案中，涉案企业及相关人员在案发后主动承认违法犯罪事实，自愿认罪认罚，签署认罪认罚具结书。

---

① 参见杨宇冠：《企业合规与刑事诉讼法修改》，载《中国刑事法杂志》2021 年第 6 期。
② 参见李勇：《检察视角下中国刑事合规之构建》，载《国家检察官学院学报》2020 年第 4 期。

2. 涉案企业能够正常生产经营

涉案企业的生产经营情况是适用合规相对不起诉的公益性条件，涉案企业的社会价值是作出合规相对不起诉决定的实质考量因素之一。[①] 本案中，涉案企业经营模式稳定，正常上缴税收，经营状况良好，是所在地级市农产品龙头企业及农副产品十强企业，并获得省级荣誉。

3. 涉案企业具有合规整改的真实意愿

合规相对不起诉或从宽处罚，要求涉案企业通过深刻自查犯罪原因、修复社会关系、全过程配合整改等多种形式，以实际行动展现积极整改的强烈意愿。如果涉案企业因为各种原因不愿意配合整改，就不符合合规相对不起诉或从宽处罚的适用条件。本案中，涉案企业主动提交合规整改申请书，有积极整改的意愿。

4. 涉案企业进行有效整改

刑事合规的价值构造包含恢复和预防两个维度。[②] 一方面，对已然犯罪侵害的法益进行有效修复。对于涉企犯罪造成人身、财产等损失的，已采取退赃退赔、积极取得被害人谅解等措施。另一方面，对未然犯罪进行有效预防。本案中，涉案公司积极与主管单位签订生态环境损害赔偿协议，缴纳生态环境损害赔偿金，弥补了损失；整改方案及履行情况经第三方监督评估小组验收合格。

（二）确立合规情况审查规则

在案件审理过程中，提出合规抗辩或合规减刑的一方都应结合企业合规整改情况，说明该诉讼主张的理由，同时提交相应证据。法院应该查明合规计划或合规整改的有效性。具体来说，人民法院对合规有效性审查评估可以分为三个阶段进行。

第一步，对涉案企业合规整改计划进行审查。主要是对提交到法院的对于合规计划的机构设置、人员配置、资金投入和规章制度等基础信息的

---

① 参见张朝霞：《涉案企业合规：检察经验与检法协作》，载《政法论坛》2023 年第 4 期。

② 参见王强军：《合规刑事激励：促进企业治理现代化法治化》，载《检察日报》2022 年 1 月 26 日第 3 版。

证据材料进行审查，判断合规计划的合理建设情况。在本案审理过程中，法院经核实企业合规申请、合规整改计划书、自查报告等材料，发现涉案公司积极开展合规整改工作，制订合规计划并按照计划落实；在制度方面对企业内部监管机制存在不足进行整改，成立合规部，明确职责和权限，制定企业合规管理办法等，对本案犯罪事实中涉及的监测设备的管理维护、数据上传、安全防护等方面进行重点整改。

第二步，对涉案企业合规整改的落实情况进行评估。合规整改评估具有专业性，法院作出初步判断后，需要借助第三方评估机制进行审查评估。本案中，经徐州铁路运输检察院邀请，经第三方监督评估小组对涉案公司合规整改情况进行评估，验收合格。法院经审查认为，出具合规整改核查意见的专家具有相关专业知识，且尽责履职，法院认为第三方监督评估小组出具的合规整改评估报告可予采信。

第三步，对涉事企业合规整改的有效性进行评估。合规的基本职能定位包括合规防范机制、违规行为识别机制和合规危机的应对机制。[①] 基于此，法院在涉案企业制订合规整改计划的情况下，应当“透过形式看实质”，重点审查该计划的实际运行情况，如是否合理配置合规管理机构或者管理人员，是否为合规管理制度机制提供人力物力的充分保障，相关违法犯罪行为的监测、举报、调查、处理机制及合规绩效评价机制是否实际运行，发现违规违法行为是否进行及时处置等。

在本案审理阶段，法院会同相关单位经对涉案企业实地调查及座谈，发现涉案公司已积极建立、实施、完善相关合规措施，更换了水污染源自动监控设备维护的第三方运营公司，加强安全防范并主动接受环保部门监管，制作合规文化墙等；其还承诺在宣判后继续接受司法机关对其合规整改的检查及监督。经评估认定，涉案单位通过合规整改，消除了制度隐患、填补了管理漏洞，弥补了犯罪所造成的危害，取得了显著实效，有利于减少同类违法犯罪行为的发生，实现了企业诚信守法经营的法律效果和社会

① 参见陈瑞华：《论企业合规的中国化问题》，载《法律科学》2020 年第 3 期。

效果，其合规整改有效。

三、量刑情节之合规“从宽处罚”规范路径

在我国法律并未对企业合规从宽处罚作出明确规定的前提下，企业合规如何与现有的量刑体系相融，是一个备受关注的问题。本案就该疑难问题作出了探索，认为开展刑事合规是认罪悔罪的重要表现形式，刑事合规应被视为与认罪认罚相结合并具有一定独立性的刑罚考量因素。

（一）明确合规整改的刑法意义

当前，对于涉案企业合规整改这一事实情节的定位并不明晰，如果涉案企业通过有效整改能够降低再犯可能性，实现刑罚预防目的，可以成为对企业从宽处罚的考量因素，有必要将涉案企业合规有效整改明确为酌定从宽量刑情节。涉案企业合规虽然以犯罪嫌疑人、被告人认罪认罚为基础，但其强调在本单位内消除再犯可能性，同时考虑涉案企业的预期经济社会贡献程度，应当在量刑活动中独立评价，作为法定刑幅度内从轻处罚的考量因素。[①]

（二）单位合规建设“从宽处罚”幅度确定

从单位合规制度的基础理念上看，对该制度司法审查后裁判的基本立场是“从宽处罚”，具体包括实体从宽、程序从宽两方面。

1. 实体从宽：合规建设时间与单位犯罪责任主体的“双向”从宽处罚路径

判决结果的从宽处罚既包括从轻、减轻、免除处罚，也包括刑罚执行方面的轻缓，即宣告缓刑。影响单位合规建设量刑的因素，主要有两方面：一是合规建设时间；二是单位犯罪责任主体。

（1）根据合规建设时间不同，区别“事前合规”与“事后合规”。根

① 参见张朝霞：《涉案企业合规：检察经验与检法协作》，载《政法论坛》2023 年第 4 期。

据合规计划的构建时间不同，可以将企业合规方式分为“事前合规”与“事后合规”两种。在不同时间实施合规建设体现了单位在预防犯罪中不同的主动性，能够因此获得从宽处罚的程度亦存在不同。另外，“事后合规”根据进入司法程序的时间，可以分为侦查阶段合规、起诉阶段合规、审判阶段合规等。“事后合规”体现了公权力的参与，而“事前合规”主要是单位整体意志，相应地反映单位社会危害性程度亦有所不同，在从宽处罚上亦有所区分。具体来说：对“事前合规”的，可以对被告单位适用较大幅度的从宽处罚。对“事后合规”的，分别对侦查、起诉、审判阶段进行合规建设的被告单位，酌定予以不同程度的从宽处罚。本案中，涉案企业在审查起诉阶段向检察机关申请企业合规整改，属于“事后合规”，应给予一定幅度的从宽处罚。基于涉事公司缴纳了生态修复保证金，完成有效合规整改，实现对被破坏法益的恢复和再犯罪风险的预防，检察机关对公司作相对不起诉处理决定。法院经审查，支持了检察机关对涉案企业的不起诉决定。

（2）根据责任主体不同，区别单位责任与“双责”人员责任。从当前刑事合规实践来看，无论是作为实质内容的合规计划，还是作为激励措施的不起诉，均针对企业自身。但如果相关责任人员无法获得刑事激励，就无法充分吸引相关单位实施合规整改。此外，在部分企业中，相关自然人的命运与企业的命运直接相连，处罚自然人与处罚企业实际上效果是一致的。[①] 因此，在上述情形下，应当围绕个人责任，允许涉罪自然人通过推动企业制定合规计划并完成合规整改，从而使其获得刑事激励，根据其对合规整改的参与程度，给予其相应幅度的从宽处罚。同时，涉案企业如果能够制订、执行有效的企业合规计划，意味着涉案企业及相关责任人具有较轻的社会危害性，实施影响诉讼顺利进行行为的可能性较小，法院在量刑程序中也应尽量适用非羁押措施。在该案庭审过程中，法院重点关注被告人石某某对刑事合规的态度，如有无积极促成、推动刑事合规等情况，

① 参见朱孝清：《企业合规中的若干疑难问题》，载《法治研究》2021 年第 5 期。

了解到石某某作为涉案公司环境监测管理直接责任人员，在刑事合规开展中起到了主要作用。法院经审查，综合考量涉案企业、涉案个人认罪态度、生态修复及合规整改情况，支持检察机关对被告人从轻处罚并适用缓刑的量刑建议。

2. 程序从宽：强制措施从宽

在单位合规建设的司法审查中，程序从宽亦不容忽视，这是防止涉罪单位因诉受到“二次伤害”的重点所在。应尽可能地减少刑事追诉对企业正常生产经营的不利影响；灵活采取查封、变价措施，有效释放被查封财产使用价值和融资功能；严格审查羁押必要性，涉企刑事案件中的企业人员犯罪的，有自首、立功表现，积极认罪悔罪，不予羁押不致发生社会危险性的，依法不采取羁押强制措施等。本案中，涉案企业案发后积极主动申请合规整改且公司处于正常运营过程中，办案机关未对涉案公司采取查封等强制措施。同时，考虑到涉案个人有自首、认罪认罚等情节和不予羁押不致发生社会危险性等因素，在对其采取刑事拘留一个月后，将强制措施变更为取保候审，直至案件审理结束。

不予撤销苏某某缓刑案

——撤销缓刑案件审理模式的改革路径

◇编写人：广东省广州市荔湾区人民法院　余友斌

【获奖评语】

苏某某不予撤销缓刑案例，以小论大，对司法实践中一个极易被忽视的小问题，即人民法院对司法行政机关以缓刑犯违反相关规定为由作出的警告是否要进行实质审查，进行深入研讨，明确了正确处理此类案件的重要性及思路。案例认为，缓刑犯的社区矫正本质上属于刑罚执行，即非监禁刑罚执行，社区矫正机构以缓刑犯违反相关规定为由作出的警告，实质不是行使行政权而是刑罚执行权，人民法院应当对该警告是否成立进行实质审查，阐明了人民法院对该警告进行实质审查的依据和必要性。针对非漏罪、非新罪的撤销缓刑案件，人民法院审查是否符合“情节严重”时，案例提出了应遵循的两项基本原则，即罪责刑相适应原则和政治效果、法律效果和社会效果相统一原则，为司法实践提供了具有实际意义的可操作的标准。基于撤销缓刑事关刑罚执行和缓刑犯的重要权利，撤销缓刑案件审理模式理应朝着诉讼结构方向改革，以开庭审理为原则，引导参与主体进行庭审辩论，确保庭审实质化，充分保障缓刑犯诉讼权利和实体权利，实现司法治理与基层治理协同发展。总而言之，缓刑案件一般来说是“小案件”，但是否要撤销缓刑对缓刑犯来说则事关重大。该案例论证思路清晰，价值导向正确，对撤销缓刑案件审理模式的重构思路对司法实践具有十分重要的参考价值和借鉴意义。

【关键词】

社区矫正　撤销缓刑　情节严重　庭审实质化　法庭辩论

【裁判要旨】

社区矫正机构，即司法行政机关以缓刑犯违反相关规定为由作出的警告，实质不是行使行政权而是刑罚执行权，人民法院应当对该警告是否成立进行实质审查。

撤销缓刑案件中的“情节严重”需要对情节进行整体评价，应遵循两项原则：罪责刑相适应原则；考虑撤销缓刑案件的政治效果、法律效果和社会效果。

撤销缓刑案件审理模式应朝着诉讼结构方向改革，以开庭审理为原则，引导参与主体进行庭审辩论，确保庭审实质化，保障缓刑犯权利，实现司法治理与基层治理协同发展。

【相关法条】

《刑法》（2023 年 12 月 29 日修正）

第七十七条　被宣告缓刑的犯罪分子，在缓刑考验期限内犯新罪或者发现判决宣告以前还有其他罪没有判决的，应当撤销缓刑，对新犯的罪或者新发现的罪作出判决，把前罪和后罪所判处的刑罚，依照本法第六十九条的规定，决定执行的刑罚。

被宣告缓刑的犯罪分子，在缓刑考验期限内，违反法律、行政法规或者国务院有关部门关于缓刑的监督管理规定，或者违反人民法院判决中的禁止令，情节严重的，应当撤销缓刑，执行原判刑罚。

《最高人民法院关于适用〈中华人民共和国刑事诉讼法〉的解释》（2021年1月26日公布）

第五百四十三条　人民法院收到社区矫正机构的撤销缓刑建议书后，经审查，确认罪犯在缓刑考验期限内具有下列情形之一的，应当作出撤销缓刑的裁定：

（一）违反禁止令，情节严重的；

（二）无正当理由不按规定时间报到或者接受社区矫正期间脱离监管，超过一个月的；

（三）因违反监督管理规定受到治安管理处罚，仍不改正的；

（四）受到执行机关二次警告，仍不改正的；

（五）违反法律、行政法规和监督管理规定，情节严重的其他情形。

人民法院收到社区矫正机构的撤销假释建议书后，经审查，确认罪犯在假释考验期限内具有前款第二项、第四项规定情形之一，或者有其他违反监督管理规定的行为，尚未构成新的犯罪的，应当作出撤销假释的裁定。

第五百四十五条　人民法院应当在收到社区矫正机构的撤销缓刑、假释建议书后三十日以内作出裁定。撤销缓刑、假释的裁定一经作出，立即生效。

人民法院应当将撤销缓刑、假释裁定书送达社区矫正机构和公安机关，并抄送人民检察院，由公安机关将罪犯送交执行。执行以前被逮捕的，羁押一日折抵刑期一日。

《社区矫正法》（2019年12月28日公布）

第二十八条　社区矫正机构根据社区矫正对象的表现，依照有关规定对其实施考核奖惩。社区矫正对象认罪悔罪、遵守法律法规、服从监督管理、接受教育表现突出的，应当给予表扬。社区矫正对象违反法律法规或者监督管理规定的，应当视情节依法给予训诫、警告、提请公安机关予以治安管理处罚，或者依法提请撤销缓刑、撤销假释、对暂予监外执行的收监执行。

对社区矫正对象的考核结果，可以作为认定其是否确有悔改表现或者是否严重违反监督管理规定的依据。

第四十六条　社区矫正对象具有刑法规定的撤销缓刑、假释情形的，应当由人民法院撤销缓刑、假释。

对于在考验期限内犯新罪或者发现判决宣告以前还有其他罪没有判决的，应当由审理该案件的人民法院撤销缓刑、假释，并书面通知原审人民法院和执行地社区矫正机构。

对于有第二款规定以外的其他需要撤销缓刑、假释情形的，社区矫正机构应当向原审人民法院或者执行地人民法院提出撤销缓刑、假释建议，并将建议书抄送人民检察院。社区矫正机构提出撤销缓刑、假释建议时，应当说明理由，并提供有关证据材料。

第四十八条　人民法院应当在收到社区矫正机构撤销缓刑、假释建议书后三十日内作出裁定，将裁定书送达社区矫正机构和公安机关，并抄送人民检察院。

人民法院拟撤销缓刑、假释的，应当听取社区矫正对象的申辩及其委托的律师的意见。

人民法院裁定撤销缓刑、假释的，公安机关应当及时将社区矫正对象送交监狱或者看守所执行。执行以前被逮捕的，羁押一日折抵刑期一日。

人民法院裁定不予撤销缓刑、假释的，对被逮捕的社区矫正对象，公安机关应当立即予以释放。

《中华人民共和国社区矫正法实施办法》（2020 年 6 月 18 日公布）

第三十五条　社区矫正对象具有下列情形之一的，执行地县级社区矫正机构应当给予警告：

（一）违反人民法院禁止令，情节轻微的；

（二）不按规定时间报到或者接受社区矫正期间脱离监管，超过十日的；

（三）违反关于报告、会客、外出、迁居等规定，情节较重的；

（四）保外就医的社区矫正对象无正当理由不按时提交病情复查情况，经教育仍不改正的；

（五）受到社区矫正机构两次训诫，仍不改正的；

（六）其他违反监督管理规定，情节较重的。

第三十七条　电子定位装置是指运用卫星等定位技术，能对社区矫正对象进行定位等监管，并具有防拆、防爆、防水等性能的专门的电子设备，如电子定位腕带等，但不包括手机等设备。

对社区矫正对象采取电子定位装置进行监督管理的，应当告知社区矫正对象监管的期限、要求以及违反监管规定的后果。

【案件索引】

一审：广东省广州市荔湾区人民法院（2022）粤 0103 刑更 4 号（2022 年 4 月 27 日）

【基本案情】

广东省广州市越秀区司法局于 2021 年 3 月 29 日以（2022）穗越矫撤缓建字第 2 号撤销缓刑建议书，建议撤销对罪犯苏某某缓刑。

法院经审理查明：2021 年 9 月 18 日罪犯苏某某因在 2021 年 8 月至 9 月期间多次未能按规定通过“穗智矫”小程序报告个人位置信息，经两次训诫仍不改正且未按规定参加 2021 年 9 月 10 日的教育学习活动，经教育仍不改正，被社区矫正机构给予第一次警告；2022 年 3 月 2 日苏某某因在使用电子定位装置期间，于 2022 年 2 月 25 日至 2022 年 2 月 26 日擅自脱卸电子手环、逃避监管，违规情节较重，被社区矫正机构依据《社区矫正法》第二十八条、《社区矫正法实施办法》第三十五条第六项之规定，给予第二次警告；受到社区矫正机构两次警告后，苏某某仍不改正，又在使用电子定位装置期间，于2022年3月15日擅自拆卸电子手环、逃避监管。

罪犯苏某某于2022年2月25日晚上私自拆卸手环放在家里充电，次日下午到社区矫正机构参加公益活动时被工作人员发现没有按规定佩戴电子手环；2022年3月16日，矫正中心工作人员发现罪犯苏某某有拆卸电子手环行为要求其到司法所报告电子手环使用情况，罪犯苏某某汇报称其于2022年3月15日晚上因电子手环太紧找一钟表店调松手环一格。罪犯苏某某没有离开广东省广州市的行为。

【裁判结果】

广东省广州市荔湾区人民法院于2022年4月27日作出（2022）粤0103刑更4号刑事裁定：不予撤销广东省广州市荔湾区人民法院（2020）粤0103刑初1162号刑事判决中对罪犯苏某某的宣告缓刑二年的执行部分。

【裁判理由】

法院生效裁判认为：罪犯苏某某在接受社区矫正期间，受到执行机关广东省广州市越秀区司法局第一次警告后，于2022年2月25日至2022年2月26日擅自脱卸电子手环，依据《社区矫正法实施办法》第三十五条第六项的规定，广东省广州市越秀区司法局给予罪犯苏某某第二次警告，但对适用依据“其他违反监督管理规定”缺乏具体援引，适用依据不明确，且罪犯的该次行为与《社区矫正法实施办法》第三十五条下其他应给予警告的情形不具有相当性，对广东省广州市越秀区司法局第二次作出的警告，不予以支持。因而，罪犯苏某某的行为不符合《社区矫正法实施办法》第四十六条第一款第四项规定的情形，广东省广州市越秀区司法局提出对罪犯苏某某撤销缓刑建议，不予准许。

【案例注解】

本案争议的焦点是社区矫正机构提出的申请撤销缓刑建议，特别是社区矫正机构对缓刑犯作出的“警告”，人民法院能否进实质审查。案件审理过程中，一种观点认为，人民法院应当对社区矫正机构提交的申请撤销缓刑建议所涉材料进行全面审理，包括审理社区矫正机构作出的警告依据是否正确、程序是否合法；另一种观点认为，人民法院应当对社区矫正机构提交的申请撤销缓刑建议所涉材料进行形式审查即可，既然缓刑犯受到社区矫正机构二次警告且仍不改正，人民法院无须进一步审查两次警告是否成立。上述两种截然对立的交锋观点，反映出司法实践中对于如何认识缓刑犯社区矫正性质、如何审查社区矫正机构作出的“警告”、如何把握“情节严重”标准、如何审理撤销缓刑案件存在分歧。本文主要围绕上述分歧进行剖析，以期更新理念、改进工作。

一、缓刑犯社区矫正的性质界定

针对缓刑犯社区矫正是否属于刑罚执行问题，从不同角度出发可能存在不同理解。例如，从刑罚是否需要执行角度看，“缓刑考验期满，原判的刑罚不再执行”属于原判宣告归于无效，不再执行在一定程度上意味着没有执行，可以说缓刑犯社区矫正不是刑罚执行；从缓刑由人民法官宣告、社区矫正机构负责执行的角度看，可以说缓刑既是量刑制度，又是刑罚执行制度；从缓刑与死缓比较而言，缓刑与死缓均不是独立刑种，而是刑罚执行方法或暂缓执行制度；从缓刑制度在刑法体系中所处位置来说，缓刑处于累犯、自首、立功、数罪并罚之后，减刑、假释之前，可以说缓刑兼具刑罚裁量与执行的双重性质。因此，立足司法实践，有必要从缓刑犯社区矫正的法律基础、具体特征、预防目的三个维度厘清缓刑犯社区矫正性质。

(一) 缓刑犯社区矫正具备刑罚执行的法律基础

1. 从整体性认知社区矫正对象

根据《社区矫正法》第二条的规定，社区矫正对象是被判处管制、宣告缓刑、假释、暂予监外执行的罪犯。缓刑犯作为社区矫正对象的一种类型，要从四种社区矫正对象进行整体性认知，如缓刑犯社区矫正不属于刑罚执行，那么社区矫正便不能被称为完整意义上的刑罚执行。根据《刑事诉讼法》第二百六十九条规定，缓刑犯社区矫正由社区矫正机构依法负责执行；从结构体系而言，该条所处第四编执行与第三编审判相对应，社区矫正理所当然属于刑罚执行。

2. 从教育帮扶内容理解社区矫正

刑罚执行通常表现为通过限制或剥夺罪犯某种权益，以达到一般预防和特殊预防。社区矫正主要是对社区矫正对象进行监督管理、教育帮扶等，如缓刑犯应当：服从监督规定；报告活动情况；遵守会客规定；离开所居住应报经批准。社区矫正机构也是化解社会尖锐矛盾的特殊战场之一，也应让缓刑犯看到希望、重拾信心、回归正途、融入社会，确保向社会输送“合格公民”。同时，社区矫正作为一项非监禁刑罚执行方式，缓刑犯社区矫正的内容是附条件不执行原判刑罚，这只是不执行原裁判确定的刑罚，而不是不执行刑罚，包括让缓刑犯参加作为改造措施的公益活动，以此实现缓刑犯在阳光下的改造，把社区矫正塑造为有效的基层治理方式。

3. 从诠释学角度解读法律规范

所谓诠释学是一门“文本理解”“自我理解”和“自我塑造”的学问。[①] 文本理解在于揭示文本原意或作者原意；自我理解则在真实、客观诠释文本基础上达到自身理解；自我塑造将在自我理解意义上实现有价值取向的自我教化。撤销缓刑案件的法律依据是《刑法》第七十七条规定，法官对于法律规范的运用，不仅需要从法律规范文本进行诠释，而且要结

---

① 参见潘德荣：《文本理解、自我理解与自我塑造》，载《中国社会科学》2014 年第 7 期。

合法律规范所处法律体系位置和案件事实情况进行诠释，进而实现法律规范可适用于案件事实，该过程展现了文本理解到自我理解再到自我塑造的诠释思维。如缓刑犯顺利通过缓刑考验期，即此处的“原判的刑罚就不再执行”不是原判刑罚无效或者消灭，而是非监禁刑罚执行，同样实现了刑罚执行效果，故应特别慎重撤销缓刑。

（二）缓刑犯社区矫正呈现刑罚执行的具体特征

1. 缓刑犯社区矫正的执行主体是司法行政机关

根据《刑法》第七十六条、《刑事诉讼法》第二百六十九条的规定，对宣告缓刑的犯罪分子，在缓刑考验期限内，依法实行社区矫正，由社区矫正机构负责执行。结合《社区矫正法》第九条规定，县级以上社区矫正机构负责社区矫正工作的具体实施。缓刑犯社区矫正的执行主体是县级以上社区矫正机构，而县级以上社区矫正机构亦是司法行政机关，其刑罚执行主体本质上是县级司法行政机关。

2. 缓刑犯社区矫正的执行依据是生效刑事裁判

根据《刑法》第七十三条、《刑事诉讼法》第二百五十九条的规定，缓刑考验期限从判决确定之日起计算、判决和裁定在发生法律效力后执行。可知，刑罚执行依据是生效刑事裁判。因此，缓刑犯社区矫正具备刑罚执行的依据条件、时间要求，不应当将缓刑犯社区矫正排除在刑罚执行制度外。这是因为，无论是死刑、有期徒刑，还是拘役、管制，其执行依据均是生效刑事裁判，与缓刑犯社区矫正依据一致。

（三）缓刑犯社区矫正具有刑罚执行的预防目的

1. 缓刑犯社区矫正反映出刑罚执行的特殊预防目的

缓刑犯社区矫正的直接目的在于教育矫正非监禁罪犯，践行了“惩罚与帮助并重”的刑罚执行理念，社区矫正机构作为基层治理的参与者，特别是对非监禁罪犯的教育矫正发挥着重要作用，需要充分调动社会资源，促使缓刑犯的心理、行为得到矫正，可以一定程度上阻止个人进行违反社会准则的越轨，加强缓刑犯与社会的有效联系。缓刑犯在执行社区矫正的同时也保留了被执行原判刑罚的可能性，若再犯新罪、发现漏罪或者严重违反缓刑监督管理规定等情况，情节严重，均可导致缓刑被撤销而执行原判刑罚。依据理性经济人原理，缓刑犯必然努力避免出现因犯新罪、违反监管等情形而被收监，从而达到特殊预防。

2. 缓刑犯社区矫正反映出刑罚执行的一般预防目的

缓刑犯社区矫正虽然更多地体现了特殊预防目的，但是也包含一般预防目的。例如，我国《刑法》第七十五条明确规定，缓刑犯在缓刑考验期内应当履行的义务；结合《社区矫正法》第四十二条规定，社区矫正机构应该组织缓刑犯积极参加社会治理公益活动，培养缓刑犯社会责任感，修复缓刑犯与被害人之间的社会关系，帮助缓刑犯更好地融入社会，实现缓刑犯社区矫正的一般预防目的。

综上所述，缓刑犯社区矫正不仅是刑罚执行制度，而且是非监禁刑罚执行制度。厘清缓刑犯社区矫正性质，可以准确把握社区矫正性质、明确社区矫正内容、加强社区矫正治理、帮助缓刑犯回归社会。回到本案，社区矫正机构申请对缓刑犯苏某某撤销缓刑，正是对缓刑犯社区矫正过程中遇到的问题的应对，经过上述分析，明确本案属于变更刑罚执行方式，人民法院应进行实质审理。

二、社区矫正机构作出“警告”的属性分析

本案审理遇到的一个重要问题是人民法院能否对社区矫正机构作出的“警告”进行实质化审理，是否侵犯了社区矫正机构作为刑罚执行机关所享有的刑罚执行权。这里需要注意的是，作出“警告”的主体是广东省广州市某区司法局，即名义上属于行政机关，实则为刑罚执行机关，其行使的职权不是行政权而是刑罚执行权。这是因为，广东省广州市某区司法局不仅是行政机关，而且是司法行政机关，更是缓刑犯社区矫正的刑罚执行机关（社区矫正机构）。这里，有必要对常见的“警告”种类、属性进行澄清，明晰人民法院面对撤销缓刑案件开庭审理时，如何审查社区矫正机

构作出的“警告”。

（一）作为一种行政处罚的警告

根据《行政处罚法》第九条的规定，警告是一种行政处罚，即申诫罚，行政机关对行政违法行为人的谴责、告诫，对行为人违法行为进行否定评价，使被处罚人认识其行为违法性、社会危害性，纠正违法行为并不再继续违法。此处的警告，既可适用于公民个人，也可以适用于法人和组织，救济路径是提起行政复议、行政诉讼。

（二）作为一种政务处分的警告

根据《公职人员政务处分法》第七条的规定，警告是一种政务处分，期间为6个月，属于监察机关对违法的公职人员给予政务处分的一种类型，救济路径是申请复审、复核。

（三）作为一种纪律处分的警告

根据《中国共产党纪律处分条例》第八条的规定，警告是一种党员的纪律处分，其后果是党员受到警告处分一年内，不得在党内提升职务和向党外组织推荐担任高于其原任职务的党外职务，救济路径是提出申诉。

（四）作为一种社区矫正对象惩戒措施的警告

根据《社区矫正法》第二十八条的规定，社区矫正机构对违反法律法规或者监督管理规定的社区矫正对象，应当视情节依法给予警告。《社区矫正法实施办法》第三十五条规定对执行地县级社区矫正机构应当给予社区矫正对象警告的情形进行列举规定，但是，经查询，该《社区矫正法实施办法》没有赋予缓刑犯针对社区矫正机构作出的“警告”进行救济的路径方式。从法律监督属性而言，检察机关应该对社区矫正机构针对缓刑犯作出的“警告”进行复核，应赋予缓刑犯以复核权，但复核期间不停止警告的效力。

本案中，缓刑犯苏某某符合“受到执行机关二次警告，仍不改正的”形式要件，依照《最高人民法院关于适用〈中华人民共和国刑事诉讼法〉的解释》第五百四十三条规定，人民法院收到社区矫正机构的撤销缓刑建议书后，经审查，确认罪犯在缓刑考验期限内具有“受到执行机关二次警告，仍不改正的”情形，应当作出撤销缓刑裁定；但是，若人民法院对社区矫正机构提出的申请撤销缓刑建议只是进行形式审查，显然不符合缓刑犯社区矫正作为刑罚执行性质，亦阻断了缓刑犯救济方式，违背了有权利必有救济的法理。因此，人民法院必须对社区矫正机构提出的撤销缓刑建议书进行实质审查，审查社区矫正机构作出的警告能否成立。从缓刑犯苏某某受到第二次警告来看，社区矫正机构没有明确载明其违反监督管理规定的具体条文，对其使用电子设备告知书亦没有告知违反后的法律后果、救济路径，对于依据“其他违反监督管理规定”亦缺乏具体援引，存在适用依据不明确，且缓刑犯苏某某的该次行为与《社区矫正法实施办法》第三十五条第一项至第五项应给予警告情形不具有相当性。

三、撤销缓刑案件“情节严重”的审查标准

根据《刑法》第七十二条第一款的规定，缓刑适用条件是：犯罪情节较轻、有悔罪表现、没有再犯罪的危险、宣告缓刑对所居住社区没有重大不良影响。由此可知，缓刑制度的立法本意是，对于符合前述规定的罪犯有可能改过自新，不再重新违法，对社会不再有危害，有利于减少重新犯罪的可能，使其更好地重新融入社会。同时，根据《刑法》第七十七条的规定，撤销缓刑条件：一是绝对撤销缓刑，即在缓刑考验期限内犯新罪或者发现判决宣告以前还有其他罪没有判决；二是相对撤销缓刑，即在缓刑考验期限内违反相关规定或者禁止令，情节严重。基于上述分析，不论是新罪、漏罪，还是违反相关规定且情节严重，显然都表现为该罪犯主观上没有真正悔改，客观上仍然对社会有危害，不能相信其能够自主地纠正自身行为偏差，缓刑理由已不复存在，有必要执行原判刑罚，予以惩戒。

针对上述相对撤销缓刑情形，即违反规定或者禁止令属于客观标准要

件，情节严重属于主观裁量要件。司法实践中，单纯民事违法，虽违反规定，但其危害性不明显，并不会直接影响整个社会秩序，不能作为撤销缓刑的理由。如，有人民法院以因缓刑犯未履行民事判决确定的义务被司法拘留15日，不符合《刑法》第七十七条第二款、《社区矫正法实施办法》第四十六条规定，裁定不予撤销缓刑。[①] 笔者认为，可以从以下考量“情节严重”的审查标准。

（一）遵循罪责刑相适应原则

根据《刑法》第五条规定，刑罚轻重应当与犯罪分子所犯罪行和承担的刑事责任相适应，变更刑罚执行方式是直接改变原案裁判结果，将非监禁刑罚变更为监禁刑罚。针对这种情形，必须严格遵循罪责刑相适应原则，才能确保该原则落到实处，严格审查缓刑犯违法严重性、社会危害性是否足以达到适用监禁刑罚执行标准，不可任意扩大适用范围。结合客观事实和主观认知，准确认定是否属于“情节严重”应予撤销缓刑情形。另外，缓刑犯在缓刑考验期间需要遵守的相关规定亦是数量繁多，如何时正式开始计算缓刑考验期间，这些都需要社区矫正机构提前进行充分告知，以便认定缓刑犯是否存在主观故意。

（二）坚持政治效果、法律效果和社会效果有机统一

缓刑制度体现了人民法院与群众路线相结合的司法治理路线，即缓刑由人民法院宣告、执行由社区矫正机构负责，以实现社区矫正[②]的“三个效果”。同时，变更刑罚执行制度是为了体现国家法律和司法裁判的权威，惩戒和震慑违法犯罪，保证缓刑犯刑罚执行工作有序推进，充分保障缓刑犯合法权益，综合考虑缓刑犯人身危险性、违法行为严重程度、已投入执行成本和社会效果等因素，体现了宽严相济刑事政策。行为人若并非具有较大人身危险性，并非不羁押不足以预防再犯罪情形，一般不宜对其撤销

① 参见湖北省随州市曾都区人民法院（2022）鄂1303刑更3号刑事裁定书。

② 张明楷：《刑法学》，法律出版社2021年版，第789页。

缓刑。若撤销缓刑后行为人将要承担较重刑罚，社会秩序将受到较大影响，人民法院应当更加审慎作出判断，发挥好非监禁刑罚教育矫治功能，化解缓刑的社会疏离，提升缓刑犯自我身份认同，[①] 让罪犯有机会改过、有出路自新，可以最大限度地减少社会对立面，提升犯罪治理效能。

四、撤销缓刑案件审理模式的重构方式

（一）撤销缓刑案件的现行审理模式

当缓刑罪犯出现撤销缓刑行为时，人民法院需对其原判缓刑执行方式作出撤销，收监执行其原判刑罚。即人民法院审查建议撤销缓刑案件的法律依据主要是《最高人民法院关于适用〈中华人民共和国刑事诉讼法〉的解释》第五百四十三条规定，但该条文仅对建议主体、实体要件、办理期限、审理主体等作出规定，并未对审理方式、建议主体与审理主体是否属于同一县域、人民陪审员是否应当参审、裁定项如何表述、裁定结果如何救济等作出规定，以致司法实践中出现不同审理模式，影响司法权威。

表 1　撤销缓刑案件常见审理模式比较

案号	审理方式	审判组织	是否异地	核心裁定项
（2022）浙 0683 刑更 1 号	书面	两名审判员一名人民陪审员	异地（跨省）	对罪犯不予撤销缓刑
（2022）皖 1302 刑更 9 号	听证	两名审判员一名人民陪审员	本地	驳回执行机关提出撤销缓刑的建议
（2022）陕 0928 刑更 1 号	书面	三名审判员	本地	撤销缓刑；收监执行
（2022）鲁 1526 刑更 2 号	书面	三名审判员	异地（跨县）	维持缓刑

① 参见杨彩云：《歧视知觉对社区矫正对象社会疏离的影响机制研究——基于身份认同整合和社会支持的中介效应》，载《浙江工商大学学报》2022 年第 3 期。

（续表）

案号	审理方式	审判组织	是否异地	核心裁定项
（2022）津 0113 刑更 2 号	书面	三名审判员	异地（跨省）	撤销缓刑；收监执行
（2020）新 2201 刑更 2 号	开庭	两名审判员一名人民陪审员	本地	对罪犯不予撤销缓刑
（2020）冀 0828 刑更 1 号	书面	两名审判员一名人民陪审员	本地	本案终止审理

通过表 1 六宗撤销缓刑案件①比较，可以发现：撤销缓刑案件以书面审理为主，兼顾组织听证或者开庭审理；合议庭成员既有三名审判员组成，也有两名审判员一名人民陪审员组成；无论是否存在异地，主要以原宣告缓刑案件的人民法院进行审理是否撤销缓刑；针对不予撤销缓刑情形，存在对罪犯不予撤销缓刑、驳回执行机关提出撤销缓刑的建议、维持缓刑、本案终止审理四种不同表述方式；针对撤销缓刑情形，裁定表述为撤销缓刑、收监执行。而且，上述裁定均是送达后即发生法律效力，显然剥夺了缓刑犯救济权，即上诉权或者复议权。

本案审理模式主要为，由三名审判员组成合议庭，委托一名审判员（经办人）对罪犯苏某某进行庭讯调查，听取缓刑犯申辩意见，同时征求执行地、本院所在地检察机关意见，合议庭对执行机关提出的撤销缓刑书面建议进行深入讨论，了解罪犯苏某某被两次警告的事实、依据、程序，决定是否进行撤销缓刑。

限于现有规定，撤销缓刑案件审理模式，主要缺陷是：对立面设置缺失，法官集控诉、审判一体，合议庭成员缺乏亲历性；执行地与审理地不一致，法官难以全面了解缓刑犯社区矫正期间表现以及实地核实证人证言，

① 参见浙江省嵊州市人民法院（2022）浙 0683 刑更 1 号刑事裁定书、安徽省宿州市埇桥区人民法院（2022）皖 1302 刑更 9 号刑事裁定书、陕西省旬阳市人民法院（2022）陕 0928 刑更 1 号刑事裁定书、山东省高唐县人民法院（2022）鲁 1526 刑更 2 号刑事裁定书、天津市北辰区人民法院（2022）津 0113 刑更 2 号刑事裁定书、新疆维吾尔自治区哈密市伊州区人民法院（2020）新 2201 刑更 2 号刑事裁定书、河北省围场满族蒙古族自治县人民法院（2020）冀 0828 刑更 1 号刑事裁定书。

不利于判断是否应该撤销缓刑；裁定缺乏救济方式。

（二）撤销缓刑案件审理模式的改革方向

撤销缓刑案件审理模式改革，必须要坚持党的领导，在确保国家司法权有效运行前提下，充分保障缓刑犯诉讼权利、实体权利，实现司法治理与基层治理效能最大化。

1. 明确撤销缓刑案件启动程序

社区矫正机构作为缓刑犯刑罚执行机关是提请撤销缓刑的当然主体，但是为了实现庭审实质化，应将由社区矫正机构向原审人民法院或者执行地人民法院提出撤销缓刑的方式改革为社区矫正机构向执行地检察机关提请撤销缓刑建议，再由该检察机关向执行地（本地区）人民法院提交撤销缓刑建议书。

2. 设置开庭审理对立面角色

程序参与者如果缺乏立场上的对立和竞争，选择只意味着对一种方案的选择时，就有悖正当程序的本性，程序的设置就毫无意义。[①] 这反映在撤销缓刑案件审理中的消极后果就是现有模式，即“法官—缓刑犯”二元化庭审结构或者书面审理，即法官不见缓刑犯、缓刑犯不见法官，让法官助理或书记员向缓刑犯进行问话即可，这显然不符合刑事诉讼主体构造要求。于此，有必须要对相关诉讼主体进行分析：缓刑犯，是撤销缓刑案件中利益直接受损者，若确实因漏罪、新罪或者严重违反规定，被撤销缓刑后执行监禁刑，也无怨无悔；若缓刑考验期间表现虽有过错但不足以撤销缓刑，一旦获得程序、实体不公平，必然会产生抗拒心理，不利于教育改造。社区矫正机构，作为缓刑犯的日常监管单位，人民法院对于严重违反规定的缓刑犯予以撤销缓刑，可以减少监管压力、维护矫治秩序，有利于对缓刑犯起到警示作用，强化对特殊群体进行矫正治理。检察机关，代表国家行使法律监督职能，监督社区矫正机构是否依法履职，但因前述检察

① 参见张文显：《法理学》，高等教育出版社 1999 年版，第 138 页。

机关、社区矫正机构同为国家职能部门，均是缓刑制度的适用主体，立场又具有统一性；参考公诉案件审判程序、强制医疗程序中对立面设计方式，应由检察机关与缓刑犯及其代理人进行对抗，社区矫正机构作为证人进行出庭，人民法院居中作出裁定。

3. 重塑撤销缓刑案件审理程序

第一，确定撤销缓刑案件管辖法院，应以执行地法院为原则，这是因为执行地法院对本地区情况更为熟悉，也便于提高司法效率；如缓刑犯存在新罪、漏罪，则由受理法院一并撤销缓刑。第二，明确合议庭组成人员，为确保撤销缓刑案件审理的公平公正，人民法院审理撤销缓刑案件时，需另行确定合议庭组成人员，且应当由一名人民陪审员参审，实现合议庭成员的专业性、群众性。第三，以开庭审理为原则、以书面审理为例外，撤销缓刑在于剥夺罪犯所享受的缓刑待遇，撤销缓刑与罪犯的直接相关，开庭庭审过程中，人民法院可对检察机关、社区矫正机构提出的撤销缓刑的事实、证据进行调查，听取缓刑犯的陈述和辩解；若缓刑犯不认同检察机关提出的撤销缓刑主张，则可以针对相关的事实和证据同检察机关、社区矫正机构相互质询，进行充分辩论，[①] 具体流程可以参考刑事诉讼普通一审案件审理模式：告知权利义务、检察机关陈述撤销缓刑意见、缓刑犯进行答辩、举证质证、辩论、缓刑犯的最后陈述，以此形成人民法院居中裁判，依法作出裁定。针对事实清楚、证据充分、缓刑犯没有异议，合议庭可以进行书面审理，但是谈话过程必不可少，必须告知缓刑犯相关权利义务，听取辩解意见、律师意见、检察机关及社区矫正机构意见，缓刑犯最后陈述，可依法作出裁定。

4. 保障缓刑犯诉讼权利

撤销缓刑案件涉及缓刑犯法定权益，根据刑事诉讼法原则，缓刑犯亦享有辩护权，可以自行辩护或委托辩护人辩护，也可以申请法律援助，确保缓刑犯敢于充分表达意见。从制度衔接角度看，在尊重“撤销缓刑的裁

---

① 参见申君贵、罗红兵：《论缓刑撤销程序的构建》，载《求索》2008 年第 3 期。

定一经作出立即生效”的基础上，应赋予缓刑犯复议权，即缓刑犯、检察机关自收到裁定书一定期限内向上一级人民法院申请复议；复议期间不停止执行裁定。从人权保障角度，赋予缓刑犯以上诉权，[①] 可以督促人民法院在撤销缓刑案件审理过程中避免出现“同案不同撤”，若缓刑犯经过一定期限后不上诉、检察机关不抗诉，则该裁判生效；若缓刑犯在一定期限内上诉或者检察机关抗诉，则由上一级法院作出裁判后生效。

5. 改革文书表达方式

现有撤销缓刑案件，无论是否撤销均是以裁定书方式作出，针对撤销缓刑应以判决书方式作出，具体表达方式可为“撤销罪犯某某缓刑，对罪犯某某收监执行”，并可上诉；针对不予撤销缓刑应继续以裁定书方式作出，具体表达方式可为“驳回检察机关提出的撤销缓刑建议”，且作出后立即生效，并可复议，原因在于当出现不适合继续缓刑新情况时，检察机关可以继续提出撤销缓刑建议。采用上述两种具体表达方式，主要是考虑到作出适用缓刑的原人民法院很多情况下不再审理对应的撤销缓刑案件，但应尊重裁判的既判力。

6. 有效发挥协同治理功能

缓刑犯社区矫正工作，实现了犯罪改造现代化，用最小的改造成本取得最优的改造效果，在聚焦缓刑犯“软发展”需求的前提下激发其主体性并与公检法司等多个部门展开协同治理，[②] 确保“治理长效”，推进平安中国建设。针对人民法院应该如何审理撤销缓刑案件，要紧紧依靠党委、政法委领导，充分发挥中国特色社会主义司法制度的优越性，才能取得党和人民满意的效果，坚持以审判为中心，寻找到一条符合司法公正与效率相统一、惩罚犯罪与保障人权相统一的审理模式。

① 参见蒋志如：《缓刑撤销程序化构建的初步思考》，载《前沿》2014 年第 1 期。

② 参见梁盼、张昱：《从“维控有力”到“治理长效”：社区矫正效能标准的转向》，载《华东理工大学学报（社会科学版）》2022 年第 2 期。

张某某诉河南省安阳市文峰区市场监督管理局行政撤销案

——过罚相当原则的司法适用

◇编写人：河南省安阳市中级人民法院　邢　霞　肖珊珊　程晓丽

【获奖评语】

简单、机械地办理行政案件可能会严重侵害相对人的合法权益，法院在审查行政处罚合理性时应援引或参考过罚相当原则。本案中，张某某存在经营食品未查验供货者的合格证明文件及经营农药残留超过食品安全标准限量食品的行为，且不符合免除行政处罚的情形，市场监督管理局理应对其进行行政处罚。鉴于张某某采购数量较小，未造成严重的实际危害后果，一审、二审法院依据《行政处罚法》第四条之规定，认为市场监督管理局决定给予其罚款53000元的行政处罚畸重，属于过罚明显不当。本案通过“农产品经营者未建立进货备案制度、经营农药残留超标食品被行政处罚”这一小切口，讨论“法院综合运用比例原则裁量行政处罚是否恰当”的大主题。本案具有较强的代表性，该裁判既体现了司法权对行政权的监督和支持，又彰显了对“三小”权利保障的司法温度。

【关键词】

行政处罚　司法监督　进货备案　农药残留超标　过罚相当

【裁判要旨】

行政处罚应遵循过罚相当原则，行政处罚所适用的处罚种类和处罚幅度要与违法行为的性质、情节及社会危害程度相适应。行政机关因过罚不当被诉至法院，法院应当以比例原则作为判断行政裁量的基本准则，参照适当性、必要性和均衡性三项子原则，综合考量处罚前科、过错程度、客观行为、损害后果、违法所得等情形，合理判定行政处罚的数额。

【相关法条】

《食品安全法》（2021 年 4 月 29 日修正）

第三十四条第一款第二项　禁止生产经营下列食品、食品添加剂、食品相关产品：

（二）致病性微生物，农药残留、兽药残留、生物毒素、重金属等污染物质以及其他危害人体健康的物质含量超过食品安全标准限量的食品、食品添加剂、食品相关产品。

第六十五条　食用农产品销售者应当建立食用农产品进货查验记录制度，如实记录食用农产品的名称、数量、进货日期以及供货者名称、地址、联系方式等内容，并保存相关凭证。记录和凭证保存期限不得少于六个月。

《行政处罚法》（2021 年 1 月 22 日修订）

第五条第一款、第二款　行政处罚遵循公正、公开的原则。

设定和实施行政处罚必须以事实为依据，与违法行为的事实、性质、情节以及社会危害程度相当。

《河南省食品小作坊、小经营店和小摊点管理条例》（2017 年 12 月 4 日公布）

第四十四条第一项　违反本条例规定，小作坊和小经营店有下列行为之一，由县级人民政府食品药品监督管理部门没收违法所得，没收不符合食品安全标准和要求的食品和食品原料，处一万元以上十万元以下罚款；情节严重的，责令停产停业：

（一）生产经营禁止生产经营的食品的；

【案件索引】

一审：河南省安阳市文峰区人民法院（2022）豫 0502 行初 2 号（2022 年 4 月 27 日）

二审：河南省安阳市中级人民法院（2022）豫 05 行终 159 号（2022 年 6 月 30 日）

【基本案情】

原告张某某诉称：原告于 2018 年 3 月 26 日依法登记成立安阳市文峰区张某蔬菜店，在河南省安阳市文峰区某路小规模零售蔬菜，原告从李某庄蔬菜批发市场购进少量蔬菜零售，没有固定供应商，对于被告 2021 年 1 月 5 日抽查的韭菜当天进货量也很少，原告从蔬菜批发市场购进少量韭菜不可能明知腐霉利残留量超标，被告据此作出安文市监食罚（2021）13 号行政处罚决定书对原告罚款 53000 元，原告认为被告行政处罚证据不足、适用法律错误而且处罚过重，原告不服该处罚决定，向法院提起行政诉讼，请求撤销被告作出的安文市监食罚（2021）13 号行政处罚决定书。

被告河南省安阳市文峰区市场监督管理局辩称：被告作出的行政处罚决定认定事实证据确凿，遵守了法定程序，被告也具有处罚的相应职权，依法应判决驳回原告的诉讼请求。

法院经审理查明：2021 年 6 月 29 日，安阳市文峰区市场监督管理局作出安文市监食罚（2021）13 号行政处罚决定书。内容有：2021 年 2 月 1 日，被告收到编号 NCP2141050246×××0109 关于安阳市文峰区张某蔬菜店的不合格报告，报告中显示韭菜经抽样检测腐霉利 5.83mg/kg（腐霉利标准指标≤0.2mg/kg）残留量超出限值。2021 年 2 月 2 日，被告将不合格报告和复检须知送达安阳市文峰区张某蔬菜店，该店负责人张某某拒绝签收，被告执法人员联系安阳市文峰区张记蔬菜店辖区的社区工作人员（柏某叶）作为见证人进行了签收。2021 年 2 月 5 日，被告执法人员再次与安阳市文峰区张某蔬菜店负责人张某某联系，通知其到文峰区钟楼市场监督管理所作笔录。2021 年 2 月 5 日下午，该店负责人到文峰区钟楼市场监督管理所，对被告 2021 年 2 月 2 日送达的抽检不合格报告和复检须知进行了签收，安阳市文峰区张某蔬菜店张某某对不合格报告无异议，未提出复检，但是该店负责人张某某拒绝提供身份证等有效证件，该店负责人张某某以继续去给他的上级供应商索要相关票据等理由，不予配合作询问笔录，所以被告执法人员无法对该店涉案金额进行认定。经调查，安阳市文峰区张某蔬菜店张某某地址在文峰区某路，经营面积约 30 平方米，营业执照类型为个体工商户，符合《河南省食品小作坊、小经营店和小摊点管理条例》（以下简称《河南“三小”管理条例》）第三条第二款规定：“本条例所称食品小经营店（以下简称小经营店），是指有固定经营场所，使用面积较小，经营规模较小，经营条件简单，从事食品销售、提供餐饮服务的个体工商户。”张某某经营食品未查验供货者的合格证明文件的行为，违反了《食品安全法》第六十五条的规定（食用农产品销售者应当建立食用农产品进货查验记录制度，如实记录食用农产品的名称、数量、进货日期以及供货者名称、地址、联系方式等内容，并保存相关凭证。记录和凭证保存期限不得少于六个月）。张某某经营农药残留超过食品安全标准限量的食品行为，违反了《食品安全法》第三十四条第一款第二项的规定：“禁止生产经营下列食品、食品添加剂、食品相关产品：（二）致病性微生物，农药残留、兽药残留、生物毒素、重金属等污染物质以及其他危害人体健康的物质含量超过食品安全标准限量的食品、食品添加剂、食品相关产品。”2021年6月10日，被告执法人员对安阳市文峰区张某蔬菜店张某某下达行政处罚事先告知书和行政处罚听证告知书。当事人拒绝在送达回执上签字，被告执法人员对现场情况进行了全程录像，当事人未提出陈述申辩及听证。被告根据原告违法行为的事实、性质、情节、社会危害程度和相关证据，参照《河南省食品药品监督管理行政处罚裁量标准》，认定原告的违法行为等次为一般。《食品安全法》第一百二十六条规定：“违反本法规定，有下列情形之一的，由县级以上人民政府食品安全监督管理部门责令改正，给予警告；拒不改正的，处五千元以上五万元以下罚款；情节严重的，责令停产停业，直至吊销许可证……（三）食品、食品添加剂生产经营者进货时未查验许可证和相关证明文件，或者未按规定建立并遵守进货查验记录、出厂检验记录和销售记录制度……”据此，责令张某某立即改正，并作出如下行政处罚：警告。《河南“三小”管理条例》第四十四条规定：“违反本条例规定，小作坊和小经营店有下列行为之一，由县级人民政府食品药品监督管理部门没收违法所得，没收不符合食品安全标准和要求的食品和食品原料，处一万元以上十万元以下罚款；情节严重的，责令停产停业：（一）生产经营禁止生产经营的食品的……”据此，给予张某某53000元罚款的行政处罚。原告张某某不服该处罚决定，提起本案诉讼。

【裁判结果】

河南省安阳市文峰区人民法院于2022年4月27日作出（2022）豫0502行初2号行政判决：驳回原告张某某的诉讼请求。一审宣判后，张某某不服提起上诉，河南省安阳市中级人民法院于2022年6月30日作出（2022）豫05行终159号行政判决：（1）撤销河南省安阳市文峰区人民法院（2022）豫0502行初2号行政判决；（2）变更安阳市文峰区市场监督管理局作出的安文市监食罚（2021）13 号行政处罚决定书中罚款 53000 元为罚款 10000 元。

【裁判理由】

法院生效裁判认为：本案的争议焦点是安阳市文峰区市场监督管理局作出的被诉行政处罚决定认定事实是否清楚，主要证据是否充分，处罚结果是否适当。首先，关于安阳市文峰区市场监督管理局作出的被诉行政处罚决定认定事实是否清楚，主要证据是否充分问题。《食品安全法》第三十四条第一款第二项规定："禁止生产经营下列食品、食品添加剂、食品相关产品：(二）致病性微生物，农药残留、兽药残留、生物毒素、重金属等污染物质以及其他危害人体健康的物质含量超过食品安全标准限量的食品、食品添加剂、食品相关产品。"《食品安全法》第六十五条规定："食用农产品销售者应当建立食用农产品进货查验记录制度，如实记录食用农产品的名称、数量、进货日期以及供货者名称、地址、联系方式等内容，并保存相关凭证。记录和凭证保存期限不得少于六个月。"本案中，从安阳市文峰区市场监督管理局提交的现场检查笔录、抽检报告等证据看，能够认定张某某存在经营食品未查验供货者的合格证明文件及经营农药残留超过食品安全标准限量的食品的行为，分别违反了上述规定。安阳市文峰区市场监督管理局作出的被诉行政处罚决定认定基本事实清楚，主要证据充分。其次，关于安阳市文峰区市场监督管理局作出的被诉行政处罚决定处罚结果是否适当问题。《行政处罚法》第四条规定："行政处罚遵循公正、公开的原则。设定和实施行政处罚必须以事实为依据，与违法行为的事实、性质、情节以及社会危害程度相当。"即行政机关在作出行政处罚时，应当根据被处罚人的违法事实、性质、情节以及社会危害程度等作出过罚相当的行政处罚。本案中，对于张某某经营食品未查验供货者的合格证明文件的违法行为，安阳市文峰区市场监督管理局依据《食品安全法》第一百二十六条第一款第三项的规定，决定责令张某某立即改正，并给予警告的行政处罚。对于张某某经营农药残留超过食品安全标准限量的食品的行为，安阳市文峰区市场监督管理局依据《河南“三小”管理条例》第四十四条第一款第一项的规定，决定给予张某某罚款53000元的行政处罚。张某某主张安阳市文峰区市场监督管理局决定给予其罚款53000元的行政处罚过重，属于过罚明显不当。就本案而言，张某某诉称从菜市场上购进韭菜约20市斤。张某某作为个体经营者，在购进蔬菜时对于蔬菜是否存在不合格等问题难于判断，且其采购数量较小，未造成严重的实际危害后果。因此，结合本案查明的事实，安阳市文峰区市场监督管理局给予张某某罚款53000元的行政处罚，明显过罚不当。《行政诉讼法》第七十七条第一款规定：“行政处罚明显不当，或者其他行政行为涉及对款额的确定、认定确有错误的，人民法院可以判决变更。”据此，本院对安阳市文峰区市场监督管理局作出的安文市监食罚（2021）13号行政处罚决定书中罚款53000元的处罚变更为罚款10000元。原审判决驳回张某某的诉讼请求，适用法律错误，应予纠正。

【案例注解】

党的十八届三中全会以来，党中央明确将食品安全纳入公共安全体系，食品安全被提升到重大的民生问题和重大的政治问题的战略高度。执法和司法是食品安全法制和社会共治的重要组成部分，食品安全执法的裁量不仅面临执法系统内部统一裁量尺度的考验，也面临着外部司法适用的考验。

本案中，文峰区市场监督管理局对商贩未建立进货查验制度及经营产品农药残留超标的两个违法行为作出两个行政处罚，引发诉讼。根据行政诉讼的全面审查原则，法院应当对被诉行政行为的事实根据、法律依据、行政程序等进行合法性审查。一审法院认定行政机关处罚并无不当，二审法院则将行政处罚决定书中罚款53000元的处罚变更为罚款1万元。本案的争议焦点是文峰区市场监督管理局作出的行政处罚幅度是否适当。

一、进货查验制度是农产品销售者的法定义务

食品生产者、经营者和销售者在管理能力、认知能力和对食品安全的风险防范上存在差异，基于此，《食品安全法》对不同主体规定了不同进货查验义务：第五十条规定了食品生产者查验供货者许可证和产品合格证明的义务；第五十三条分别规定了食品经营者、食品经营企业、实行统一配送方式的食品经营企业、从事食品批发业务的经营企业四种主体不同的进货查验义务；第六十五规定了食用农产品销售者的进货查验记录制度。本案中，张某某经营的蔬菜属于食用农产品，应该根据《食品安全法》第六十五条的规定建立食用农产品进货查验记录制度，如实记录食用农产品的名称、数量、进货日期以及供货者名称、地址、联系方式等内容，并保存相关凭证，记录和凭证保存期限不得少于六个月。同时，《食品安全法》也规定了建立进货查验义务的免责条款和未建立该制度的罚则。

（一）建立进货查验义务的食品经营者可免予行政处罚

《食品安全法》第一百三十六条规定："食品经营者履行了本法规定的进货查验等义务，有充分证据证明其不知道所采购的食品不符合食品安全标准，并能如实说明其进货来源的，可以免予处罚，但应当依法没收其不符合食品安全标准的食品；造成人身、财产或者其他损害的，依法承担赔偿责任。"因此，食品销售者的免责条款由客观要件、主观要件和行政裁量要件构成。具体而言，其客观要件为"法定的进货查验等义务"和"如实说明进货来源"，主观要件为"有充分证据证明其不知道所采购的食品不符合食品安全标准"，行政裁量要件为"可以免予处罚"。因此，行为人即便满足主观、客观要件，行政机关也不必然会免除其处罚。本案中，从文峰区市场监督管理局提交的现场检查笔录、抽检报告等证据看，能够认定张某某存在经营食品未查验供货者的合格证明文件的违法行为，因此对张某某不能使用免责条款。

(二) 未建立进货查验制度的食品经营者应当承担相应责任

《食品安全法》第一百二十六条规定根据经营者违法情形的不同，分别设定了不同程度的处罚。一般是由市场监督管理局责令改正，给予警告，如果行为人拒不改正，处5000元以上5万元以下罚款，情节严重的，责令停产停业，直至吊销许可证。本案中，针对张某某未建立进货查验制度的违法行为，文峰区市场监督管理局责令改正，给予警告，符合法律规定，事实清楚，证据确实充分，并无不当。

二、小微主体经营农药残留超标产品处罚的法律适用

《食品安全法》中涉及的相对人主体分为一般主体和小微主体。《食品安全法》的大部分行政处罚责任条款针对的是一般主体。而针对小微主体这种特别主体，法律进行了特别授权（特别规定），即《食品安全法》第三十六条第一款和第二款在明确了食品加工小作坊和食品摊贩生产经营活动应该符合该法规定情形及监督主体的情形下，第三款赋予了省、自治区、直辖市制定对食品生产加工小作坊、食品摊贩等的违法行为进行处罚的办法的权利。同时《食品安全法》第一百二十七条规定："对食品生产加工小作坊、食品摊贩等的违法行为的处罚，依照省、自治区、直辖市制定的具体管理办法执行。"根据《食品安全法》的相关规定，河南省人大常委会制定《河南"三小"管理条例》。因此，文峰区市场监督管理局应当根据行政相对人的主体身份选择《食品安全法》或者《河南"三小"管理条例》。本案中张某蔬菜店经营面积约30平方米，营业执照类型为个体工商户，符合《河南"三小"管理条例》第三条第二款规定，即"本条例所称食品小经营店（以下称小经营店），是指有固定经营场所，使用面积较小，经营规模较小，经营条件简单，从事食品销售、提供餐饮服务的个体工商户"。因此，可以确定张某某的主体身份为小微主体，对张某某运营过程中违反《食品安全法》的行为应该根据《河南"三小"管理条例》作出处罚。张某某经营的农药残留超标的韭菜属于法律明确禁止经营的食品，

根据《河南“三小”管理条例》第四十四条第一款规定，应该由县级以上市场监督管理局没收不符合食品安全标准和要求的食品，处以一万元以上十万元以下的罚款。文峰区市场监督管理局在该条规定的处罚区间范围内，给予张某某罚款53000元的行政处罚。

三、过罚相当原则的司法适用

过罚相当原则在行政合法性原则的前提下，进一步凸显了行政合理性原则的考量，是实质法治在行政执法领域的具体体现。《行政处罚法》第四条第二款明确了过罚相当原则：“设定和实施行政处罚必须以事实为依据，与违法行为的事实、性质、情节以及社会危害程度相当。”不可否认的是，过罚相当原则具有独立性，在实践中不应该将其与行政法其他原则混同使用，更不应该将其作为其他原则的补充。但“相当”是不确定法律概念，主观性强，极易产生保守适用或滥用职权的“过罚不当”问题，需要步骤化、具体化的可操作的裁判标准予以支撑才能避免越度处罚出现。我国台湾地区行政法学者陈新民教授认为：“比例原则是拘束行政权力违法最有效的原则，其在行政法学中所扮演的角色，可比拟‘诚信原则’在民法中‘帝王条款’之地位，吾人称比例原则是行政法中之‘帝王条款’，当不为过。”[①] 基于此，笔者认为，可以将比例原则作为行政裁量的基本准则，综合考量处罚前科、过错程度、客观行为、损害后果、违法所得、悔错态度及经济能力等情形，合理判定行政处罚的数额，从而平衡好公益和私益，实现个案正义与社会公正相统一，行政执法机关的内部评价和社会公众的法治感受相统一。

（一）参照比例原则的适当性、必要性、均衡性原则考量行政处罚是否恰当

比例原则又被称为“最小侵害原则”，包括适当性、必要性和均衡性

① 陈新民：《行政法总论》，我国台湾地区三民书局1995年版，第62页。

三项子原则，分别针对行政行为之目的、手段与收益进行正当性与合理性评价。在行政处罚中，适当性原则应指予以行政处罚是否有助于实现行政目的，达到一定效果，维护社会秩序。必要性原则是在众多可以实现行政目的的方式中，是否必须采取罚款方式，如何采用对行为人侵害最小的方式最大程度上实现行政处罚法的目的。均衡性原则需要从不同角度考量，从类案的角度考量，是指对类案的行为人应当处以相同或者相似的处罚，从个案的角度考量是指对行为人处以行政处罚所耗费的成本与所维护的社会利益是否均衡。简言之，处罚手段须与目的相匹配，在确保目的实现前提下应科加损害最小之处罚，处罚科加应当具有社会利益边际递增的效果。[①]

（二）综合考量处罚前科、过错程度、客观行为、损害后果、违法所得等酌定裁罚情形

酌定裁罚情形因具备裁量性而成为造成过罚不当的关键因素，因此执法司法机关应该将其作为比例原则指导下的重点考量要素，以此实现对行政相对人行为的全面评价，从而做到过罚相当。一般而言，具有处罚前科的行为人再犯，表明先前行政处罚的规制作用并未发挥实效，司法实践中会将其作为从重或加重处罚的依据，反之对没有处罚前科的行为人则会从轻或者减轻处罚。过错程度主要是对认为人主观方面的评价，行为人故意实施应受处罚的行为，应受到否定评价。客观行为则指行为人违法行为是否既遂、持续时间长短、涉案金额多少，该裁量要素与损害后果密切相关。如果行为已经既遂、持续时间长、涉案金额大，其所造成的损害后果会存在无限扩大的风险。

本案中，张某某经营农药残留超过食品安全标准限量的食品行为，违反了《食品安全法》第三十四条第一款第二项的规定，又不存在违法阻却事由，不符合免除行政处罚的情形。文峰区市场监督管理局根据《河南

① 参见陈太清：《过罚相当原则的司法适用》，载《法学》2021年第10期。

"三小"管理条例》的规定，为了维护市场秩序和公共利益，决定给予罚款行政处罚。对张某某处以罚款是相对于吊销执照等损害更小的方式，符合必要性原则。但是罚款 53000 元不符合均衡原则，综合考量张某某属于小微主体，尚无证据证明其有处罚前科，其主观上并非故意经营农药残品超标的农产品，案涉货值相对较小，且没有已知的危害后果，因此文峰区市场监督管理局作出的行政处罚明显过罚不当。对违法行为施以适度的处罚，既能纠正违法行为，又能使违法者自我反省，同时还能教育其他公民自觉守法。如果处罚过度，则非但起不到教育的作用，反而会使被处罚者产生抵触心理，甚至采取各种手段拖延或抗拒执行处罚，无形中增加了行政机关的执法成本，也不利于树立行政处罚的公信力。二审法院认为文峰区市场监督管理局应当根据张某某违法行为的事实、性质、情节以及社会危害程度选择罚款金额，遂改判处罚张某某 10000 元。

四、案件衍生问题探讨

自"三聚氰胺""苏丹红"等事件发生以来，食品安全问题成为重大民生话题，食品安全的执法和司法问题在舆论这个放大镜下被监督，也被挑战，这对行政机关依法行政、司法机关依法裁判大有裨益。但是我们仍需审视，《食品安全法》《农产品质量安全法》等一系列法律为食品生产者、经营者设定了严苛的行政处罚，《刑法》将生产、销售不符合安全标准的食品罪、生产、销售有毒、有害食品罪等罪名入刑，但是农产品食品安全问题仍然屡禁不止。可见食品安全问题的症结并非只在下游环节，侧重于加重对农产品下游环节的处罚并不能从根源上解决问题，需主抓上游安全，实现问题倒查、责任倒追。

农产品食品安全问题通常因源头违法违规生产所致。从农产品的产销过程来看，商户直接从农户地头收购农产品，可以观察产品的外观卖相，但对产品是否存在农药残留的内在质量难以通过肉眼识别。部分商户从大型农贸交易市场、批发市场购进农产品，因具备合理信赖而极有可能购买未经质检的不合格农产品。从农产品经营者的食品安全意识角度看，其抱有未履行进货查验义务未必会被发现的侥幸心态。从监管执行的角度而言，农贸市场缺乏食品安全的多元化主体监督，无法支撑更专业、规模更大的食品安全监管工作需要，导致农贸市场食品安全无法得到权威、持久的保障。[①] 种种因素累积导致农产品食品安全问题凸显。

因此，对农产品的监管应当将重心前移，实现源头治理。具体而言：一是厘清各部门监管职责分工，对于职责分工冲突事项及时沟通解决，保障农产品产销全程无死角、无缝隙监管，避免出现监管漏洞；二是提高我国基层食品安全监管人员综合水平，建立职业化的食用农产品质量安全执法检查队伍，[②] 创新监管方式，实现有效监管；三是加大对打击农产品源头违法的宣传力度，通过发布负面典型案例，发挥威慑作用。

---

① 参见郭利军：《农贸市场食品安全监管存在的问题与优化措施》，载《食品安全导刊》2022年第5期。

② 参见杨利娟：《食品安全快速检测对农贸市场监管的意义探究》，载《食品安全导刊》2022年第35期。

周某诉江苏省南京市溧水区民政局、江苏省南京市民政局婚姻登记信息行政处理及行政复议案

——数字政府建设中不履行婚姻登记信息处理职责的司法认定

◇编写人：江苏省南京江北新区人民法院　程　媛

【获奖评语】

职权法定、依法行政是行政活动的基本准则，要求行政机关在法律、法律授予的职权范围内行使职权。数字政府建设过程中，信息的共享、开放和流通尚存在着一些壁垒，政府存在怠于履行法定职责的情形。本案中，周某已取得法院确认其与余某某离婚的民事调解书，溧水区民政局仍表示“无法帮申请人通过直接更改婚姻状况的方式实现信息共享”，拒绝为周某更改婚姻登记系统信息。在信息化时代，如何推进政府治理理念、治理方式符合新时代要求，是行政审判面临的重大而紧迫的课题。本案涉及履行法定职责、数据规范管理，是数字化、信息化过程中各行政机构都可能面临的问题。本案以人民为中心，厘清了婚姻登记机关对公民婚姻登记信息数据进行归集、整合、共享的管理职责，践行了“如我在诉、如我在办”的行政审判理念，回应了“让数据多跑路、人民少跑腿”的群众需求，丰富了司法为民的新境界。

【关键词】

信息行政处理数字政府建设　婚姻登记信息　法定职责　更正

【裁判要旨】

在数字政府建设背景下，婚姻登记机关具有对公民婚姻登记信息进行归集、整合、共享的法定职责。当事人持生效裁判文书向婚姻登记机关申请更正婚姻登记信息，婚姻登记机关以当事人并非在婚姻登记机关办理离婚为由，拒绝归集、整合的，构成不履行法定职责，人民法院应当判决婚姻登记机关更正相关信息。

【相关法条】

《民法典》（2020 年 5 月 28 日公布）

第一千零三十七条第一款　自然人可以依法向信息处理者查阅或者复制其个人信息；发现信息有错误的，有权提出异议并请求及时采取更正等必要措施。

《婚姻登记条例》（2003 年 8 月 8 日公布）

第二条　内地居民办理婚姻登记的机关是县级人民政府民政部门或者乡（镇）人民政府，省、自治区、直辖市人民政府可以按照便民原则确定农村居民办理婚姻登记的具体机关。

第十六条　婚姻登记机关收到人民法院宣告婚姻无效或者撤销婚姻的判决书副本后，应当将该判决书副本收入当事人的婚姻登记档案。

【案件索引】

一审：江苏省南京江北新区人民法院（2021）苏 0192 行初 1096 号（2022 年 12 月 7 日）

二审：江苏省南京市中级人民法院（2023）苏 01 行终 101 号（2023 年 6 月 6 日）

【基本案情】

原告周某诉称：其于 2016 年 6 月在江苏省南京市溧水区民政局登记结婚，于 2020 年 8 月在江苏省江宁经济开发区人民法院（以下简称江开区法院）调解离婚。但目前婚姻登记信息系统（以下简称婚姻登记系统）显示原告婚姻状态仍为已婚，影响了原告通过线上办理任何同婚姻登记系统联网的其他事宜。原告为此多次通过南京 12345 政务热线请求溧水区民政局予以更新，溧水区民政局先称只要原告开具离婚生效证明后即可更新婚姻登记系统。之后又告知即使法院开具离婚生效证明，也没办法更新婚姻登记系统的信息，需要办理调解离婚的法院自行更新婚姻登记系统。原告多次请求无果，于 2021 年 6 月申请行政复议。江苏省南京市民政局于 2021 年 8 月 2 日驳回了原告的行政复议申请。原告认为，其已离婚，但两被告使用的婚姻登记系统仍对外推送其“结婚登记”信息，显示其为已婚状态，与实际情况不符；被告是主管婚姻登记事务的行政机关，对于原告不实的婚姻信息负有更正的职责。被告上述推诿行为，侵犯了原告的合法权益。请求法院判令：（1）撤销南京市民政局作出的（2021）宁民行复第 1 号《行政复议决定书》（以下简称 1 号复议决定书）；（2）要求溧水区民政局据实登记原告婚姻状况，将婚姻登记系统中原告婚姻状态更正为离婚。

被告溧水区民政局辩称：原告的诉求不属于被告溧水区民政局的职责范围。原告的诉求涉及法院判处的离婚信息与其他部门共享的问题，此不属于被告的职责范围。同时，《婚姻登记条例》中也无由民政部门对法院调解离婚进行登记的规定。原告已经通过诉讼调解离婚，其要求被告据实登记其婚姻状况无事实及法律依据，也不属于被告职责范围。综上，请求裁定驳回原告的起诉或判决驳回原告的诉讼请求。

被告南京市民政局辩称：婚姻登记系统中的婚姻信息实质上是婚姻登记档案记载内容的呈现，并非当事人真实、客观的婚姻状态。婚姻登记信息可能与当事人实际信息不一致，民政部门在线下办理时，结合法院推送信息可以全面反映当事人的婚姻登记情况，但是民政部门仅对外共享其婚姻登记信息，并不包括法院判决调解离婚信息，因此，当事人在其他单位办理具体事务时，会出现婚姻状况不一致情况，此时则需要当事人携带法院生效文书或离婚证明去相关单位进行现场办理。故行政复议决定认定事实清楚，适用法律正确，行政复议程序合法。请求依法驳回原告的诉讼请求。

法院经审理查明：2016 年 6 月 6 日，原告周某与案外人余某某在溧水区民政局办理结婚登记手续。2020 年 8 月 7 日，江开区法院立案受理周某起诉余某某离婚纠纷案。2020 年 8 月 10 日，江开区法院作出（2020）苏 0191 民初 3138 号民事调解书，确认周某与余某某自愿离婚，并就子女抚养和探视、夫妻共同财产分割等达成协议。该调解书已生效。

2020 年 11 月 25 日，周某通过南京市人民政府统一组织搭建的“我的南京”手机 App 办理公积金业务时，发现公积金系统显示其为已婚状态，导致其不能线上办理提取公积金事项，须本人现场带离婚资料才能办理。周某遂拨打南京 12345 政务热线反映情况，要求公积金账户可以联网查询到婚姻状况。2020 年 11 月 28 日，南京市 12345 政务热线服务中心（以下简称南京 12345 平台）工作人员通过“我的南京”App 回访，答复周某称：经联系相关业务部门，反馈目前数据在各部门间无法共享，线上暂时无法查询和办理，但是其将记录下周某的意见，并向上级部门反映，以便以后能够解决。2021 年年初，周某通过手机支付宝 App 查询“江苏政务婚姻登记信息”发现，其婚姻登记查询结果仍为“结婚登记”并有配偶身份信息，办理机关为溧水区民政局婚姻登记处，并备注：所查询信息为在江苏省内婚姻登记机关登记的当前记录，不作婚姻记录证明用途；如对查询结果有异议，请与登记地婚姻登记机关联系。2021 年 4 月 28 日，周某通过南京 12345 平台反映，经法院判处的离婚信息，婚姻登记系统数据没有更新，其仍然需要带着离婚调解书办理各项事宜等问题。溧水区民政局接到南京 12345 平台工单后，与周某进行电话沟通，认为周某是需要法院将离婚信息与其他部门共享，遂反馈至江开区法院办理。

2021 年 5 月 20 日，周某向溧水区民政局投诉，要求更改婚姻登记系统信息。溧水区民政局接到投诉工单后，与周某联系并答复称：离婚判决书、离婚调解书、离婚证都具有同等的法律效力，即依法解除夫妻双方之间的婚姻关系，因此，法院判决、调解离婚后，当事人不需要再到婚姻登记机关办理离婚登记手续，故该局婚姻登记机关无法满足其诉求；全国婚姻登记系统与其他部门共享的是婚姻登记信息，无法帮申请人通过直接更改婚姻状况的方式实现信息共享。2021 年 5 月 28 日，周某再次向溧水区民政局提出要求调整婚姻登记系统的婚姻状况，如不同意则要求进行行政复议。溧水区民政局电话联系周某，答复对其诉求无法满足，并告知了周某申请行政复议的途径和方式。

2021 年 6 月 11 日，南京市民政局立案受理周某的行政复议申请，经审查，于 2021 年 8 月 2 日作出 1 号复议决定书，根据《行政复议法实施条例》第四十八条第一款第一项之规定，决定驳回周某对溧水区民政局的行政复议申请。周某遂提起行政诉讼。

【裁判结果】

江苏省南京江北新区人民法院于 2022 年 12 月 7 日作出（2021）苏 0192 行初 1096 号行政判决：撤销被告南京市民政局作出的 1 号复议决定书；责令被告南京市溧水区民政局于本判决生效之日起两个月内按照（2020）苏 0191 民初 3138 号民事调解书的内容对婚姻登记信息系统中原告

周某的婚姻信息采取更正措施。南京市民政局不服，提起上诉。江苏省南京市中级人民法院于2023年6月6日作出（2023）苏01行终101号行政判决：驳回上诉，维持原判。

【裁判理由】

生效判决认为：关于溧水区民政局是否具有对周某的申请进行处理的法定职责。《婚姻登记工作规范》对档案信息的录入等进行了进一步的规范，并未超出《婚姻登记条例》的范围。《婚姻登记工作规范》系民政部为加强婚姻登记规范化管理，维护婚姻当事人的合法权益，根据《婚姻法》和《婚姻登记条例》制定的规范性文件，婚姻登记机关在履职中应予执行。根据以上规定，周某与案外人余某某在江开区法院诉讼形成的（2020）苏0191民初3138号民事调解书的内容，系婚姻登记档案的一部分。婚姻登记机关应将法院生效文书复印件存档并将相关信息录入婚姻登记信息系统。溧水区民政局作为县级政府的民政部门，也是婚姻登记机关，具有对周某的申请进行处理的法定职责。

关于溧水区民政局是否应当对周某的婚姻信息进行更新。根据《民法典》第一千零三十四条第一款、第二款规定，溧水区民政局将其掌握的周某的婚姻登记档案信息电子化，并提供给周某或者其他机关进行查阅，该信息属于周某的个人信息，依法应受法律保护。《民法典》第一千零三十五条第二款规定，个人信息的处理包括个人信息的收集、存储、使用、加工、传输、提供、公开等。《民法典》第一千零三十七条第一款规定，自然人可以依法向信息处理者查阅或者复制其个人信息；发现信息有错误的，有权提出异议并请求及时采取更正等必要措施。该条理应包括个人发现其个人信息不准确或者不完整的，有权请求个人信息处理者更正、补充之义。据此，个人信息处理者负有保证个人信息准确、完整的义务，因个人信息处理者的信息处理活动导致其个人信息不完整时，个人请求更正、补充其个人信息的，个人信息处理者应当对其个人信息予以核实，并及时更正、补充。本案中，周某在电子平台查询的其个人婚姻登记信息，系由溧水区民政局提供。周某查询到的其个人婚姻信息，目前仍显示为其结婚登记信息，虽然该信息真实，但对周某的全部婚姻信息而言，该内容并不完整。周某于2020年8月经法院调解离婚，其个人婚姻信息已发生变化，其有权要求溧水区民政局对其个人婚姻信息予以更新。根据溧水区民政局当时使用的江苏省婚姻登记管理信息系统“法院记录查询”模块，以周某的身份证号码进行查询，显示在（2020）苏0191民初3138号案件中，周某与案外人余某某解除婚姻关系。审理中，溧水区民政局也认可江开区法院已将该案件信息共享至溧水区民政局。（2020）苏0191民初3138号案件结果反映的内容是周某婚姻信息的一部分，如果不补充该部分婚姻信息，会导致周某的个人信息不完整。婚姻信息是个人信息的重要内容，在办理个人相关事务时，该信息为必须，如该信息不完整，会在一定程度上影响周某个人权益的实现。故溧水区民政局在接到周某的申请后，应及时对周某的婚姻登记信息采取更正措施，其对周某的申请未予处理，构成了不履行法定职责。南京市民政局作出的1号复议决定对溧水区民政局不履行法定职责的行为未予纠正，依法应予撤销。

综上，一审判决认定事实清楚，适用法律正确，审判程序合法，因此判决驳回上诉，维持原判。

【案例注解】

本案以数字政府建设为背景，厘清婚姻登记机关对公民婚姻登记信息数据进行归集、整合、共享的管理职责，明确了当事人依据生效法律文书申请更正婚姻信息，婚姻登记机关应当依法办理的规则，推动婚姻登记机关对协议离婚、诉讼离婚产生的婚姻信息进行归集、共享，打破数据壁垒，推进数字政府建设，维护行政相对人合法权益。

一、数字政府建设的价值判断与必然要求

（一）数字政府建设的价值判断：以人民利益为中心

数字政府是以新一代信息技术为支撑，政府机构日常办公、信息收集与发布、公共管理等事务在数字化、网络化的环境下进行的国家行政管理形式。2022 年 6 月 6 日国务院发布《国务院关于加强数字政府建设的指导意见》（国发〔2022〕14 号）指出加强数字政府建设具有重大意义，[①] 数字政府建设也对提高政务数据的科学性、准确性、时效性提出更高要求。

数字政府建设最大要义在于实现共享、互通和便利，使人民群众能够从中真正受益。疫情期间，数字政府在线政务服务发挥重要作用，秉持“信息惠民”理念试行的“网上办、掌上办、一次办”等创新模式，使“只进一扇门，最多跑一次”成为现实。但同时各种挑战与瓶颈问题也随之显现。本案中，婚姻登记机关共享的婚姻登记信息不能反映公民真实婚姻状况，就是数字政府建设中数据壁垒问题的突出反映。数字政府建设是不断更新理念、转变职能的过程，其价值判断核心应当是以人民利益为中心。

（二）数字政府建设的必然要求：归集、整合、共享婚姻登记信息

婚姻登记信息发生变化后，应当及时更新系统，更正相关信息，可采取的措施包括归集、整合、共享等处理措施。归集、整合、共享婚姻登记信息契合数字政府建设需要，主要体现在以下几个方面。

其一，发挥数字政府效能。数字政府建设的出发点和落脚点是满足人

① 《国务院关于加强数字政府建设的指导意见》（国发〔2022〕14 号）指出：加强数字政府建设是适应新一轮科学技术和产业变革趋势、引领驱动数字经济发展和数字社会建设、营造良好数字生态、加快数字化发展的必然要求，是建设网络强国、数字中国的基础性和先导性工程，是创新政府治理理念和方式、形成数字治理新格局、推进国家治理体系和治理能力现代化的重要举措，对加快转变政府职能、建设法治政府、廉洁政府和服务型政府意义重大。

民对美好生活的向往，打造泛在可及、智慧便捷、公平普惠的数字化服务体系，让百姓少跑腿、数据多跑路。数字化改革助力婚姻登记信息系统全国联网，其在婚姻登记领域发挥着履行社会管理、公共服务等方面职能的重要支撑作用。履职效能的发挥离不开基础信息数据的共享使用。婚姻登记信息作为数字化政务服务不可缺失的组成部分，其真实、准确与否直接影响数字政府的实现，应当充分归集，保障共享效果。

其二，保证个人信息完整权。婚姻信息属于个人信息，完整个人信息是人身权内容的一部分。由于行政机关在管理和服务过程中掌握了公民、法人和其他组织大量的信息，这些信息可能在其他事项中被用作依据、产生影响。因此，保证行政机关信息记录的准确和完整也被视为公民、法人和其他组织的权利，即保证个人信息完整权。[①] 在大数据、信息化时代，该项权利值得关注。经人民法院判决或调解离婚后，相关当事人在婚姻登记机关的结婚登记信息即不再符合真实婚姻状况，如果该离婚信息与婚姻登记信息不加整合，婚姻登记机关在向当事人提供数据共享服务时，就不能真实反映其婚姻登记信息。个人婚姻信息的不完整，有可能使当事人失去选择更为便利方式办理业务的机会，对当事人合法权益产生不利影响。

其三，体现高效便民原则。为公民提供真实、高效、便捷的婚姻登记信息，更好满足公民生活需要，是依法行政、为民行政的一部分。完善信息化的过程应当是不断提高行政效率，提升婚姻登记信息管理能力的过程。基于实现基本公共服务均等化要求，应着力思考如何实现以“数据跑”代替“群众跑”，如何实现部门间信息归集、整合和共享，确保矛盾问题得到及时处置。婚姻登记机关有义务做好因婚姻登记信息系统升级带来的配套衔接工作，增强婚姻登记信息系统的公信力。对婚姻登记信息系统的管理应当为高效便民服务，因信息化产生的障碍不应由行政相对人来买单。

其四，回应民生关切。婚姻登记信息管理涉及公民民事法律关系的变更，不仅影响公民个体，而且关乎社会民生。当事人的婚姻登记信息发生

---

① 参见何海波：《行政诉讼法》，法律出版社 2022 年版，第 97 页。

改变后，婚姻登记机关不予归集、整合，仍共享不符合事实的婚姻登记信息，在该情形下，当事人提出要求更正婚姻登记信息即属于合理诉求，如不及时回应，只会增加当事人与行政机关间的对立情绪，不仅不利于婚姻登记工作的规范化，也不利于保障婚姻当事人的合法权益。

二、婚姻登记机关具有对公民婚姻登记信息进行处理的法定职责

（一）婚姻登记法律规范层面

根据《婚姻登记条例》第二条第一款“内地居民办理婚姻登记的机关是县级人民政府民政部门或者乡（镇）人民政府”的规定及本案中《中共南京市溧水区委办公室关于印发〈南京市溧水区民政局职能配置、内设机构和人员编制规定〉的通知》（溧委办发〔2019〕31号）第三条第六项的规定，溧水区民政局作为主管本行政区域内婚姻登记管理工作的民政部门，不仅是法定的婚姻登记机关，也是法定的婚姻事务管理部门。《婚姻登记条例》第十六条规定：“婚姻登记机关收到人民法院宣告婚姻无效或者撤销婚姻的判决书副本后，应当将该判决书副本收入当事人的婚姻登记档案。”《婚姻登记工作规范》第七十六条规定：“人民法院作出与婚姻相关的判决、裁定和调解后，当事人将生效司法文书送婚姻登记机关的，婚姻登记机关应当将司法文书复印件存档并将相关信息录入婚姻登记信息系统。婚姻登记机关应当加强与本地区人民法院的婚姻信息共享工作，完善婚姻信息数据库。”上述规定要求婚姻登记机关收到人民法院作出的与婚姻相关的判决、裁定和调解后，应当将其纳入婚姻登记档案进行管理。综合上述规定可以得出以下结论，即溧水区民政局作为法定的婚姻登记管理机关，其职责不仅包括结婚和离婚登记，还包括对婚姻事务的管理，而对婚姻档案的管理就是婚姻事务管理的内容之一。婚姻档案的来源不仅包括婚姻登记机关办理结婚、离婚而形成的档案，也包括收到的人民法院与婚姻相关的判决、裁定、调解；婚姻档案的形式不仅包括传统的纸质档案，还包括

信息化条件下的婚姻登记电子信息档案。原告并非要求被告对法院已经调解的离婚进行登记，而是要求对错误的婚姻登记信息进行更正，而保证婚姻登记信息的真实、完整既是开展婚姻档案管理的前提基础，也是婚姻档案管理的目标要求，是正确开展婚姻事务管理的应有之义。被告溧水区民政局错误理解原告的诉求，不当限缩了自身的职责范围，其认为自身不具备法定职责的理由不能成立。被告南京市民政局关于溧水区民政局不能根据人民法院的判决或调解对婚姻登记系统信息进行更改的抗辩理由亦不符合法律法规及工作规范的要求。

（二）数据处理规范层面

《数据安全法》第三十七条规定："国家大力推进电子政务建设，提高政务数据的科学性、准确性、时效性，提升运用数据服务经济社会发展的能力。"2016年9月5日，《国务院关于印发〈政务信息资源共享管理暂行办法〉的通知》第十三条规定："按照"谁主管，谁提供，谁负责'的原则，提供部门应及时维护和更新信息，保障数据的完整性、准确性、时效性和可用性，确保所提供的共享信息与本部门所掌握信息的一致性。"民政部门的婚姻登记系统是一体化政务大数据体系中重要一环，婚姻登记机关为履行婚姻登记法定职责在婚姻登记系统形成的政务信息资源，也应受到相关法律、行政法规、规章的调整。当婚姻登记信息发生变化时，登记地婚姻登记机关依申请，及时、准确、如实地对婚姻登记信息进行更正，以实现数据的归集、整合，本是应有之义。

综上，当原告发现被告管理的婚姻登记系统反映本人的婚姻信息有误，申请被告予以更正时，被告有义务对此进行审查处理，否则即构成不履行法定职责。

三、婚姻登记机关应当依申请对婚姻登记系统中的信息采取更正措施

（一）从法律规范的要求看

作为法定的婚姻事务管理机关，对婚姻登记系统进行管理、完善是溧水区民政局的法定职责。《民法典》第一千零三十七条第一款规定："自然人可以依法向信息处理者查阅或者复制其个人信息；发现信息有错误的，有权提出异议并请求及时采取更正等必要措施。"《个人信息保护法》第四十六条亦规定："个人发现其个人信息不准确或者不完整的，有权请求个人信息处理者更正、补充。个人请求更正、补充其个人信息的，个人信息处理者应当对其个人信息予以核实，并及时更正、补充。"原告周某发现婚姻登记系统中自己的婚姻状况与实际不符后，已经向溧水区民政局提交了人民法院生效的调解书，申请更正错误信息，溧水区民政局应当根据《婚姻登记工作规范》的要求将相关信息录入婚姻登记信息系统，对错误的信息进行更正，保证与其他单位共享的信息真实、完整。

（二）从当事人权益保障的要求看

依法行政要求高效便民，即行政机关实施行政管理，应当积极履行法定职责，提高办事效率，提供优质服务，方便公民、法人和其他组织。目前婚姻登记信息已经在其他政务事项中被运用，由于婚姻登记系统中周某个人婚姻信息不准确，不但导致周某无法通过线上方式办理相关事务，导致便民原则落空，而且因婚姻登记信息涉及公民人身关系，错误信息也会给周某日常生活带来其他困扰。溧水区民政局不履行法定职责的行为侵害了原告周某的合法权益，周某申请溧水区民政局对错误信息予以更正，其诉求正当、合理，应当予以支持。

（三）从数字政府建设的发展要求来看

数字政府建设提升了政务服务效能，实现了便民惠民的目标，不仅实现了“让数据多跑路、群众少跑腿”，而且也极大提升了社会治理的精细化程度。民政部门的婚姻登记系统是一体化政务大数据体系中重要一环，当事人已有证据证明该系统信息数据不准确时，登记地婚姻登记机关有权责、也有必要对其申请予以办理，使婚姻登记系统信息能正确反映当事人目前的婚姻状况，这是推动并完善数字政府建设的当然之举。

四、结语

数字政府建设是推动政府治理能力的新动能，同时也面临诸多挑战和瓶颈问题。技术难题可以攻克，固有观念更需破除。建设数字政府是行政机关的共同任务，是循序渐进的过程，需要依靠众多各级行政机关更新理念，相互协调、配合，需要每一个参与主体添砖加瓦。确定婚姻登记机关对当事人依据生效法律文书申请更正婚姻信息应当依法办理的规则，推动婚姻登记机关对协议离婚、诉讼离婚产生的婚姻信息进行归集、共享，是人民法院以人民利益为中心，回应“让数据多跑路、人民少跑腿”的群众需求的重要体现。现存婚姻登记领域的规定与实践等问题，还需在实践检验与不断探寻中予以解决。